司法書士のための
遺産承継業務

中立型調整役業務の理論と実務

司法書士 佃 一男 著

日本加除出版株式会社

推薦のことば

　平成30年7月高齢化社会に伴う家族関係の変化や国民の権利意識の向上など社会経済情勢の変化に対応するため，相続法の全面的な改正がなされた。主要なものとして，配偶者の居住の権利を確保する規定が新設され，遺言制度や遺留分制度の見直しなどが行われた。今後，相続手続の需要の増加が予測される中，国民の権利保護の要請に応えるため法律専門家の適切な関与が求められるところである。

　一般社団法人日本財産管理協会（以下「日財協」という）は，平成23年4月に神奈川県司法書士会の有志が立ち上げ，法律手続としての，いわゆる"財産管理業務"の研究開発及び普及促進に努めてきた。現在全国から1000名を超える司法書士が会員となり，一定の研修を受講した会員に与えられる「認定会員」は，約280名となっている。また，日財協では，研修活動の他に出版事業にも力を入れ，これまで財産管理に関する書籍の発刊を手掛けてきたところである。そのようななか，この度日財協の事業ではないが，協会の役員である司法書士佃一男氏が「司法書士のための遺産承継業務」と題する本書を上梓することとなった。

　ところで，遺産分割に基づく遺産承継業務を遂行するには，共同相続人全員による遺産分割協議の合意成立が要件となるが，遺産分割協議の合意成立手続に司法書士が関与することについて，これまで司法書士業界では消極的意見が多数であった。それは，潜在的に利害の対立関係にある相続人間で行う遺産分割協議に司法書士が関与することは，利益相反行為（双方代理）の問題や，弁護士法72条違反の問題があるからであろう。しかし，著者は，本書において，共同相続人間で特に紛争化している訳ではないが，遺産分割協議の合意成立が困難な事例においては，一定の要件のもとに共同相続人全員の同意を得て，司法書士が専門家として遺産分割協議の合意成立手続に関与することが可能であり，それが専門家としての役割を果たすことになるのではないかという提言を行っている。本書のサブタイトルが，"中立型調整役業務の理論と実務"となっている所以である。著者も述べているように，中立型調整役業務の法的位置付けや課題につい

i

推薦のことば

て，司法書士業界は勿論，法律実務家の中でも充分議論がなされているとは思われないが，大変ユニークな提言であり，検討に値する論説ではないかと考えている。

　著者は，司法書士として約40年の実務経験があり，また地元の家庭裁判所の家事調停委員として10年以上に亘り数多くの遺産分割調停事件を担当してきたベテラン司法書士である。本書では，著者の永年の実務経験をもとに，中立型調整役業務に基づく遺産承継業務の在り方について，典型的な事例を題材に詳細な資料を用いて具体的に解説している。今後遺産承継業務への取り組みを目指す同職にとって大変参考になるものと考える次第である。

　本業の傍ら単独で本書を書き上げた著者の熱意と努力に敬意を表するとともに推薦のことばとしたい。

　令和元年6月吉日

　　　　　　　　　　　　　　　　　　　一般社団法人日本財産管理協会
　　　　　　　　　　　　　　　　　　　　理事長　田　島　　誠

はしがき

　平成14年司法書士法が改正され，それまで司法書士の中心的業務は，登記申請の代理と裁判所提出書類の作成業務であったところ，簡易裁判所の訴訟代理権という職務権能が与えられ，司法書士が法律事件の実体関係により関与する機会が増加した。同時に司法書士法第29条に基づく同法施行規則第31条（以下，「規則31条」という）が制定され，それまで明確な規定の存在しなかった司法書士の附帯業務の内容が具体的に明記された。

　そして，司法書士法の改正を契機に平成23年4月司法書士有志による一般社団法人日本財産管理協会（以下，「日財協」という）が設立され，規則31条に基づく様々な業務の研究開発及び普及促進のための活動が開始された。特に日財協では，これまで司法書士が相続事件の附帯業務として関与してきた遺産の管理・処分に関する業務を「遺産承継業務」として，全国的に普及活動を推進しているところである。

　さて，遺産分割に基づく遺産承継業務を行うには，遺産分割協議の合意成立が必須の要件となるが，司法書士が相談を受ける相続事件の中には，共同相続人同士の話し合いで遺産分割協議を成立させることが困難な事案がある。それは，例えば，相続人同士の人間関係が希薄で，日常の交流が疎遠であるため，遺産を管理している相続人自ら自主的に遺産分割協議を成立させることが難しいという事案や，特別に争いがあるわけではないが，主導的に遺産分割協議のとりまとめができる相続人がいないという事案などである。そのような場合，遺産を事実上占有管理している相続人から，法律の専門家に遺産分割協議の合意成立支援業務も含めた総合的な相続手続を公正かつ迅速に処理してもらいたいという要請がある。

　ところで，これまで司法書士が法律専門家として遺産分割協議の合意成立手続に関与することについては消極的意見が多数であったと思われる。それは，関与の仕方によっては利益相反行為（双方代理）の問題や，弁護士法72条違反の問題があるからであろう。この点について，筆者は，司法書士が一定の要件のもとに相続人全員の同意を得たうえで，"中立型調整役"として遺産分割協議の合意成立手続に関与するのであれば，双方代

はしがき

理の問題をクリアできるのではないかと考える。つまり，相続人全員の同意を得たうえで行う遺産分割協議の合意成立支援業務は，代理行為ではないという解釈によれば，双方代理には該当しないことになるからである。また，弁護士法72条の問題に関しては，事件性必要説の立場からすれば，相続人全員の同意のもとに，紛争性のない事件だけを受託し，仮に潜在的な利害の対立が紛争化した場合は，中立型調整役を辞任し，その後事件には一切関与しないとする契約のもとに行うのであれば同法違反には該当しないのではないかと考えるのである。これまで司法書士業界では，これらの問題に関しては殆んど議論されることはなかったが，本書発刊を機会に読者諸兄の活発な議論を期待したいところである。

本書では，先ず前段の第1章で「遺産分割に関する相続法の基本原則」を再確認したうえで，2章，3章で「遺産分割の基本構造」を解説した。そして，後段の第4章で「中立型調整役の理論と実務」の総論として前記の二つの問題について論述した後，第5章では各論として，典型的な事例をもとに，遺産承継業務の具体的手続について詳細に解説するものである。

これから遺産承継業務に取り組みたいと考えている新人司法書士の方や既に業務として取り組んでおられる同職の方々の今後の業務の参考になれば幸いである。

なお，本書での論説は，筆者の個人的見解であって，日財協の承認あるいは同意を得たものでないことをお断りしておく。ただし，本書の刊行に当たっては，日財協の有志の方々に丁寧な校正をしていただいたことを感謝申し上げる。

最後に，本書出版の機会を与えて頂いた日本加除出版株式会社に感謝するとともに，丁寧に編集していただいた同社の松原史明氏に心からお礼申し上げる次第である。

令和元年5月

司法書士　佃　一男

目　次

第1章　遺産分割に関する相続法の基本原則 ────── 1

第1　相続法の改正と適用時期 ……………………………………… 1

第2　相続の効力 …………………………………………………… 3
1　相続の一般的効力 ……………………………………………… 3
2　祭祀承継（民 897 条）………………………………………… 3
3　共同相続 ………………………………………………………… 4

第3　相続の開始 …………………………………………………… 5
1　人の死亡 ………………………………………………………… 5
2　認定死亡 ………………………………………………………… 5
3　失踪宣告 ………………………………………………………… 6
　（1）普通失踪　6　　（2）特別失踪　6
4　同時死亡の推定 ………………………………………………… 6
5　所在不明高齢者に係る職権消除 ……………………………… 6

第4　相続人の範囲 ………………………………………………… 7
1　胎　児 …………………………………………………………… 7
　（1）停止条件説と解除条件説　7　　（2）不動産登記　7
　（3）遺産分割の可否　8
2　子（第1順位）………………………………………………… 8
　（1）子　8　　（2）嫡出子と非嫡出子（民 900 条 4 号前段）　8
3　直系尊属（第2順位）………………………………………… 8
4　兄弟姉妹（第3順位）………………………………………… 9
5　配偶者 …………………………………………………………… 9
6　代襲相続人 ……………………………………………………… 9

第5　相続人の欠格事由・廃除 …………………………………… 9
1　欠格事由（民 891 条）………………………………………… 9
2　推定相続人の廃除（民 892 条）……………………………… 10

第6　相続財産の範囲 ……………………………………………… 11

第7　相続の承認及び放棄 ………………………………………… 12
1　意　義 …………………………………………………………… 12

2　相続の選択 …………………………………………………………… 12
　　　(1) 承認　12　　(2) 相続の放棄　13
第8　法定相続の順位と相続分 ……………………………………………… 16
　1　第1順位：配偶者と子 ……………………………………………… 16
　2　第2順位：配偶者と直系尊属 ……………………………………… 17
　3　第3順位：配偶者と兄弟姉妹 ……………………………………… 17
第9　特別受益・寄与分 ……………………………………………………… 17
　1　特別受益（民903条） ……………………………………………… 18
　　　(1) 意義　18　　(2) 事例　18　　(3) 対象者　19
　　　(4) 特別受益の種類と算定　19　　(5) 算定基準日　19
　　　(6) 持戻しの免除　20　　(7) 確認訴訟の是非　20
　2　寄与分（民904条の2） ……………………………………………… 21
　　　(1) 趣旨　21　　(2) 要件　22
　　　(3) 家庭裁判所の調停（審判）　22
第10　相続分の処分 ………………………………………………………… 23
　1　相続分の譲渡 ……………………………………………………… 23
　　　(1) 意義　23　　(2) 効果1　24　　(3) 効果2　24
　　　(4) 利用されるケース　24　　(5) 家庭裁判所の取扱い　24
　　　(6) 取戻し　25
　2　相続分の放棄 ……………………………………………………… 25
　　　(1) 意義　25　　(2) 効果　25　　(3) 登記との関係　26
第11　相続の形態 …………………………………………………………… 26
　1　遺言による相続 …………………………………………………… 27
　　　(1) 遺言の方式　27　　(2) 遺言の方法　29
　2　遺産分割協議による相続 ………………………………………… 31
　　　(1) 成立要件　31　　(2) 協議の瑕疵　32　　(3) 解除　32
　　　(4) 遺産分割協議書の作成　33
　3　遺産分割調停（審判）による場合 ………………………………… 33
　　　(1) 遺産分割調停事件の基本構造　34　　(2) 申立て　34
第12　相続財産の管理 ……………………………………………………… 38
　1　相続財産の管理に関する民法の規定 …………………………… 38
　　　(1) 総説　38　　(2) 民法918条の解釈　39
　　　(3) 相続手続の相違による管理人　40
　　　(4) 遺産分割協議中の管理者　40

2　任意遺産管理人の選任 ………………………………………………… 41
　　　(1) 委任による管理者の選任　41
　　　(2) 任意遺産管理人の職務　41

第2章　遺産分割の基本構造（総論） ───── 43

第1　意　義 ……………………………………………………………… 43

第2　遺産分割の基本的な流れ ………………………………………… 43
　1　相続開始の確認 ……………………………………………………… 43
　2　相続人の確定 ………………………………………………………… 43
　3　相続財産（遺産）の範囲の確定 …………………………………… 44
　4　遺産分割協議の合意 ………………………………………………… 44
　5　遺産分割手続 ………………………………………………………… 44

第3　遺産分割事件における前提問題 ………………………………… 44
　1　相続人の範囲に関する問題 ………………………………………… 45
　　　(1) 戸籍の記載と事実が相違する場合　45
　　　(2) 家庭裁判所の遺産分割調停（審判）事件の取扱い　45
　　　(3) 相続人間で行う遺産分割協議の場合　46
　2　遺産の範囲に関する問題 …………………………………………… 46
　　　(1) 遺産の帰属性の問題　46　　(2) 遺産の適格性の問題　47
　3　遺言及び遺産分割協議の有効性に関する問題 …………………… 47

第4　遺産分割における付随問題 ……………………………………… 48
　1　使途不明金 …………………………………………………………… 48
　2　相続開始後の果実（遺産収益） …………………………………… 49
　3　葬儀費用 ……………………………………………………………… 49
　4　祭祀承継 ……………………………………………………………… 49
　5　遺産債務 ……………………………………………………………… 50

第5　まとめ ……………………………………………………………… 51

第3章　遺産分割の具体的手続（各論） ───── 52

第1　相続の開始 ………………………………………………………… 52
　1　相続開始の原因と開始時期 ………………………………………… 52
　2　死亡日の確認 ………………………………………………………… 52

第2　相続人の範囲と確定 ……………………………………………… 52

目　次

  1　戸籍の調査 ………………………………………………… 52
   (1) 戸籍制度の変遷　53　　(2) その他関連事項　55
  2　相続人の確定 ……………………………………………… 55
   (1) 胎児　55　　(2) 相続欠格　56
   (3) 推定相続人の廃除　56　　(4) 相続資格の重複　57

第3　相続開始後の相続人の変動 …………………………… 58
  1　相続放棄 …………………………………………………… 58
  2　相続分の譲渡 ……………………………………………… 58
  3　相続分の放棄 ……………………………………………… 59
   (1) 意義　59　　(2) 相続分の譲渡との違い　60
   (3) 相続分の放棄をめぐる見解　63
   (4) 相続分の放棄と登記　65

第4　遺産の範囲の確定 ……………………………………… 65
  1　遺産分割の対象となるもの ……………………………… 66
   (1) 不動産　66　　(2) 預貯金　68　　(3) 現金　69
   (4) 株式　69　　(5) 投資信託　69　　(6) 死亡退職金　69
   (7) 生命保険金　70　　(8) 国債　70　　(9) 社債　71
   (10) ゴルフ会員権　71　　(11) 動産　72
  2　遺産分割の対象とならないもの ………………………… 72
   (1) 債権・債務　72　　(2) 葬儀費用　73　　(3) 祭祀承継　73
   (4) 法定果実及び収益　73　　(5) 遺産管理費用　73
   (6) 使途不明金　74

第5　特別受益 ………………………………………………… 75
  1　趣　旨 ……………………………………………………… 75
  2　種　類 ……………………………………………………… 76
  3　持戻し免除の意思表示 …………………………………… 76
  4　実務での対応 ……………………………………………… 77

第6　寄与分 …………………………………………………… 78
  1　趣　旨 ……………………………………………………… 78
  2　寄与分対象者 ……………………………………………… 78
  3　成立要件 …………………………………………………… 79
  4　寄与分の算定 ……………………………………………… 80
  5　遺産分割と寄与分 ………………………………………… 80

6　遺産分割調停と寄与分を定める調停 ……………………………… 81
第7　遺産の評価 ……………………………………………………………… 82
　　1　用語の確認 ……………………………………………………………… 82
　　2　基準時 …………………………………………………………………… 82
第8　遺産分割の方法 ………………………………………………………… 84
　　1　総　論 …………………………………………………………………… 84
　　　(1)　分割方法の指針　*84*　　(2)　具体的検討事項　*84*
　　2　各　論 …………………………………………………………………… 86
　　　(1)　不動産の分割方法　*86*　　(2)　預貯金の分割方法　*90*
　　　(3)　株式の分割方法　*90*
第9　遺産分割と遺産の管理 ………………………………………………… 91
　　1　総　説 …………………………………………………………………… 91
　　2　任意遺産管理人の職務権限 ………………………………………… 92
　　　(1)　契約の成立　*92*　　(2)　任意遺産管理人の地位　*92*
　　　(3)　任意遺産管理人の職務　*92*
　　　(4)　任意遺産管理人の権利義務　*93*
第10　遺産分割と登記 ……………………………………………………… 94
　　1　相続放棄，相続分の譲渡，相続分の放棄と登記について ……… 94
　　　(1)　相続放棄　*94*　　(2)　相続分の譲渡　*95*
　　　(3)　相続分の放棄　*100*
　　　(4)　遺産分割協議と登記のまとめ　*103*

第4章　遺産承継業務（総論） ─────────── 108

第1　はじめに ……………………………………………………………… 108
　　1　遺産承継業務とは ……………………………………………………… 108
　　2　遺産承継業務の態様 …………………………………………………… 109
　　3　中立型調整役業務 ……………………………………………………… 109
　　4　調整役と規則31条業務 ………………………………………………… 110
第2　遺産承継業務の法的根拠 …………………………………………… 110
　　1　平成14年司法書士法改正 ……………………………………………… 110
　　2　司法書士法施行規則第31条の制定 …………………………………… 111
第3　任意相続財産管理人と遺産承継業務との関係 ……………… 113
　　1　法定相続財産管理人 …………………………………………………… 113

	2	遺産分割と相続財産管理人 …………………………………………………	113
	3	任意相続財産管理人の選任 ……………………………………………	113
	4	任意相続財産管理人と遺産承継業務の関係 …………………………	114

第4 遺産承継業務の類型と関与の仕方 …………………………………… 115

1 民法の規定する相続方法による類型 ……………………………………… 115
  (1) 遺言による場合　115　(2) 遺産分割協議による場合　115
  (3) 遺産分割調停（審判）による場合　116
  (4) 遺言と遺産分割協議が混合する場合　116
  (5) 相続人が単独の場合　116
2 遺産承継業務の受託における類型 ………………………………………… 116
  (1) 依頼者となる相続人の範囲　117
  (2) 遺産分割対象財産の範囲　117
  (3) 遺産分割協議の成立・未成立　117
  (4) 遺産分割協議成立のための調整役の必要性　118
3 法律専門家の関与の仕方による類型 ……………………………………… 118
  (1) 代理人として関与する場合　118
  (2) 依頼者本人の支援者として関与する場合　119
  (3) 中立型調整役業務として関与する場合　119

第5 遺産承継業務の手順 …………………………………………………… 120

1 第1段階：事件の受託と管理・調査業務 ………………………………… 120
2 第2段階：遺産分割協議成立業務 ………………………………………… 120
3 第3段階：遺産分割業務 …………………………………………………… 120

第6 遺産分割協議における調整役の必要性 ……………………………… 121

1 はじめに ……………………………………………………………………… 121
2 調整役が必要とされる事例と特徴 ………………………………………… 121
  (1) 事例　121　(2) 特徴　122
3 調整役を必要としない事例と特徴 ………………………………………… 123
  (1) 事例　123　(2) 特徴　123

第7 中立型調整役業務の法的検討 ………………………………………… 123

1 遺産承継業務の流れ ………………………………………………………… 124
2 各段階における法的分析と問題点の検討 ………………………………… 124
  (1) 第1段階（管理・調査業務）　124
  (2) 第2段階（遺産分割協議成立業務）　125
  (3) 第3段階（遺産分割（承継）業務）　125

第8 中立型調整役業務の法的課題 ……… 126
1 はじめに ……… 126
2 利益相反（双方代理）の問題 ……… 126
　(1) 民法の規定　126
　(2) 双方代理をめぐる学者・弁護士（会）の見解　127
　(3) 司法書士が中立型調整業務を行う場合　130
3 弁護士法72条の問題 ……… 131
　(1) 「一般の法律事件」の解釈について　132
　(2) 「他の法律」の解釈について　135
　(3) 遺産承継業務と弁護士法72条の関係について　136

第9 中立型調整役の役割と業務内容 ……… 137
1 はじめに ……… 137
2 調整役の執務姿勢と役割 ……… 138
3 中立型調整役の業務内容 ……… 139
　(1) 準備手続　140　(2) 相続人全員の同意と意向確認　140
　(3) アンケートの回収　141　(4) 遺産分割協議の調整　142
　(5) 遺産分割協議の合意成立　143　(6) 遺産分割手続　143

第10 中立型調整役の実務的課題と対策 ……… 144
1 主張の対立と調整業務 ……… 144
2 紛争の予防 ……… 147

第5章　遺産承継業務（各論）──── 150

第1 事案の概要と手続の進行 ……… 150
1 事案の概要 ……… 150
2 業務委託契約の締結及び業務の進行 ……… 151
　(1) 業務の受託　151　(2) 業務の進行　151

第2 事情聴取と事件の受託 ……… 153
1 事情聴取と事前の確認 ……… 153
　(1) 事情聴取　153　(2) 確認業務　153
2 事件の受託 ……… 154
　(1) 受託の当事者　154　(2) 契約締結　154

第3 管理・調査業務 ………………………………… 156
1 相続人の調査 ………………………………… 156
- (1) 法定相続人の調査・確認　156
- (2) 相続関係説明図の作成　157
- (3) 法定相続情報証明書の取得　157
- (4) 個人情報保護の問題　158

2 遺産の範囲についての調査 ………………………………… 158
- (1) 遺産の調査　158　　(2) 遺産目録（資料④）の作成　160

3 遺産の管理 ………………………………… 161
- (1) 目的　161　　(2) 管理の開始　162

第4 中立型調整役業務 ………………………………… 162
1 事前準備 ………………………………… 162
- (1) はじめに　162　　(2) 調整役業務の手順　163
- (3) 相続人への連絡方法　163

2 通知文書の作成と送付 ………………………………… 164
- (1) はじめに　164　　(2) 依頼者との確認　165
- (3) 「ご案内」通知文書について（資料⑤）　165
- (4) 同封する付属書面について　166

3 相手方相続人への対応について ………………………………… 168
- (1) はじめに　168
- (2) 相続人が意思無能力者の疑いがある場合　168
- (3) 利益相反となる相続人がいる場合　170
- (4) 行方不明者がいる場合　170
- (5) 送達はできているが何ら回答のない相続人がいる場合　170

4 アンケート文書の回答結果 ………………………………… 171
5 分割案の調整 ………………………………… 171
6 遺産分割協議書（資料⑧）の作成 ………………………………… 172
- (1) 遺産分割協議書の記載内容　172
- (2) 遺産分割協議書の特徴　173

7 遺産分割協議書の署名捺印 ………………………………… 179

第5 遺産の整理・回収・管理 ………………………………… 180
1 金銭の管理方法 ………………………………… 180
2 不動産の分割 ………………………………… 180
- (1) 現物分割　180　　(2) 換価分割　181

3　預貯金，株式等の解約現金化 ………………………………… 182
　　　(1) 金融機関での預貯金の解約　*182*
　　　(2) 株式の名義変更・売却　*182*
　　4　税務申告手続の開始 …………………………………………… 183
　　　(1) 相続税　*183*　　(2) 準確定申告　*184*
　　　(3) 譲渡所得税　*184*
　　5　「具体的相続分」の確定 ………………………………………… 185
　　　(1) 遺産総額の確定　*185*
　　　(2) 遺産分割にかかる諸経費　*185*
　　　(3) 分割可能財産額の確定　*186*
　　　(4) 具体的相続分の確定　*186*
第6　分割手続 ……………………………………………………………… 186
　　1　報告書及び遺産分割計算書の送付 …………………………… 186
　　2　分割金の支払 …………………………………………………… 187
　　3　手続完了の報告とお礼 ………………………………………… 188
　　4　関係書類の引渡し ……………………………………………… 188
第7　報酬について ………………………………………………………… 188
第8　本件遺産承継業務の評価と課題 …………………………………… 189
　　1　相続税評価と分割時評価の問題 ……………………………… 189
　　　(1) 不動産の評価　*189*　　(2) その他の遺産の評価　*190*
　　　(3) 相続税と遺産分割　*190*
　　2　現物分割か換価分割かの問題 ………………………………… 191
第9　さいごに ……………………………………………………………… 192
　　1　基本方針 ………………………………………………………… 192
　　2　相手方相続人の心理 …………………………………………… 192
　　3　紛争事件の回避 ………………………………………………… 193
　　4　専門家の役割 …………………………………………………… 193

資料 ……………………………………………………………………… 194

事項索引 ─────────────────────────── 237
判例索引 ─────────────────────────── 241
先例索引 ─────────────────────────── 242

第1章 遺産分割に関する相続法の基本原則

第1 相続法の改正と適用時期

　相続手続を行う場合，被相続人の相続開始時の法律が適用されることになるため，相続法改正の変遷を理解しておくことが重要である。戦前の旧民法に基づく相続手続と，戦後の新憲法施行に伴う現行民法の施行は大きな改正であるが，戦後も何度か相続法の改正が行われているため，実務家としては，法改正の変遷と適用時期を抑えておく必要がある。以下，主な相続法改正の変遷を記しておく。

（詳しくは，幸良秋夫『新訂設問解説　相続法と登記』（日本加除出版，2006年）1頁以下）

1　明治元年～明治31年7月15日　「太政官布告等」
　　旧民法施行前であるため太政官布告等により行われていた。現在では，相続の開始がここまで遡ることはほとんどないであろう。

2　明治31年7月16日～昭和22年5月2日まで「旧民法」
　　戸主の死亡又は隠居により家督相続が発生し，戸主以外の者が死亡した場合は遺産相続とするとして制度が分かれていた。

3　昭和22年5月3日～昭和22年12月31日まで
　　「日本国憲法の施行に伴う民法の応急措置に関する法律」の施行
　　戦後の新憲法が昭和21年11月3日布告され，昭和22年5月3日から施行されたが，新民法の改正作業が間に合わなかったため，昭和23年1月1日の新民法施行までの応急措置として，新憲法の理念（個人の尊厳と男女平等）に基づいた措置法が施行された。

4 昭和23年1月1日から新民法（現行相続法）の施行
　昭和22年法律222号により，旧民法第4編及び第5編が全面改正され施行された。新民法では，旧民法の家督相続を廃止して遺産相続に一本化し，配偶者相続権や諸子均分相続制の確立等が制定された。

5 昭和37年7月1日施行の民法の一部改正
　① 第1順位の相続人を「直系卑属」から「子」に改めた。
　② 同時死亡の推定規定を設けた。
　③ その他，代襲原因，代襲者，相続放棄者，相続人不存在等について改正が行われた。

6 昭和56年1月1日施行民法の一部改正
　① 兄弟姉妹の相続の場合代襲相続人をその子（甥姪）までとする。
　② 配偶者の相続分を，子と共に相続人となる場合2分の1，尊属との場合3分の2，兄弟姉妹との場合4分の3と引き上げた。
　③ 寄与分制度が創設された。
　④ その他，遺産分割時に考慮すべき事項，遺留分制度の改正等が行われた。

7 平成25年12月11日民法の一部改正に基づく施行
　平成25年9月4日最高裁決定により，非嫡出子の相続分を嫡出子の2分の1と定めた民法900条4号ただし書の規定が違憲であるとの決定に基づき民法の改正が行われ，嫡出子と非嫡出子の相続分を平等とした。また，適用時期については，平成25年9月5日からとし，なお，平成13年7月1日から平成25年9月4日までに開始した相続に関して，遺産分割が終了している等法律関係が確定的となった事案を除いて，例えば，未分割の相続事案について遺産分割する場合は，最高裁の決定が適用されることになる。

> 8 平成30年民法改正
> 平成30年7月6日，民法及び家事事件手続法の一部が改正（平成30年法律第72号）され同年7月13日交付された。ここでは，①配偶者の居住権を保護するための方策について，②遺産分割に関する見直し等，③遺言制度に関する見直し，④遺留分制度に関する見直し，⑤相続の効力等に関する見直しの5項目にわたって改正がなされ，原則として，平成31年7月1日から施行されることとされているが，③のうち自筆証書遺言の方式緩和については，平成31年1月13日から施行され，①については，平成32年4月1日から施行されることとなっている（法務省HPより）。本書では，遺産承継業務に関連する範囲で改正点の概略について触れておく。

第2 相続の効力

1 相続の一般的効力

人の死によって開始した「相続」について，法律上どのような効力が生じるのであろうか。民法896条では「相続人は，相続開始の時から，被相続人の財産に属した一切の権利義務を承継する。ただし，被相続人の一身に専属したものは，この限りではない。」としている。つまり，相続が開始すると，法律に定められた相続人（法定相続人）は，相続の開始の事実を知ろうが知るまいが被相続人のすべての財産（一身専属権を除く）を包括的に当然承継するということである。そして"一切の権利義務"とは，物権，債権，債務の他に財産上の法的地位も承継する（ただし，相続財産の中には，系譜，祭具及び墳墓など祭祀承継にかかるものの所有権は含まれない。）。したがって，相続の効果を拒絶したい相続人は，相続の放棄をするしかないことになる。

2 祭祀承継（民897条）

① 被相続人が承継者として維持，管理，使用してきた系譜（家系図，

過去帳など)，祭具 (仏壇，位牌など)，墳墓 (墓地，墓石など) は，もともと先祖代々のものであり，被相続人の固有財産というわけではないので，これらは慣習に従って先祖の祭祀を主宰すべき者が承継することになる。祭祀承継者は，1次的には，被相続人の指定により，2次的には，慣習により，指定がなく慣習が明らかでない場合は，家庭裁判所の審判により定めることになる (民897条2項)。

② 被相続人による祭祀承継者の指定は，遺言に限らず，書面，口頭でもよい。祭祀承継者は，慣習により定めることになっているので必ずしも相続人でなくてもよい。したがって，祭祀承継者を誰にするかは遺産分割協議事項ではないが，事実上相続人間の協議により定めることはよく行われている。遺産分割調停においても相続人間で祭祀承継者を決めることはよくあることである。裁判所も祭祀承継者として相応しくない特別な事情が無ければ協議の結果を尊重し容認している。

3 共同相続

相続人が複数いる場合の法律関係について，民法は「相続財産は，その共有に属する」とし，(民898条)「各共同相続人は，その相続分に応じて被相続人の権利義務を承継する。」としている (民899条)。"共有に属する"の解釈について共有説，合有説の対立があるが，共有説が通説とされる。つまり，各共同相続人は，相続財産を構成する個々の財産上に物権的な持分権を有し，これを遺産分割前も単独で自由に処分できる。また，被相続人の債権債務は，その目的が可分である限り，各相続人間に当然に分割されることになる (島津一郎・松川正毅編『基本法コンメンタール　相続 [第5版]』(日本評論社，2007年) 43頁)。なお，預貯金債権については，平成28年12月19日最高裁決定により「当然に分割されることなく，遺産分割の対象となると解するのが相当である。」とされた。

(相続法改正関係)
共同相続における権利の承継の対抗要件 (新民法899条の2)

現行法上，遺言による相続分の指定や遺産分割方法の指定などにより，相続財産を取得した場合，第三者との関係について，判例は，不動産の権

利取得については登記なくして第三者に対抗できるとしているところであるが，遺言や遺産分割の内容を知りえない第三者の取引の安全を害するおそれがあることや，登記制度に対する信頼が害されるといった指摘がなされていた。そこで，新法899条の2では，相続による権利の承継は，遺産の分割によるものかどうかにかかわらず，法定相続分を超える部分については，登記，登録，その他の対抗要件を備えなければ第三者に対抗することができないとした。法改正の理論的根拠として，「取引の安全確保という政策的理由に加え，法定相続分を超える部分については遺言という意思表示によって権利変動が生ずるものであり，一般的な取引などの他の意思表示による権利変動の場合と取扱いを異にする必然性はないと考えられる点にあること等をその根拠に求めることが可能との考えによる。」と説明されている（山川一陽・松嶋隆弘編『相続法改正のポイント』（日本加除出版，2018年）217頁）。

第3 相続の開始

1 人の死亡

相続は，人の死亡によって開始する（民882条）。人の死亡は，通常は戸籍の記載により明らかとなるが，特殊な事例として以下のような場合がある。なお，戦前の家父長制度の下での「隠居」による家督相続制度は戦後の民法改正によりなくなったが，相続登記未了物件では今なお新民法施行前の登記が残っていることがあるため，旧民法が適用される場合がある。

2 認定死亡

水難，火災その他の事変によって死亡した者がある場合，死亡の事実が確認できない場合でも死亡したことが確実な場合には，その取り調べをした官庁又は公署は，死亡地の市町村長に死亡の報告をしなければならないとされている（戸籍89条）。これを認定死亡といい，戸籍上死亡の扱いとされる。

第1章　遺産分割に関する相続法の基本原則

3　失踪宣告
　(1)　普通失踪
　　不在者の生死が7年間不明のときは，利害関係人の申し立てにより家庭裁判所は，失踪宣告をすることができる（民30条）。この場合7年間の期間満了の時に死亡したものとみなされる（民31条前段）。

　(2)　特別失踪
　　戦地に臨んだ者，沈没した船舶の中に在った者，その他死亡の原因となる危難に遭遇した者の生死が，戦争が終了した後，船舶が沈没した後又はその危難が去った後1年間不明なときは家庭裁判所は，利害関係人の申立てにより失踪宣告をすることができる（民30条2項）。この場合，危難の去った時に死亡したものとみなされる（民31条後段）。

4　同時死亡の推定
　同時死亡の推定とは，互いに相続関係のある者数名が，事故や災害などでほぼ同時期に死亡し，死亡の先後が不明な場合，同時に全員が死亡したものと推定されることをいう（民32条の2）。例えば，父と母と子供Aの3人親子のうち，父と子Aが交通事故で死亡した場合，父が先に死亡したとすると，父の死亡に関し，母と子Aが相続人となり，次にAの相続人として母が相続人となり結局母がすべて相続することになる。それに対して，Aが先に死亡したとすると，Aの死亡により父，母が相続人となり，次に父死亡に関し母と父方の祖父母が相続人となるため相続関係が異なってくる。そこで，父と子Aが同時に死亡したものと推定することにより，父と子A間に相互に相続関係が発生しないため，父の相続に関し母（配偶者）と父方の祖父母が相続人となる。なお，同時死亡は，戸籍上「○○と同時死亡」と記載されるわけではないので，死亡者それぞれの戸籍の記載から先後又は同時を判断することになる。

5　所在不明高齢者に係る職権消除
　戸籍の職権消除とは，戸籍上は生存しているが，実際に生存，所在が確認できない高齢者（100歳以上）について，市区町村長が一定の要件の下で

管轄する法務局・地方法務局の許可を得て職権により死亡したものとして戸籍を消除する行政上の措置をいう。戸籍上，職権消除されても死亡と認定されるわけではないため，相続手続をする場合は，改めて失踪宣告などの手続を取る必要がある。

第4 相続人の範囲

　被相続人の死亡によって開始した相続に関し，誰が相続人適格を有するかについて，まずは民法の規定による法定相続人制度があり（民886条以下），また相続人の一定の行為に対し，相続人となる資格をはく奪する相続欠格（民891条）と推定相続人の廃除（民892条）の制度がある。また，相続人の意思で，開始した相続を承認（単純又は限定）するか（民915条），放棄するか（民938条）を選択することができる規定がある。さらに，相続手続に関しては，遺言に基づく方法と（民960条以下），遺産分割（協議又は調停・審判）による方法があり（民907条），それによって最終的な遺産の承継者（相続人）が確定することになる。ここでは，民法の規定に基づく法定相続人の範囲について解説する。

1　胎　児
(1) 停止条件説と解除条件説
　胎児は出生した時に相続能力を取得するという停止条件説と，胎児に相続能力を認めたうえで，死亡して生まれた場合は，相続権を失うという解除条件説の対立がある。民法は，「胎児は，相続については，既に生まれたものとみなす。」（民886条1項）と規定し，判例は停止条件説を採用している（大判昭和7年10月6日民集11巻2023頁）。しかし，登記実務は解除条件説を採用しており，胎児名義の登記を認めている。

(2) 不動産登記
　胎児は，不動産登記名義人となることができるとされており，登記は，「亡甲某妻乙某胎児」と表記される。そして，無事に出生した場合は，「登記名義人住所，氏名変更」を目的とし，「年月日出生」により

「共有者亡甲某妻乙某胎児の住所，氏名」として戸籍・住民票上の「住所」，「氏名」が記載されることになる。

(3) 遺産分割の可否

　胎児について，遺産分割の当事者としてこれを認めるかどうかについて，胎児を除外して遺産分割協議を確定したうえで，胎児が出生した場合，民法910条（相続開始後の認知者）の規定を類推適用するべきという説，又は，母を法定代理人として遺産分割協議をする（場合によっては，利益相反行為に該当するために特別代理人を選任することになる。）ことができるとする説があるが，登記実務は，胎児は意思能力がないため遺産分割協議に参加できないこと，また，母が法定代理人となるという規定もないため遺産分割協議による相続登記はできない取扱いである。したがって，登記ができるのは法定相続による場合か遺言による相続分の指定がある場合又は，胎児を受遺者とする遺贈があった場合だけということになる。ちなみに，相続登記に際し，胎児の存在を証する書面は必要とされていない。

2　子（第1順位）

(1) 子

　子は実子，養子，嫡出子，非嫡出子を問わない。

(2) 嫡出子と非嫡出子（民900条4号前段）

　最決平成25年9月4日（民集67巻6号1320頁）により，民法900条第4号前段ただし書きの規定が違憲と判断されたため民法の改正がなされ，嫡出子と非嫡出子の相続分は平等となった。なお，適用時期については，本章第1の7を参照されたい。

3　直系尊属（第2順位）

　第1順位の相続人（子）がいない場合，被相続人の直系尊属（父母等）が相続人となる（民889条1項1号）。子がいない場合とは，子が相続放棄したり，欠格事由や廃除により相続資格がない場合も含む。

4 兄弟姉妹（第3順位）

第2順位の相続人がいない場合、被相続人の兄弟姉妹が相続人となる（民889条1項2号）。兄弟姉妹についても代襲相続が発生するが、再代襲はない。したがって、被相続人の甥又は姪までである。ただし、再代襲の規定が削除されたのは昭和55年の民法改正（昭和56年1月1日施行）であるため、昭和55年12月31日以前に相続が開始した事案では、再代襲の規定も適用されることに注意が必要である。

5 配偶者

相続人の順序は前述のとおりであるが、いずれの順位であっても被相続人の配偶者は常に相続人となる（民890条）。配偶者とは法律上の婚姻関係にある者だけで、内縁関係者や事実婚者は含まない。そして、配偶者がいて、子及びその代襲相続人、直系尊属、兄弟姉妹及び代襲相続人がいない場合は配偶者だけが相続人となる。

6 代襲相続人

子が被相続人より先に又は同時に死亡していた場合、又は相続欠格に該当し、若しくは廃除により相続権を失った者がある場合は、その者の子が代襲相続人となる（民887条2項）。代襲相続人が複数いる場合、その相続分は、被代襲相続人の相続分を均等に相続する。また、代襲相続は、第1順位の相続（子が相続人）の場合は再代襲があるが、第3順位（兄弟姉妹が相続人）の場合は、前述のとおり代襲相続は1回だけとなる（昭和55年法改正により昭和56年1月1日以降の相続開始に適用）。なお、代襲相続人は、被相続人の直系卑属でなければならない。つまり、養子縁組前の養子の子は代襲相続人にはなれないとされている（民887条2項ただし書）。

第5 相続人の欠格事由・廃除

1 欠格事由（民891条）

① 相続欠格とは、一定の行為をした推定相続人から相続資格を奪う制度である。一定の行為とは要約すると以下のとおりである。

ア　故意をもって，被相続人又は先順位，同順位の相続人を死亡するに至らせ，又は至らせようとしたために刑に処せられた者，被相続人の殺害を告訴告発しなかった者
　　イ　詐欺又は強迫により，被相続人の遺言行為（作成，撤回，取り消し，変更）を妨害した者又は，偽造，変造，破棄，隠匿した者

　② 　相続欠格は，被相続人の意思いかんを問わず，法律上当然に相続資格を奪う制度であり，家庭裁判所への申立ても不要である。また廃除のような取消し制度はない。したがって，一度相続欠格事由に該当すると永久に相続資格を失うことになる（島津一郎・松川正毅編『基本法コンメンタール　相続［第5版］』（日本評論社，2007年）25頁）。相続欠格者が遺産分割協議に参加し遺産を取得した場合は，相続回復請求権の問題として処理されることになる（同書27頁）。なお，共同相続人中に欠格者がいる場合は，欠格者を除いて相続登記の申請ができるが，欠格者は戸籍に記載はされないので，その場合，欠格者であることの証明書（本人の証明書，確定判決等）が必要とされる（昭和33年1月10日民事甲第4号民事局長通達）。

2　推定相続人の廃除（民892条）

　① 　遺留分を有する推定相続人が，被相続人に対し虐待や重大な侮辱を加えたとき，又は推定相続人に著しい非行があったときは，被相続人は，家庭裁判所にその推定相続人の廃除の請求をすることができるとされている。相続欠格は，一定の行為をした相続人の相続資格を当然奪うのに対し，廃除の場合は，被相続人の意思によって相続資格を奪う制度である。廃除の対象となる相続人は，遺留分を有する推定相続人であるため兄弟姉妹は廃除の対象とはならない。その理由としては，兄弟姉妹は，遺留分がないので遺贈により当該相続人への相続を回避できるからとされている（同書27頁）。

　② 　相続人の廃除は，遺言によってもすることができる。その場合，遺言執行者は，相続開始後遅滞なく家庭裁判所に相続人の廃除の請求を

しなければならない（民893条）。ただし，被相続人は，いつでも，相続人の廃除の取消しを家庭裁判所に請求することができるし，遺言により廃除の取消しもできる（民894条2項）。また，廃除の調停成立，又は審判確定の場合は戸籍の身分事項に記載される。廃除の調停又は審判が確定した時は，相続開始の時にさかのぼってその効力が生じ，被廃除者は相続権を失うことになる。

第6 相続財産の範囲

　民法896条によると，「相続人は，相続開始の時から，被相続人の財産に属した一切の権利義務を承継する。ただし，被相続人の一身に専属したものは，この限りでない。」と規定され，被相続人の遺した相続財産を相続開始と同時に包括的に承継することが規定されている。また，民法897条では，祭祀（系譜，祭具，墳墓）については，前条によらず，慣習に従って祖先の祭祀を主宰すべき者が承継するとなっている。さらに，遺産分割を前提とした相続の場合，第三者との関係や，財産の性質上から遺産分割の対象とはならないものもある。以上を整理すると相続財産の範囲については，次のとおり分類することができる。

① 被相続人の財産ではあるが，承継されず相続の開始と同時に消滅するもの……一身専属的権利や地位
② 被相続人の財産であるが，相続の対象から除外されるもの……祭祀の所有権
③ 相続されるが，財産の性質上当然に分割され遺産分割の対象とならない財産……預貯金債権を除く金銭債権，相続債務など
④ 相続財産として，遺産分割の対象となる財産……不動産，預貯金，株式など
⑤ 相続財産であるが，受取人が特定されている財産……受取人が指定されている生命保険金など
⑥ 相続財産ではないが，相続人全員の合意により遺産分割の対象とすることができる財産……葬儀費用，相続開始後の遺産の果実及び収益など

原則的には，遺産分割の対象となる財産は，④が中心であるが，現実的には，相続人間の合意により，②③⑥も遺産分割の対象とすることは，珍しくない。具体的には，第3章第4「遺産の範囲の確定」で解説する。

第7 相続の承認及び放棄

1 意 義

被相続人の死亡によって相続が開始し，相続人は相続開始のときから，一身専属的な権利義務を除き，被相続人の財産に属した一切の権利義務を承継する（民896条）。そして，相続人が数人あるときは，相続財産は，その共有に属するとされている。つまり，被相続人と一定の関係に立つ人は，被相続人の死亡という事実により，その意思にかかわらず法律の規定により当然に相続人となる。しかし，相続財産の状況や他の相続人との関係で相続人となることを拒否したくなる場合もあるし，相続財産のすべてを承継するわけにはいかない場合も生じる。そこで，相続人の側から相続の受諾を選択することができることになっている。それが，相続の承認及び放棄の問題である。

2 相続の選択

(1) 承 認

「相続人は，自己のために相続の開始があったことを知った時から三箇月以内に，相続について，単純若しくは限定の承認又は放棄をしなければならない。」とされている（民915条1項）。また，3か月（熟慮期間）以内に限定承認又は相続の放棄をしなかった場合は，単純承認したものとみなされる（民921条2号）。このうち，単純承認と相続の放棄は各相続人ごとに行うことができるが，限定承認は，相続人全員でしなければならない点に注意が必要である。

① 単純承認

単純承認とは，相続人として，被相続人の財産上の権利義務のすべてを無限に承継することであり（民920条），一般的な相続の承継方法

であるといえる。無限に承継するとは，例えば，相続財産が債務超過であるときでもその債務を負担するということである。単純承認するには，限定承認や相続の放棄のように特別の意思表示は必要としないが，次のような行為により単純相続とみなされる場合がある（法定単純承認，民921条）。

　ア　相続財産の全部又は一部を処分したとき。ただし，保存行為及び民法602条（短期賃貸借）を超えない賃貸借契約を除く。
　イ　熟慮期間内に限定承認又は相続の放棄をしなかったとき。
　ウ　熟慮期間内に限定承認又は相続の放棄をした後，相続財産を隠匿したり，私的に消費し，これを悪意で財産目録に記載しなかったとき。

② 限定承認
　ア　相続財産が債務超過であることが予想されるような場合，相続人としては単純相続はしたくないのが通常である。このような場合，相続人は，積極財産を限度として相続債務の弁済責任を負う制度であり，相続人の保護を目的とした相続の承認制度である（民922条）。
　イ　限定相続は，相続の開始があったことを知った時から3か月以内に相続財産の目録を作成して家庭裁判所に申述する方式で，共同相続人全員でしなければならない（民915条，923条，924条）。

(2) 相続の放棄
　① 熟慮期間
　　相続放棄は，相続の開始を知った時から3か月以内にしなければならない（民915条1項本文）。ただし，このいわゆる熟慮期間の要件に関し，最判昭和59年4月27日（判時1116号29頁）では，相続人が熟慮期間内に限定承認又は，相続放棄をしなかったのが，相続財産が全く存在しないと信じたためであり，かつ，このように信ずるについて相当な理由がある場合には，民法915条1項所定の期間は，相続人が相続財産の全部若しくは一部の存在を認識した時又は通常これを認識

13

しうべかりし時から起算するのが相当であるとしている。事例としては，熟慮期間内に限定承認も相続放棄もしなかった（単純承認とみなされる）相続人が，期間経過後に被相続人の債権者から積極財産を超える請求がなされ債務超過となったような場合である。

② 家庭裁判所への申述
　ア　管轄及び申立人
　　（ア）相続放棄をしようとする相続人は，相続開始地の家庭裁判所へ相続放棄の申述書を提出して行わなければならない（民938条）。また，申述は単独で相続人ごとにしなければならない。
　　（イ）相続の二重資格者（代襲相続人である孫を養子としている場合など）の場合，それぞれの資格において，相続放棄をすることができるとされている（雨宮則夫・石田敏明編著『相続の承認・放棄の実務』（新日本法規，2003年）22頁）。したがって，両方の資格とも放棄する場合は，申述書にその旨を明記しておかなければならない。
　　（ウ）未成年者の法定代理人が未成年者と共に相続人となる場合未成年者の相続放棄を法定代理人が申述することは利益相反行為に該当するため特別代理人の選任が必要である。ただし，法定代理人が先に相続放棄をした後，又は未成年者と同時に法定代理人が相続放棄の申述をする場合は利益相反に該当しないとされている（小山稔・二宮照興編集『利益相反行為の判断と処理の実際』（新日本法規，2010年）48頁）。
　　（エ）相続人が不在者で，家庭裁判所により不在者財産管理人が選任されている場合，不在者財産管理人は，家庭裁判所の権限外行為許可を得て相続放棄ができると解されている（雨宮則夫・石田敏明編著『相続の承認・放棄の実務』（新日本法規，2003年）24頁）。

第7　相続の承認及び放棄

イ　添付書類
(ア)　申述人を特定するための戸籍謄本，住民票
(イ)　申述人が被相続人の相続人であることを証する戸籍（除籍）謄本，住民票（除票），戸籍の附票など
(ウ)　熟慮期間（被相続人の死亡後3か月）を経過した後に申述する場合は，債権者から請求通知を受けた日，先順位の相続人が放棄したことを知った日（通知書）などを証明する資料

ウ　裁判所の審査
(ア)　熟慮期間内の申述の場合
　相続放棄の申述書が提出された場合，家庭裁判所でどのような審査がなされるかについて，形式的審査説，実質的審査説，折衷説などがある。裁判所は，申述書の記載から相続放棄の形式的要件（管轄，申立人適格，熟慮期間など）を審査した後に，申述人に対し，被相続人との関係，被相続人の死亡を知った日，自分が相続人であることを知った日，被相続人の財産処分の有無（単純承認とみなされる事実確認），相続放棄の理由，相続放棄の真意などアンケート方式による照会書を送付しその回答を得る方法で実態調査と意思確認をしている。相続放棄の申述に正当事由は要件とはされないので，裁判所は，形式的要件を確認したうえで，申立ての真意を実質的審査している。
(イ)　熟慮期間超過後の申述
　熟慮期間経過後の申述には，先に記した昭和59年最高裁判例の示す要件が必要となる。実態調査を厳格に審査せず照会書の回答による審査にとどめているため，実質的審査は甘いといわざるを得ない。このことは，相続人の保護と相続債権者の権利確保との利益衡量したうえで，相続人の保護を優先しても，相続債権者は民事訴訟により相続放棄の無効を争うことができるからとされている。

第1章　遺産分割に関する相続法の基本原則

エ　効果

相続放棄をすると，その相続人は，最初から相続人とはならなかったものとみなされ（民939条），放棄者は法定相続人から除外されることになる。この点，相続分の譲渡（又は放棄）をした場合，相続債務については債権者の承諾がなければ相続債務の負担から免れないのとは大きく違う点である。ただし，相続税の計算において，基礎控除を計算する場合の相続人の人数に関しては放棄者も法定相続人として扱い計算することになる（相続税法15条）。

第8　法定相続の順位と相続分

遺産分割協議は，相続人全員で行わなければならないため，誰が相続人となるかを確定することは重要である。民法は，法定相続人の定めとして二つの類型を規定している。すなわち，血族に関しては順位を定め，第1順位として子が相続人となり，第2順位として直系尊属が相続人となり，第3順位として兄弟姉妹が相続人となる。そして，配偶者は常に相続人となるとしている。さらに，最終的な相続人の確定に関しては，胎児の相続人資格，代襲相続人，相続の放棄者，相続人の欠格事由，推定相続人の廃除等の規定が関係してくる。法定相続人の順位と相続分は以下のとおりである。また，遺言により相続分の指定（民902条）がなされた場合は，被相続人の意思を尊重するという立場から指定相続分が法定相続分に優先することになる。なお，法定相続分については，昭和55年民法改正により変更され，昭和56年1月1日以降の相続について適用となるため，相続開始日を確認する必要がある。

1　第1順位：配偶者と子

子と配偶者が相続人の場合，配偶者2分の1，子2分の1である。子が複数ある場合は2分の1を均等に分ける（民900条1号・4号）。非嫡出子と嫡出子の相続分については平等となった（本書第1章第1の7参照）。また，代襲相続人の相続分は，被代襲者の相続分と同一であり，代襲相続人が複数いる場合は均等に取得する。

2　第2順位：配偶者と直系尊属

　直系尊属に関しては，実親も養親も共に相続人となる。相続分は，配偶者3分の2，直系尊属3分の1である。尊属が複数の場合は，均等に取得する（民900条2号）。

3　第3順位：配偶者と兄弟姉妹

　配偶者と兄弟姉妹が相続人となる場合は，配偶者4分の3，兄弟姉妹4分の1である。兄弟姉妹が複数いる場合は，均等となる。ただし，父母の一方のみを同じくする兄弟姉妹は，父母の双方を同じくする兄弟姉妹の相続分の2分の1である（民900条4号ただし書後段）。

　代襲相続人の相続分は被代襲者の相続分と同一であり，代襲相続人が複数いる場合は，均等に取得する。

　以上，相続の順位と相続人，相続分を整理すると下記のとおりとなる。

順位	相続人	相続分 （昭56.1.1以降）		相続分 （昭55.12.31まで）	
第1順位	配偶者 子	配偶者 子	2分の1 2分の1	配偶者 子	3分の1 3分の2
第2順位	配偶者 直系尊属	配偶者 直系尊属	3分の2 3分の1	配偶者 直系尊属	2分の1 2分の1
第3順位	配偶者 兄弟姉妹	配偶者 兄弟姉妹	4分の3 4分の1	配偶者 兄弟姉妹	3分の2 3分の1

第9　特別受益・寄与分

　民法の規定では，相続人は，相続開始の時から，被相続人の財産に属した一切の権利義務を承継する。ただし，被相続人の一身専属権を除くとされている（民896条）。そして，相続人が数人あるときは，相続財産は，その共有に属する（民898条）とされ，さらに，共同相続人は，その相続分に応じて被相続人の権利義務を承継する（民899条）としている。また，相続分に関しては，法定相続分（民900条）が定められている。ただし，この法定相続分は，被相続人の意思で遺言により修正することができ（指

第1章 遺産分割に関する相続法の基本原則

定相続分),また相続人間の公平性確保の観点から特別受益,寄与分制度により相続分の修正がなされることになる。

1 特別受益（民903条）

(1) 意 義

特別受益制度の立法趣旨は,特別受益としての「持戻しは,他の共同相続人との不均衡を調整するために相続分の前渡したる意義をもつ生前贈与あるいは遺贈をもって,持戻しの義務に服せしめるのが同時に被相続人の意思にも合致するという推測に由来する,と考えることができる。」とされている（谷口知平・久貴忠彦編『新版注釈民法(27) 相続 (2) [補訂版]』(有斐閣, 2013年) 184頁)。したがって,被相続人から遺贈又は一定の生前贈与を受けた者があるときは,生前贈与の額を相続開始時の相続財産に加えて（「持戻し」という),相続財産とみなし（「みなし相続財産」という),法定相続分割合や指定相続分割合により算定した相続分（「本来の相続分」という）から,特別受益者について遺贈又は生前贈与の価額を控除した額をもってその者の相続分（「具体的相続分」という）とする制度である。

(2) 事 例

被相続人甲の共同相続人として配偶者乙とA,B,C3人の子がいて,遺産の総額が6,000万円とし,このうちAが被相続人から,生前贈与を600万円受けていた場合,贈与分600万円を持ち戻し,みなし相続財産を6,600万円と算出する。この場合,相続分は,乙が3,300万円でA,B,Cがそれぞれ1,100万円ずつとなるが,Aは既に生前贈与600万円を受けているので,具体的相続分は,500万円となる。なお,遺贈財産はもともと相続財産に含まれるものであるため,実際の計算においては持戻し計算をする必要はない。また,具体的相続分を超える特別受益を受けている相続人がいる場合は,その超過分は,超過していない相続人が具体的相続分に応じて負担するという計算方法が通説とされている。

第 9　特別受益・寄与分

(3) 対象者
　特別受益の対象者は，共同相続人全員であるが，相続放棄をした者は，初めから相続人とはならないので含まれない。また被代襲者に対する特別受益は代襲相続人の特別受益となるが，代襲相続人に対する生前贈与は，代襲原因が発生した後の贈与だけが特別受益であり，持戻しの対象となるとするのが通説である。

(4) 特別受益の種類と算定
　民法の規定によれば，特別受益は，①遺贈，②婚姻若しくは養子縁組のため，③生計の資本として贈与を受けた場合と規定され，具体的かつ明確に定められているわけではない。そのため，遺産分割調停では，特に③に該当するかどうか，またその評価額をどのように算定するかで紛糾することがよくある。学者の見解として「条文には3つの例があがっているが，要するにある程度以上の高額な贈与は，原則としてすべて対象となると考えるべきである。」(内田貴『民法Ⅳ［補訂版］親族・相続』(東京大学出版会，2004 年) 384 頁) という見解がある。

(5) 算定基準日
　特別受益の算定基準日については，民法 903 条 1 項が「……被相続人が相続開始の時において有した財産の価額にその贈与の価額を加えたものを相続財産とみなし……」と規定しているところから，相続開始時をもって算出することになる。したがって，遺産分割協議をする場合の遺産の評価基準日は，分割時であるため，相続開始より相当期間経過した後に遺産分割協議をする事案で特別受益の算定をしなければならない場合，相続開始時と分割時の二点の遺産総額を算定することになる。そして，相続開始時の遺産価額を基準として算出した各相続人の取得割合をもって，分割時の遺産価額をもとに計算することになる。相続開始時と分割時がそれほど離れていない場合は，同一として計算してよいであろう。

(6) 持戻しの免除

　特別受益制度は，生前贈与の価額を相続財産に加算（持戻し）した価額をみなし相続財産として計上し，具体的相続分の算出をすることが被相続人の意思にも合致するという推測に由来するものであるが，被相続人が，それとは異なる意思表示をしたとき，すなわち，持戻し免除の意思表示をしたときは，遺留分の規定に反しない限度で持戻しの免除が認められる（民903条3項，ただし，令和元年7月1日より相続法改正により，後述のとおり変更される。）。この持戻し免除の意思表示は，特別の方式を必要とせず明示，黙示でもよいとされている。

(7) 確認訴訟の是非

　ある財産が，特別受益財産であるかどうかを訴訟によって確認できるかについて，最高裁判例では，「ある財産が特別受益財産に当たるかどうかの確定は，具体的な相続分又は遺留分を算定する過程において必要とされる事項にすぎず，しかも，ある財産が特別受益財産に当たることが確定しても，その価額，被相続人が相続開始の時において有した財産の全範囲及びその価額等が定まらなければ，具体的な相続分又は遺留分が定まることはないから，右の点を確認することが，相続分又は遺留分をめぐる紛争を直接かつ抜本的に解決することにはならない。また，ある財産が特別受益財産に当たるかどうかは，遺産分割申立事件，遺留分減殺請求に関する訴訟など具体的な相続分又は遺留分の確定を必要とする審判事件又は訴訟事件における前提問題として審理判断されるのであり，右のような事件を離れて，その点のみを別個独立に判決によって確認する必要もない。以上によれば，特定の財産が特別受益財産であることの確認を求める訴えは，確認の利益を欠くものとして不適法である。」と判示している（最判平成7年3月7日民集49巻3号893頁）。したがって，特別受益の問題は，遺産分割協議の中で解決すべき問題であるということである。この点，次の寄与分は，家庭裁判所の調停（審判）事項となっている点に注意すべきである。

第9 特別受益・寄与分

> 相続法改正関係

　今回の民法（相続法）改正により，特別受益に関する民法903条の規定が改正された。すなわち，民法903条3項の，いわゆる持戻しの免除の規定が，これまで，「その（持戻し免除の）意思表示は，遺留分に関する規定に違反しない範囲内で，その効力を有する」とされていたところ，「その意思に従う」とされ，持戻しの免除は遺留分に優先することとなった。
　また，配偶者保護の観点から，同条4項が追加され，「婚姻期間が20年以上の夫婦の一方である被相続人が，他の一方に対し，その居住の用に供する建物又はその敷地について遺贈又は贈与をしたときは，当該被相続人は，その遺贈又は贈与について第1項の規定を適用しない旨の意思を表示したものと推定する。」と規定された。この推定規定により，婚姻期間が20年以上の夫婦間で，居住用不動産の遺贈又は贈与がなされた場合，特別受益に関し持戻し免除の意思表示があったものと推定され，従前のように特別受益者が被相続人に持戻しの意思表示があったことを立証する必要はなくなった。

2　寄与分（民904条の2）

(1) 趣　旨

　寄与分は，昭和55年の民法改正により設けられた制度で，昭和56年1月1日以降に開始した相続に適用される。すなわち，遺産分割協議に際し，共同相続人間の衡平をはかる観点から，共同相続人の中に，被相続人の事業に関する労務の提供又は財産上の給付，被相続人の療養看護その他の方法により被相続人の財産維持又は増加について特別の寄与をした者があるときは，被相続人が相続開始の時において有した財産の価額から共同相続人の協議で定めたその者の寄与分を控除したものを相続財産とみなし，寄与のあった相続人には法定又は指定相続分割合に寄与分を加算したものを取得額とするものである。なお，今回の民法改正で新設された「特別の寄与」については，後述する。

(2) 要　件
① 　共同相続人であること

　　寄与分制度は，遺産分割に際して相続人間の衡平をはかる観点から，相続分を調整する目的で設けられた制度であるため，寄与分の主張は，法定相続人に限られることになる。したがって，相続人の配偶者や内縁関係者は寄与分の主張はできない。

② 　一定の寄与行為があること
　　寄与行為とは，
　　ア　被相続人の事業に関する労務の提供又は，財産上の給付
　　イ　被相続人の療養看護
　　ウ　ア，イ，その他の方法により被相続人の財産の維持，増加につき特別の寄与をした場合

　　とされ，被相続人が行う家業への貢献や，療養看護を尽くした場合などが想定される。具体的には共同相続人による判断と合意ということになる。

③ 　特別の寄与であること

　　寄与行為は，通常の家業の手伝いや，被相続人と同居して面倒を看たという程度では足りないとされている。また，寄与行為は，被相続人に対するものであり，相続開始後の貢献は，寄与にはあたらない。寄与分の価額は，遺産の割合で決めてもよいし，金額で決めることもできる。

(3) 家庭裁判所の調停（審判）
① 　遺産分割協議において寄与分が認められない場合，あるいは協議ができない場合は，寄与分を主張する相続人は，家庭裁判所に寄与分を定める調停（審判）の申立てができる（民904条の2）。ただし，寄与分制度は遺産分割における相続分の調整機能であるため，寄与分を定める調停（審判）だけ調停審理するのではなく遺産分割調停（審判）と併合し合一的に処理しなければならない（民904条の2第4

項)。通常は，遺産分割調停の申立てと同時か，調停継続中に追加的に申立てがなされ，併合して調停(審理)することが多い。

② 寄与分は申立てがなくても調停の段階で寄与分を考慮した分割方法で合意することはできるが，調停が不成立となったとき，申立てがなされていない場合は寄与分を定める審判ができないので，寄与分を主張する者は早期に申立てをしておくべきである。

（相続法改正関係）
特別の寄与（新民法1050条）
　現行法では，寄与分は，相続人にしか認められないため，例えば相続人の妻が被相続人の療養看護を行い特別の寄与行為をした場合，遺産分割協議において妻や相続人がその寄与行為を評価し寄与分として請求することができなかった。しかし，今回の法改正で，このような場合，「特別の寄与」として1050条が新設され，相続人ではない「特別寄与者」が，「特別寄与料」として金銭の請求ができるようになった。この請求は，被相続人の親族に限り，特別寄与者が相続の開始及び相続人を知った時から6か月以内，又は相続開始の時から1年以内に請求しなければならないとされ，特別寄与料の支払いについて，当事者間で協議が調わないとき，又は協議をすることができないときは，特別寄与者は，家庭裁判所に対して協議に代わる処分を請求することができるとされた。

第10　相続分の処分

1　相続分の譲渡
(1) 意　義
　相続人は，遺産分割が終了するまでに，自己の相続分を他の相続人又は第三者に譲渡することができる。相続分の譲渡ができることを規定した民法の条文はないが，民法905条1項では，「共同相続人の一人が遺産の分割前にその相続分を第三者に譲り渡したときは，他の共同相続人は，その価額及び費用を償還して，その相続分を譲り受けることができ

る。」と規定していることから，相続分の譲渡が可能であると解釈されている。

(2) 効果1
　相続分の譲渡がなされたときは，積極財産と消極財産とを包含した遺産全体に対する譲渡人の割合的な持分が譲受人に移転するとされている。相続分の譲渡は，譲渡人と譲受人との契約によるが，消極財産については，債権者の承諾がなければ譲渡を対抗できない。また，相続分の譲渡は遡及効の規定がないため譲渡の時に効力が生ずるとされている。

(3) 効果2
　相続分の譲渡を受けた第三者は，譲渡人の相続人としての地位を承継することになるので，譲渡人に代わって遺産分割協議に参加することができる。また，他の共同相続人に譲渡した場合，譲受人は，自らの相続分に譲渡を受けた相続分を加算した相続分を有することになる。さらに，相続分の一部を複数の者に譲渡することもできる。なお，遺産に属する特定物の持分の譲渡は，相続により取得した共有持分の処分として物権法上の共有物分割の手続より処理されることになる。

(4) 利用されるケース
　例えば，遺産として被相続人の配偶者が居住する不動産と少額の預貯金しかないような場合，他の相続人が，配偶者に対し自己の相続分を無償で譲渡して配偶者の相続分の増加に協力するために相続分の譲渡が利用されることがある。また，一部の相続人間で，遺産分割協議が紛糾し長期化するような場合，対立当事者ではない相続人が，早期に遺産分割協議から離脱するために他の相続人に有償で相続分を譲渡する場合などで利用されることがある。

(5) 家庭裁判所の取扱い
　家庭裁判所の遺産分割調停において，申立て時，既に相続分の譲渡が行われている場合は，譲渡人は当事者とならない。その場合，申立書に

は相続分の譲渡証明書（印鑑証明書付）を添付して当事者とならないことを証明することになる。また，申立て後に相続分の譲渡が行われた場合は，相続分の譲渡証明書（印鑑証明書付）を提出すると，当該相続人は遺産分割協議の当事者となる資格を喪失するので，家庭裁判所は，排除する旨の決定をすることになる（家事法258条，43条準用）。ただし，譲渡人が不動産の登記義務を負う場合などは，排除の決定をしないで利害関係人として参加させることになる（片岡武・菅野眞一編著『第3版　家庭裁判所における遺産分割・遺留分の実務』（日本加除出版，2017年）122頁）。

(6) 取戻し

相続人以外の第三者に対し相続分の譲渡がなされた場合，他の共同相続人は，譲渡が行われてから1か月以内にその価額及び費用を償還して，その相続分を取り戻すことができる（民905条1項，2項）。これは，第三者が遺産分割協議に参加することを阻止するための規定と解されている。償還のための価額は，譲渡価額ではなく，取戻し時の相続分評価額であるというのが通説である。取戻しは，共同相続人の一人からでも可能である。

2　相続分の放棄

(1) 意　義

相続分の放棄とは，共同相続人が遺産に属する積極消極財産の全体に対して有する権利義務の包括的な割合的持分を放棄し，遺産分割手続における自己の取得分をゼロとする一方的な意思表示である。そして，放棄者の相続分は，基本的には放棄者の意思表示によるべきであるが，放棄者の意思が明らかでないときは，共同相続人間に株分け的に帰属するものと解される（井上繁規『［改訂版］遺産分割の理論と審理』（新日本法規出版，2014年）209頁）。ただし，相続分の放棄は相続の放棄と違い，債権者の承諾が得られないと債務の負担からは免れられない。

(2) 効　果

相続分の放棄は，相続の放棄や相続分の譲渡のように，民法に明文の

規定があるわけではないが，このような意思表示は有効とされる。特に遺産分割調停において，遺産の取得を欲せず，遺産分割協議にかかわりたくないという相続人が，事件の当事者から離脱する場合に利用されることが多い。相続分の放棄証書（印鑑証明書付）が提出されると，家庭裁判所が排除の決定をすることにより当事者から脱退することになる。ただし，不動産登記において既に法定相続分による登記がなされているような場合，調停成立後の登記手続で登記義務者となる場合は，排除の決定をしないで，利害関係人として参加させることは，相続分の譲渡の場合と同様である。

(3) 登記との関係

前述のとおり，相続分の放棄は，家庭裁判所における遺産分割調停の場で，当事者から離脱する手段として利用される場合が多いが，不動産登記の関係では，相続分の放棄の明文の規定がないため，登記制度の要請である物権変動を確実に反映するという観点から，必ずしも家庭裁判所での取り扱いと同一ではない。この点に関しては，遺産分割手続の各論で詳述したい。

第11 相続の形態

相続が開始した場合，遺産を誰がどのように承継（相続）するかということについて，民法は2つの選択方法を規定している。すなわち，被相続人の意思に基づく遺言による相続と，法定相続分を基礎とする共同相続人による遺産分割協議による相続である。そして，遺産相続の方法については原則として被相続人の意思を尊重するという立場から，遺言がある場合は遺言を優先し，遺言がない場合に遺産分割協議による方法が採用されることになる。さらに，共同相続人間で遺産分割協議の合意ができない場合は，家庭裁判所の遺産分割調停（審判）による方法が用意されている。なお，遺言による相続においても遺言の内容によっては，遺産分割協議をしなければならない場合もあるが，本書は，遺言がない場合の遺産分割協議による相続手続に関する解説を目的としているので，遺言による相続につ

いては，概略を述べるにとどめる。

1 遺言による相続
(1) 遺言の方式
遺言は要式行為であり，その作成方法については民法967条以下で厳格に定められている。遺言の方式には，普通方式（3種類）と特別方式（4種類）があり，以下のとおり規定されている。
① 普通方式
ア 自筆証書遺言（民968条）
遺言者が，その全文，日付及び氏名を自書し，押印しなければならないとされている。自筆証書遺言は，一人で作成することができ，特別な費用もかからないことから利用しやすい反面，紛失したり，偽造・変造の危険性があることが指摘されている。また，相続開始後，遺言書の保管場所が分からなかったり，作成要件に不備があり無効となることもある。

（相続法改正関係）
i 今回の相続法改正により，平成31年1月13日以降に作成された自筆証書遺言の財産目録については，自書制限が緩和されワープロ等による作成も認められることになった。
ii 自筆証書遺言に関しては，「法務局における遺言書の保管等に関する法律」（以下，「遺言書保管法」という。）が制定された（令和2年7月10日施行）。この制度により遺言者は，法務大臣の指定する法務局（遺言書保管所）に自ら出頭し，遺言書保管官に対し，自己の遺言書を無封の状態で保管申請をすることができることとなった（遺言書保管法4条）。そして，遺言者の相続開始後，相続人，受遺者，遺言執行者等の「関係相続人等」は，「遺言書情報証明書」の交付を受けることができる（同法9条）。また，何人も，遺言書保管官に対し，自己に関係する遺言書の保管の有無等に関する「遺言書保管事実証明書」の交付請求ができる。そして，この制度を利用した場合は，家庭裁判所の検認手続が不要となった。この制度は，公正証書遺言作成の場合必要な2人の

証人や作成費用がかからないという利点があるが，公正証書遺言のように公証人が出張して作成することはできず，自ら出頭しなければならないので寝たきり状態の人はできないことになる。なお，改正法施行前に作成された従来の自筆証書遺言については，この保管制度を利用しないでこれまでどおりの保管方法を採ることができる。

　イ　公正証書遺言（民969条）

　　証人2人以上の立会いのもと，遺言者が遺言の趣旨を公証人に口授し，公証人が，これを筆記し，遺言者及び証人に読み聞かせ，又は閲覧させ，遺言者及び証人が筆記の正確なことを承認した後，各自これに署名押印する方法により作成される遺言書である。

　　公正証書遺言は，公証役場において公証人が遺言書を作成するため自筆証書遺言に比べ記載内容の不備や，紛失のおそれはないが，証人2人の立会いが必要なことや費用がかかることなどから敬遠されることもある。なお，遺言者が，遺言の意思能力はあるが，病気，高齢などで公証役場へ出頭できない場合は，公証人が出張して遺言書の作成をすることもできるので便利である。

　ウ　秘密証書遺言（民970条）

　　遺言者が，秘密証書に署名・押印したものを封じ，証書に用いた印章をもって封印すること。そして，遺言者が，公証人1人及び証人2人以上の前に封書を提出して，自己の遺言書である旨並びに筆者の氏名及び住所を申述し，公証人が，その証書を提出した日付及び遺言者の申述を封紙に記載した後，遺言者及び証人ともにこれに署名・押印して作成する。秘密証書は，必ずしも遺言者本人の自筆でなくてもよいという点で有用な場合もあり，公証人が関与するので，偽造・変造のおそれは少なくなるが，手続が煩雑で，家庭裁判所の検認手続も必要であるため利用者は限定的である。

② 特別方式

遺言作成の方式について，民法では前記の普通方式による遺言の他に，特別の方式として，「死亡危急者遺言」(民976条)，「伝染病隔離者遺言」(民977条)，「在船者遺言」(民978条)，「船舶遭難者遺言」(民979条) が規定されているが，利用されることは少ないので，解説は省略する。

(2) 遺言の方法

遺言による相続の方法について，民法は902条で"相続分の指定"ができる旨，908条では"遺産分割の方法の指定"ができる旨の規定がされている。また，遺贈に関しては民法964条により，包括遺贈及び特定遺贈の規定が設けられている。

① 遺言による相続分の指定 (民902条)

被相続人は，遺言によって法定相続分とは異なる共同相続人の相続分を定めることができ，またこれを定めることを第三者に委託することができる。ただし，遺留分の規定に違反することができないとされている (民902条1項)。相続分の指定方法としては，相続財産の何分の何というように相続財産全体に対する分数的割合で定めても，不動産，動産，株式などのように相続財産の種類を指定しても，それが相続財産全体に対する相続すべき割合を指示している限り差し支えないと解されている (島津一郎・松川正毅編『基本法コンメンタール　相続 [第5版]』(日本評論社，2007年) 55頁)。なお，相続法の改正により，民法902条1項ただし書きの遺留分に関する規定に反することができない旨は削除された。また，遺留分の請求は遺留分侵害額として金銭の支払いを請求することができることとなった (新民法1046条)。

相続法改正関係
相続分の指定がある場合の債権者の権利の行使 (新民法902条の2)

現行法902条によると，遺言により相続分の指定がなされた場合，相続債務についても指定された相続分割合に拘束されるとの解釈も成り立つ。

しかし，そうすると，債務者である共同相続人の都合により債務の割合が決められることになり，相続債権者が不利益を受ける場合があるところから，判例は，「相続債務についての相続分の指定は，相続債務の債権者の関与なくしてなされたものであるから，相続債権者に対してはその効力が及ばないものと解するのが相当である」と判示し（最判平成21年3月24日民集63巻3号427頁），相続分の指定がなされた場合でも，各相続人は，相続債務について法定相続分に応じ債務を承継するとした。相続法改正に際しこの判例を踏襲する形で明文化され権利関係を明確にした。

② 遺言による遺産分割方法の指定（民908条）

被相続人は，遺言により相続分を割合的に指定することの他に，遺産分割の方法を指定することもできる。分割方法の指定には，手続指定型（代償分割や換価分割の指定等），分割指針型（土地はA，その他は共同相続人で分割等），帰属指定型（長男にはA遺産を，次男にはB遺産を取得させる等），清算型（積極財産を処分し負債を完済後分割する等）があるが，この場合も遺留分を侵害している場合は，請求の対象となる（片岡武・菅野眞一編『第3版　家庭裁判所における遺産分割・遺留分の実務』（日本加除出版，2017年）493頁）。

遺言により相続分の指定がなされた場合，その指定相続分は法定相続分に代わるものとして，共同相続人間で行う遺産分割協議の基準となる。また，遺産分割方法の指定は，本来は現物分割や換価分割などの分割方法を指定するもので相続分の指定は含まれないものであるが，通常は特定の遺産を特定の相続人に相続させるといった内容が多い。遺言の内容の解釈について，相続分の指定なのか，遺産分割方法の指定かあるいは，両者を含む内容かについて議論があるところである。特定の遺産を"相続させる"旨の遺言について，最判平成3年4月19日（民集45巻4号477頁）では，遺産分割方法の指定であるとし，遺産分割手続を経ないで，特定の遺産が特定の相続人に相続開始と同時に当然に移転するとした。

③　包括遺贈及び特定遺贈

　民法964条では,「遺言者は,包括又は特定の名義で,その財産の全部又は一部を処分することができる。」と規定され,遺言により遺産の承継をすることができる。遺産について,全部又は何分の1というように割合的に譲与することを包括遺贈といい,遺産の中の特定財産について譲与する場合を特定遺贈という。包括遺贈を受けた者を包括受遺者といい,相続人と同一の権利義務を有するとされている(民990条)。遺産の取得に関し,包括遺贈の場合は,特定の積極財産,消極財産ともに承継することになるが,特定遺贈の場合は,積極財産だけを承継することになる。また,遺贈を拒否する場合,包括受遺者は法定相続人と同様に相続開始を知った時から3か月以内に家庭裁判所に相続放棄の申述をしなければならないが(民990,915条),特定遺贈の場合,受遺者はいつでも遺贈の放棄ができることになっている(民986条)。

2　遺産分割協議による相続

　遺産相続に際し遺言がない場合は,相続人同士の話合い(協議)により分割方法を決めることになる。遺産分割協議による相続は,相続人全員による話合いの結果であるため,法定相続分割合とは異なる分割割合を自由に決められ遺留分の侵害も問われない。なお,遺言による相続分の指定(民902条)や分割方法の指定(民908条)が行われた場合も遺言の内容によっては遺産分割協議をしなければならないことがあるが,ここでは,遺言のない場合について解説する。

(1)　成立要件

　遺産分割協議は,相続人全員の参加による協議でなければならない。したがって,一部の相続人を除外した遺産分割協議は,無効である。ただし,相続放棄をした者,又は,相続分の譲渡をした者は,相続人から除外されるので,遺産分割協議への参加資格はない。相続分の譲受人が相続人以外の第三者の場合は,相続人の地位を取得するので当事者として分割協議に参加することになる。

第1章　遺産分割に関する相続法の基本原則

(2) 協議の瑕疵

　遺産分割協議は，相続人全員の参加が必要なので，参加すべき相続人の一部を欠いた協議は無効であるため協議のやり直しとなる。また，協議成立の有効無効については，民法総則の錯誤，詐欺，強迫，虚偽表示，心裡留保などの規定の適用がある。第三者への影響を考えると，錯誤無効の認定は慎重になされる必要があるが，多額の特別受益を隠蔽していた相続人がいる場合などには錯誤無効が認められる余地はあるだろう（内田貴『民法Ⅳ［補訂版］親族・相続』（東京大学出版会，2004年）424頁）。なお，民法95条の改正により，錯誤による意思表示は取り消すことができるとされた（令和2年4月1日より）。

(3) 解　除

　遺産分割協議の解除の可否に関し，親と同居し扶養することを条件に大部分の遺産相続を認めた相続人がそれを履行しなかった場合，他の相続人は債務不履行を理由として既に成立した分割協議を解除できるかという問題で，「共同相続人間において遺産分割協議が成立した場合に，相続人の一人が他の相続人に対して右協議において負担した債務を履行しないときであっても，他の相続人は，民法541条によって右遺産分割協議を解除することができないと解するのが相当である。」と判示し最高裁は解除を認めなかった（最判平成元年2月9日民集43巻2号1頁）。その理由は，「遺産分割はその性質上協議の成立とともに終了し，その後は右協議において右債務を負担した相続人とその債権を取得した相続人間の債権債務関係が残るだけと解すべきであり，しかも，このように解さなければ民法909条本文により遡及効を有する遺産の再分割を余儀なくされ，法的安定性が著しく害されることになるからである。」としている。ただし，別の判例では「共同相続人の全員が，既に成立している遺産分割協議の全部又は一部を合意により解除した上，改めて遺産分割協議をすることは，法律上，当然には妨げられるものではなく……。」と判示し相続人全員による遺産分割協議のやり直しは有効であるとしている（最判平成2年9月27日民集44巻6号995頁）。

(4) 遺産分割協議書の作成

　遺産分割協議は、当事者全員の合意により成立するが、後日の紛争防止のため「遺産分割協議書」を作成しておくことになる。また、協議書に署名捺印する場合は、真実性担保のために実印を捺印し印鑑証明書を添付することになる。協議書は、一通の書面にすべての相続人が署名捺印する方法がベストであるが、相続人が多数であったり遠隔地に分散しているような場合、同一のものを数枚用意して相続人ごとに署名捺印し、合綴して使用することは実務でよく行われている。遺産分割協議書の形式に決まりはないが、被相続人の表示と相続人の特定、遺産の範囲の明確化、分割方法の表示が明瞭に記載され、後日記載漏れや、解釈により異なる判断が生じないように心がけるべきである。

3　遺産分割調停（審判）による場合

　共同相続人間で遺産分割協議を開始したが、相続人同士の対立が激しく合意に達しないと判断される場合、あるいは、最初から遺産分割協議ができない場合は、家庭裁判所に遺産分割調停（審判）の申立てをすることになる。

　司法書士は、家事事件の代理人にはなれないので、相続事件に関する相談の段階で、遺産分割協議が既に紛争化していて当事者間での合意成立が困難であると判断される場合、遺産分割調停申立てのために代理人（弁護士）を選任することを勧めるか、代理人を選任しないで本人自ら調停に臨むことを希望する場合、遺産分割調停申立書の書類作成者として関与することになる。

　一般的に依頼者である相続人は、家庭裁判所の調停手続には不慣れであるため、代理人を選任しないで本人自ら調停に臨む場合は、少なからず不安を抱えていることが多い。司法書士としては、遺産分割調停の仕組みや運用について説明し、依頼者が安心して調停に参加できるようにアドバイスしてあげることは重要である。そのためには、遺産分割調停の基本構造と運用を理解しておくことが必要である。

第1章　遺産分割に関する相続法の基本原則

(1) 遺産分割調停事件の基本構造
　家庭裁判所の遺産分割事件は，調停前置主義の対象ではないが，審判事件としての申立てがあった場合，特別な事情がない限り，家庭裁判所は職権で家事調停に付することができることになっている（家事法274条1項）。そのために，当初から調停事件として申立てするのが一般的である。そして調停が不成立となった場合は，家事事件手続法の別表第二事件として審判手続に移行することになる。

(2) 申立て
　遺産分割調停の申立てには申立書と添付書類を裁判所に提出する必要がある。申立書には次の事項を記載する（最高裁判所HP「遺産分割調停の申立書」参照）。

　① 申立書の記載事項
　　ア　被相続人の表示
　　　被相続人の氏名，本籍，生年月日，死亡年月日を記載する。
　　イ　申立人の表示
　　　申立人の氏名，本籍，住所（場合によっては居所），生年月日，職業，連絡先を記載する。申立人は，相続人の一人でも複数でもよい。
　　ウ　相手方の表示
　　　申立人以外の相続人を相手方として表示し特定する。遺産分割調停は，相続人適格のある者全員が参加して行わなければならないので，相続人に漏れがあってはならない。対立関係の有無に関係なく争いのない相続人を相手方とすることでもよい。記載事項は，申立人と同様である。当事者が多数の場合は被相続人，申立人，相手方を別途「当事者目録」として作成してもよい。
　　エ　申立ての事由
　　　調停の申立てに至るこれまでの経緯や相続人間の実情を記載する。
　　オ　その他

特別受益や寄与分についての主張がある場合はその旨，また，申立人の希望する分割方法を記載してもよい。

なお，司法書士が本人申立てによる申立書の作成をする場合，依頼者からの聴取で判明した紛争に至る経緯や争点を簡潔に整理するとともに，関係資料をできるだけ収集し，調停の円滑な進行に資する書類作成に努力すべきである。

② 添付書類

　ア　相続関係説明図

　　相続関係説明図を裏付けるための戸（除）籍謄本や住民票等により，当事者となる相続人を特定する。また，相続放棄や相続分の譲渡をした者がいた場合はそれらを証する書面。

　イ　遺産目録

　　分割の対象となる遺産を種別（不動産，預貯金，株式等）に整理し，その裏付けとなる資料（登記情報，預金通帳写，残高証明書等）を添付する。評価額や金額が分かるものはその額を記載する。

③ 管轄

　遺産分割調停事件の土地管轄は，相手方の住所地を管轄する家庭裁判所か当事者が合意で決めた家庭裁判所である。相手方の住所地が複数ある場合は，それぞれが管轄となるので選択できる。

　なお，調停が不成立となった場合は，審判に移行するが，遺産分割審判の土地管轄は，被相続人の最後の住所地とされているので，調停事件と管轄が異なる場合がある。その場合，当事者の合意を得て調停事件の管轄裁判所で自庁処理する運用がなされている（片岡武・管野眞一編著『第3版　家庭裁判所における遺産分割・遺留分の実務』（日本加除出版，2017年）46頁）。

④ 遺産分割調停手続の流れ

　ア　調停期日の指定

　　調停の申立てが受理されると，家事審判官1名と2名以上の家事調停委員で家事調停委員会を組成し事件を担当することにな

る。裁判所は，第1回期日を指定し，申立人と相手方に呼出状を送付すると同時に，遺産分割事件に関する照会書を同封し，遺言の有無，共同相続人と遺産の範囲，特別受益や寄与分について，分割方法の希望確認等の照会をする。当事者の紛争の原因や分割の意向を事前に確認し，今後の調停進行の参考にするためである。なお，相手方には，申立書の写しも送付される。

イ 調停期日の進行

(ア) 期日に出頭した場合，申立人と相手方は別々の待合室で呼び出しを待つことになる。それぞれ別室なので，申立人と相手方が顔を合わせることはないように配慮されている。申立人と相手方は時間をずらして調停室に入り聴取をうける。調停委員会は3名で構成されるが，聴取の際は，通常審判官は在席せず，2名の調停委員が実情を聴くことになる。通常申立人，相手方それぞれ30分程度を目安に交代で，これまでの話し合いの経緯やそれぞれの主張を聴取するが，相手方間でも意見の対立がある場合は別々に聴取することになる。次回期日は1か月から2か月後の日程（午前又は午後）で，裁判所，当事者，代理人の都合を調整して決められる。

(イ) 遺産分割調停は，当事者が自主的に歩み寄り最終的に合意に至ることを目的として進行する。調停委員会は，遺産分割に関連する様々な事象を当事者から聴取しながら問題点を抽出し，当事者の主張を整理したうえで調整を図り，時には合意案を提示するなどして最終合意を目指す。そのために調停委員会は，「誰が（相続人の範囲），何を（遺産の範囲），どのような割合で（指定相続分，法定相続分を特別受益・寄与分で修正して算出した具体的相続分），どのように分けるか（分割方法）という手順により進めることになる。」（片岡武・管野眞一編著『第3版 家庭裁判所における遺産分割・遺留分の実務』（日本加除出版，2017年）8頁）。主な対立点としては，特別受益や寄与分の存否やその額，使途不明金の取扱い，分割の方法などが争点となり

やすい。

⑤ 調停事件の終結

遺産分割調停は，調停成立，不成立，申立ての取下げにより終結となる。調停成立の場合は調停調書が作成され，不成立の場合は審判に移行する。調停の申立ては，家事調停事件が終了するまで，その全部又は一部を取り下げることができる（家事法273条）。取下げには相手方の同意は不要である。

⑥ その他の終結事由

ア 調停に代わる審判（家事法284条）

家庭裁判所は，調停が成立しない場合において相当と認めるときは，当事者双方のために衡平を考慮し，一切の事情を考慮して，職権で，事件の解決のために必要な審判をすることができる。これを「調停に代わる審判」という。調停に代わる審判は，わずかな相違で合意に達しないときや，一部の当事者が出頭しないが，出頭した当事者間では合意していて，合意内容が相当と認められる場合などに行われる。調停に代わる審判がなされた後は，申立てを取り下げることはできない（家事法285条）。

イ 調停をしない措置（家事法271条，家事規132条1項）

調停委員会は，事件が性質上調停を行うのに適当でないと認めるとき，又は，当事者が不当な目的でみだりに調停の申立てをしたと認めるときは，調停をしないものとして，家事調停事件を終了させることができる。通常「調停をなさず」又は，「調停をしない措置」といわれるもので，取下げの余地はない。

第1章 遺産分割に関する相続法の基本原則

第12 相続財産の管理

1 相続財産の管理に関する民法の規定
(1) 総　説

　被相続人が死亡し，相続が開始すると，被相続人の遺産について誰がどのような方法でそれを相続し承継していくかについて検討することになる。

　相続の方法については，民法（相続）の規定によると，遺言による相続と遺言がない場合の共同相続人による遺産分割協議による方法が規定され，さらに遺産分割協議が合意成立しない場合，家庭裁判所による調停（審判）手続による解決方法が用意されている。

　また，相続人に関しては，相続の放棄あるいは単純承認か限定承認を選択することもできるし，相続人の廃除の問題や相続人が不存在という場合もある。このように相続の開始から終結まで，相続財産の帰属が確定せず不安定な状態の間，相続財産を誰がどのように管理するかについて，民法等でどのように規定されているか整理しておきたい。

　まず，遺産相続に関する管理人の選任規定に関しては，以下のとおりである。

　① 推定相続人の廃除又はその取消しの審判確定前の相続財産管理者について（民895条）
　② 相続の承認又は放棄前の相続財産の管理者（民918条2項）
　③ 相続放棄の場合における相続財産の管理者（民940条）
　④ 限定承認の場合における相続財産の管理者（民936条1項）
　⑤ 財産分離の請求後の相続財産の管理者（民943条1項）
　⑥ 相続人不存在における相続財産の管理者（民952条）
　⑦ 遺言執行者の管理権（民1012条）

　　また関連する規定として，
　⑧ 相続人が不在者の場合における不在者の財産管理人（民25条以下）
　⑨ 遺産分割調停（審判）における保全処分としての相続財産の管理者（家事法200条1項）

　次に，共同相続人による遺産分割協議の手続と遺産管理者との関係に

については，民法918条をどのように解釈するかがヒントとなる。

(2) 民法918条の解釈

相続財産の管理について，民法918条1項では，「相続人は，その固有財産におけるのと同一の注意をもって，相続財産を管理しなければならない」と規定され，相続が開始すると，まずは共同相続人が遺産の管理責任を負うことになる。次に，同条1項ただし書きでは，「ただし，相続の承認又は放棄をしたときは，この限りではない。」とされているため，次のとおり解される。

① 相続人が単純承認した場合，固有財産と区別して管理する必要がなく注意義務も消滅する。ただし，「相続債権者や受遺者が財産分離の請求をした場合には以後固有の財産と同一の注意義務をもって管理しなければならぬので（民944条），分離の請求をなし得る期間，すなわち相続開始から3か月間は，同様の注意義務をもって管理を継続する義務があると解すべきであろう。」とされる（谷口知平・久貴忠彦編『新版注釈民法（27）相続（2）［補訂版］』（有斐閣，2013年）486頁）。

② また，相続人が限定承認をした場合，相続人が数人いる場合には，家庭裁判所が相続人の中から，相続財産の管理人を選任することになるので（民936条），その者に引き継がれる。

③ そして，相続人が相続の放棄をした場合，放棄によって相続人となった者が相続財産の管理を始めることができるまで，放棄者は，同様の注意義務をもって管理を継続しなければならないとされている（民940条）。

また，民法918条2項では，「家庭裁判所は，利害関係人又は検察官の請求によって，いつでも，相続財産の保存に必要な処分を命ずることができる。」とされている。本項については「相続人が一応決定していて放棄か承認か未定の場合も，相続人遠隔居住，所在不明，管理能力不足，共同相続人間の紛争などによる管理の困難な場合において，利害関係人（相続人自身を含む）または検察官の請求により，家庭裁判所は，いつでも保存に必要な処分を命じることができる。」（同書486頁）と解釈さ

れ，熟慮期間中相続人の管理が十分なされない場合，保存に必要な処分の一環として相続財産管理人選任の請求ができるとされている。この規定はあくまでも承認又は放棄をするまでの熟慮期間内での管理人の選任請求規定とされるため，単純承認後は適用がないと解される。

(3) 相続手続の相違による管理人

前述のとおり，遺産は相続の開始により，共同相続人が固有財産と同一の管理をすることになるが，その後，相続人による相続の承認や放棄の選択により，家庭裁判所の選任による管理者に移行することになる。では，相続の手続方法の違いによる遺産の管理者は，どのように規定されているかについては次のとおり解される。

① 遺言による相続の場合は，遺言執行者が管理権を有する（民 1012 条）。そして，遺言執行者がいないとき，又はいなくなったときは，家庭裁判所が遺言執行者を選任することができるとされている（民 1010 条）。

② 次に，共同相続人が単純承認し，遺産分割協議により相続手続を行う場合の遺産の管理者については民法には特に規定が設けられていない。したがって，「未分割の遺産についても，各共同相続人が，その相続分に応じて権利を有するので，遺産の管理権も共同相続人に相続分に応じて帰属し，共同に管理することになる」（上原裕之ほか編著『改訂版　遺産分割』（青林書院，2014 年）430 頁）と解されている。

③ そして，遺産分割協議ができない場合，遺産分割調停又は審判により相続手続をすることになるが，その場合，遺産分割の審判事件を本案とする保全処分として財産の管理者を選任することができるとされている（家事法 200 条）。

(4) 遺産分割協議中の管理者

前述のとおり，遺産相続の形態として最も一般的な方法である共同相続人による遺産分割協議により相続手続をする場合，相続の開始から遺産分割の終結まで相続財産の管理者については，民法に規定が設けられ

ていない。そこで解釈としては，相続人が単純承認すると遺産共有（民898条）の状態となるため，遺産の管理も共同相続人による共同管理に付されることになり，この場合，民法249条以下の共有物の管理，処分に関する規定が適用されると解されている。つまり，共有物の保存行為については，共同相続人の一人でも行うことができ（民252条ただし書），管理行為については，共有持分の価格に基づく過半数をもって行うことができ（民252条），処分（変更）行為は，共同相続人全員の合意をもって行うことができるとされている（民251条）。

2 任意遺産管理人の選任

(1) 委任による管理者の選任

被相続人の遺産は，遺産分割が終了するまでは，遺産共有状態となり，共同相続人がそれぞれ相続分に応じて管理権を有することになる。そこで，共同相続人は，委任契約により相続財産の管理者（任意遺産管理人）を選任することができる。共有物の管理は，共同持分権（相続分）の過半数によって決められるため，管理人選任を過半数で決することも可能と考えられるが，少数者の管理権の行使も制限されることになるから，その管理権を保護するために，処分行為に準じて全員の同意が必要であるとされる（上原裕之ほか編著『改訂版 遺産分割』（青林書院，2014年）445頁）。

(2) 任意遺産管理人の職務

任意遺産管理人の職務権限については，「委任された遺産管理人は，委任契約で定められた管理権を持つことになるが，契約上委任内容が不明瞭なときは民法103条に規定する範囲の管理権を有することになる。遺産管理人は，委任契約に基づき，民法の委任に関する規定（民643条以下）の適用，すなわち善良な管理者としての注意義務，報告義務，損害賠償義務，報酬請求権，費用前払請求権，費用償還請求権等を有することになる。共同相続人は，任意の遺産管理人を選任しても，自らの管理権をすべて失うものではなく，委任した以外の管理をすることはできるけれども，委任した事項については，委任契約の趣旨から委任者とし

て，受任者である管理人の管理を妨げる行為をすることは許されない。」また，委任契約の解除については，「共同相続人全員の同意を要すると解される（同書446頁）。」との見解がある。相続財産に関する任意遺産管理人の具体的職務，権利義務については，第3章第9「遺産分割と遺産の管理」91頁以下を参照されたい。

第2章 遺産分割の基本構造（総論）

第1 意 義

　被相続人の死亡により相続が開始すると，被相続人の遺産は，民法の規定により各相続人の共有状態となる（民898条）。この遺産共有の状態を解消して，個々の遺産を各相続人に取得させる手続を遺産分割という。遺産分割を行うためには，適格性のある相続人を確定するとともに，分割する遺産の範囲を確定し，確定した共同相続人全員で協議を行い，最終的な具体的相続分を民法のルールと当事者の合意により確定し，さらに合意した分割内容に基づきそれぞれの相続人に終局的に帰属させなければならない。

　なお，遺言による相続の場合においても，遺言の内容によっては遺産分割を必要とする場合もあるが，それは遺言執行に関する問題であるため，ここでは遺言がない場合の遺産分割手続について述べることにする。

第2 遺産分割の基本的な流れ

　遺産分割手続の基本的な流れは次のとおりである。

1 相続開始の確認

　相続の開始は，通常は被相続人の死亡により開始する（民882条）ため，戸籍の調査により被相続人及び相続開始日を確認することになる。

2 相続人の確定

　遺産分割は，適格性のある相続人全員の参加による協議により行われるため，相続人を確定する必要がある。通常は，戸籍等の調査により確定作業が行われるが，相続人の欠格事由や推定相続人の廃除，あるいは相続放

棄などにより変動することがある。

3 相続財産（遺産）の範囲の確定

被相続人の死亡時の財産を遺産というが，その遺産のすべてが遺産分割の対象となる訳ではない。遺産分割においては，分割の対象となる財産と，ならない財産を分けて考えなければならない。しかし，分割の対象とはならない遺産でも相続人全員の合意で遺産分割の対象とすることができる財産もあることから，どこまでを遺産分割の対象とするかについて，あらかじめ合意しておく必要がある。

4 遺産分割協議の合意

相続人の範囲と遺産の範囲が確定したら，次に共同相続人全員の協議により，どの遺産を誰がどのような割合で取得（相続）するかについて協議し合意をすることになる。遺産分割協議に関しては，特別受益（民903条2項），寄与分（民904条の2）が問題となり，また，相続分の譲渡（民905条），相続分の放棄などが相続分に影響を与えることになる。協議内容が確定したら遺産分割協議書を作成し，共同相続人全員が署名捺印したうえで，遺産分割手続を実行する。

5 遺産分割手続

確定した遺産分割協議書に基づき，不動産の相続登記や預貯金の解約手続などを行い，各相続人に遺産の承継手続をする。分割の方法としては，現物分割，代償分割，換価分割，共有分割による方法がある。

第3 遺産分割事件における前提問題

遺産分割事件における前提問題とは，文字通り，遺産分割協議をするに当たって，あらかじめ解決しておかなければならない問題である。具体的には，次の三つが挙げられる。

第3 遺産分割事件における前提問題

1 相続人の範囲に関する問題
(1) 戸籍の記載と事実が相違する場合
　被相続人の法定相続人が誰になるかは，通常は戸籍（除籍）謄本等による調査で判明する。しかし，戸籍の記載と事実が相違する場合がある。事例を分類すると次のとおりとなる（片岡武・管野眞一編著『第3版 家庭裁判所における遺産分割・遺留分の実務』（日本加除出版，2017年）53頁）。

　　① 身分関係の形成に関する事項（婚姻取消し，離婚取消し，縁組取消し，離縁取消し，認知，認知の取消し及び嫡出否認など）
　　② 相続人たる地位の形成に関する事項（推定相続人廃除及びその取消し）
　　③ 相続人の死亡に関する事項（失踪宣告及びその取消し）
　　④ 身分関係の確認に関する事項（婚姻無効，離婚無効，縁組無効，縁組関係不存在など）

(2) 家庭裁判所の遺産分割調停（審判）事件の取扱い
　家庭裁判所の遺産分割調停（審判）事件では，遺産分割における前提問題に関して，最決昭和41年3月2日（民集20巻3号360頁）は，「それらはいずれも実体法上の権利関係であるから，その存否を終局的に確定するには，訴訟事項として対審公開の判決手続によらなければならない。しかし，それであるからといって，家庭裁判所は，かかる前提たる法律関係につき当事者間に争があるときは，常に民事訴訟による判決の確定をまってはじめて遺産分割の審判をなすべきものであるというのではなく，審判手続において右前提事項の存否を審理判断したうえで分割の処分を行うことは少しも差支えないというべきである。」と判示している。ただし，注意しなければならないのは，婚姻無効確認請求や親子関係不存在確認請求などの確認訴訟的な事項については遺産分割審判において判断することができるが，婚姻取消請求や認知請求などは，形成訴訟事項であり，訴訟の確定により効力が生じるため，遺産分割審判では審理できないということである。

　したがって，前記①〜③については，遺産分割調停においてこれらの問題が争いとなる場合は，まずは訴訟又は審判手続等により，解決した

うえで，改めて遺産分割調停をすることになる。④については，調停における前提問題として審判により判断することができる。ただし，審判には既判力がないので，人事訴訟の判決により抵触する部分は効力を失うことになる。「そこで，遺産分割事件の処理方法としては，調停事件をそのまま進行させずに，合意に相当する審判（家事法277条）又は人事訴訟による解決を促している。」との運用がなされている（同書54頁）。

(3) 相続人間で行う遺産分割協議の場合

共同相続人による遺産分割協議において，相続人の範囲に関し，問題が発生した場合は，(1)の分類に倣って，人事訴訟等の手続により確定するか，当事者の届出により，最終的には戸籍上の身分関係を確定したうえで，相続人の範囲を確定することになる。

2 遺産の範囲に関する問題

遺産分割協議をするにあたっては遺産の範囲を確定する必要があるが，遺産の範囲の確定に際しての前提問題としては，遺産の帰属性の問題と，遺産の適格性の問題がある。

(1) 遺産の帰属性の問題

遺産分割の対象とされる特定の財産について，その帰属について争いが生ずることがある。例えば被相続人名義となっているある不動産が，実は，相続人の固有財産であるとか，名義預金や名義株式と呼ばれる財産の帰属についての争いである。これらの問題は，家庭裁判所の遺産分割審判では前提問題として判断することが許されるが，判断には既判力がないので最終的には民事訴訟（遺産確認訴訟）で解決されるべき問題であるとされる。

一方，共同相続人間で行う遺産分割協議において，この前提問題が生じた場合は，相続人全員の合意により遺産とすることができるが，合意できない場合は，やはり民事訴訟手続によるか，家庭裁判所の遺産分割調停（審判）により解決することになる。

(2) 遺産の適格性の問題

遺産の適格性の問題とは，被相続人の様々な相続財産のうち遺産分割の対象となるか否かが問題となる場合がある。不動産や預貯金，株式などは，遺産分割の対象となる典型的な相続財産であるが，預貯金以外の債権，相続開始後の果実，使途不明金，葬儀費用，祭祀の承継等は，本来遺産分割の対象とはならないものである。ただし，相続人全員の合意により遺産分割の対象とすることができることは遺産分割調停（審判）においても同様である。合意が得られない場合は，遺産分割の対象から外し，それぞれの法律規定にしたがって別途処理をすることになる。なお，遺産の適格性の問題は，遺産分割における付随問題としても検討される事項でもある。

3 遺言及び遺産分割協議の有効性に関する問題

遺産分割協議を開始するに当たって，遺言書や既に作成済みであるとされる遺産分割協議書が提示される場合がある。これらの書面の有効性について争いがある場合は，事前に相続人同士で協議し有効・無効を合意し確定するか，合意できない場合は民事訴訟により解決する必要がある。ただし，相続人全員の合意により過去のこれら書面を採用せずに，新たな合意をもって遺産分割協議を成立させることも有効であるとされている。家庭裁判所の遺産分割調停事件において，遺言の存在が明らかとなり，その有効性が争いとなる場合，あるいは，遺産分割協議が既に成立しているとの主張があり，争いとなる場合は，調停手続を継続できないので，先に民事訴訟によりその有効性について判断し，確定する必要がある。その場合，遺産分割調停の申立ては一旦取り下げることになる。

前述のとおり，前提問題は，遺産分割調停（審判）事件でも，相続人同士の合意に基づく遺産分割手続においても争いとなることがある。共同相続人による遺産分割協議の場合，相続人の範囲に関しては，あくまでも戸籍の記載に基づき確定することになる。したがって，これが実体と異なる場合は，戸籍の訂正（又は削除）の届出をするか，人事訴訟手続等により確定することが必要となる場合がある。また，遺産の範囲についても，例

えば不動産を，遺産分割の対象とするには，原則として登記上被相続人名義となっているものに限定されるので，それが事実と異なる場合は，あらかじめ更正登記又は所有権移転登記等が必要となる。預貯金の名義についても，それが名義預金である場合は，名義人の承諾をもって遺産とすることができるので，名義人の協力のもとに解約又は名義変更するなどして，遺産分割の対象とすることになる。また，遺言の有効性に関しては，相続人全員の同意により判断とすることができるが，相続人以外の受遺者がいる場合，又は遺言執行者が選任されている場合は，受遺者や遺言執行者の同意が必要とされる。遺産分割協議の有効性に関しては，分割手続が具体的になされていなければ相続人全員の合意により再度の遺産分割協議も可能であると考える。

第4 遺産分割における付随問題

遺産分割は，被相続人の相続開始時に存在する遺産で，かつ，分割時にも現存する遺産を対象に分割協議を行うものであるが，分割協議に際しては，相続開始前後の金銭の移動や，分割の対象とはならない財産の処理方法が協議に持ち込まれることがある。これらの問題を付随問題という。付随問題は，本来的には民事訴訟あるいは人事訴訟として解決すべきことであるが，相続人全員の合意により遺産分割協議の中に組み込まれ処理することも可能である。代表的な付随問題は以下のとおりである。

1 使途不明金

遺産を管理している相続人が相続の開始の前後に被相続人の預貯金を払い戻し，その金銭をどのように使用したかが判明しない場合を使途不明金という。預金の払い戻しは，通常入院費用や葬儀費用に使うことはよくあることであるが，その場合は，遺産から除外したり，遺産相続に関する諸経費などに計上し処理することもできるが，使途が明らかにならない場合，どのように処理するかが問題となる。相続開始前に被相続人が了解したうえで通帳を管理する相続人が払い戻しを受け，使途不明金となった場合，当該相続人に対する生前贈与とみなし，特別受益の問題として取り扱

うこともできる。しかし，無断で払い戻した場合や，相続開始後に勝手に払い戻し，その使途が合理的に説明できない場合は，遺産の範囲から除外して，不法行為や不当利得の問題として民事訴訟で解決することになる。あるいは，遺産分割協議の中で，不当に利得した相続人に対する遺産の前渡しとして調整し，分割割合を決めることもできる。いずれにしても訴訟手続は最後の手段ということになる。

2 相続開始後の果実（遺産収益）

遺産収益とは，遺産となるアパートや貸駐車場の賃料収入等のうち，相続開始後から遺産分割の成立までの収益をいう。遺産収益は，遺産を取得した相続人に遡及して帰属するものではなく，相続開始と同時に各相続人に相続分に応じて当然に分割されるというのが判例の考え方である。つまり，遺産収益は，遺産分割の対象とはならないという考え方であるが（最判平成17年9月8日民集59巻7号1931頁），相続人全員の合意により遺産分割の対象とすることができるし，果実の元となる不動産の取得者が賃料も取得するという分割方法も可能である。現実的には，預貯金口座に振り込まれることも多いので，あえて仕分けしないで分割される場合が多い。その他の遺産収益としては，預貯金利息，株式配当金などがある。

3 葬儀費用

葬儀等（通夜，告別式，納骨など）の費用は，法的には相続の開始後に生じる債務なので主宰者が負担するものであるが，相続税の申告では相続手続の諸経費として計上できることもあり，一般的には遺産分割手続に関する経費として処理されることが多い。遺産分割協議において葬儀の規模や香典の取扱いで紛糾することもあるので，あくまでも相続人全員の合意が前提であることを忘れてはならない。

4 祭祀承継

被相続人の祭祀財産は，先祖の祭祀の主宰者に帰属するとされ（民897条），遺産分割の対象とはならないのが原則である。しかし，核家族化が進み少子高齢化社会となった今日では，将来的に誰が被相続人の仏壇やお

墓の面倒をみていくのかということに関して，時には深刻な問題となることがある。祭祀承継者となることを条件に相続分の割り増しを要求する場合もある。また，祭祀承継者となる者がいない場合は，一定の時期に永代供養等により祭祀承継を不要とする処理が行われているのも現実である。このような場合，将来の祭祀費用や永代供養費を遺産の中から承継相続人に前渡しする方法で負担を軽くするなどの方法が採られることもある。なお，祭祀承継者が決まらない場合，家庭裁判所に祭祀承継者を定める調停（審判）の申立てができることになっており，審判事件となる（家事法39条，別表第2の11）。

5 遺産債務

　被相続人の債務は，相続の開始と同時に各相続人がそれぞれ相続分に応じて負担するというのが判例の考え方である（最判昭和34年6月19日民集13巻6号757頁）。遺産分割協議において，相続債務の引受人を決めることがあるが，債権者の承諾がなければ債務の承継を対抗できない。例えば，不動産を取得した相続人がその不動産に設定された抵当権の債務を引き受けるという遺産分割協議をした場合，抵当権者の承諾がなければ他の相続人は分割債務から免れることはできない。したがって，不動産を取得した相続人に債務不履行が生じ，不動産の担保不足が発生した場合，他の相続人が相応の支払い義務を負うことになる。遺産分割手続に関与する司法書士は，遺産分割の際にこれらの権利関係を相続人へ充分説明するとともに，債権者の承諾が得られるかどうかも調査しておく必要がある。ただし，相続人間では債務引受けの合意は有効なので，債務を弁済した相続人は，引受人である相続人へ求償できるということになる。

　以上のとおり，付随問題は，法的には遺産分割の対象とはならないが，相続人全員の合意により対象とすることができるという遺産分割に関する周辺の問題ということができる。そのことを理解したうえで，専門家として関与する場合，現実的な対応を考えておく必要がある。通常，依頼者は，使途不明金や葬儀費用等の付随問題について関心はあるが，それが遺産分割の対象ではないということを理解している人は少ない。むしろ，遺

産分割の中で解決できると思っている人が多いのではないだろうか。また，付随問題の処理方法が本来的な遺産の分割方法に影響を与え，付随問題が解決しないと本来的遺産分割も合意できないということも生じることがある。したがって，相続人には，付随問題の法的な位置づけを説明したうえで，問題が拡大しないように柔軟に対応することをアドバイスすべきであろう。

第5 まとめ

　以上述べたとおり遺産分割は，相続の開始後，相続人及び遺産の範囲を確定し，共同相続人全員で前提問題や付随問題を解決あるいは合意したうえで，遺産の取得について協議し分割方法を確定するとともに，実際に遺産となる物や権利を相続人に帰属承継させる手続きである。したがって，遺産分割の終結に至るまでには様々な問題が発生し，長期化することが少なくない。中でも遺産分割協議が無事に合意成立するかどうかは遺産分割手続の最重要課題である。

　また，遺産分割の終結まで遺産の管理を誰がどのように行うか，遺産分割に関する相続税を始め関連する税金をどのように予測し処理するかなど専門的知識を必要とする事項が多数存在する。遺産分割を適正かつ円滑に実施するには専門家の関与が必要とされるところである。

　遺産分割の具体的手続については次章にて詳述する。

第3章 遺産分割の具体的手続(各論)

第1 相続の開始

1 相続開始の原因と開始時期

　相続は,被相続人の死亡によって開始する(民882条)。ただし,"死亡"といっても,①一般的な医師の診断に基づく心臓停止による死亡のほか,②認定死亡(戸籍89条),③失踪宣告(民30条)による死亡擬制の制度がある。相続の開始時期については,①の場合,身体的に医師が死亡と判定したときであり,②の場合,官公署の死亡認定により,③の場合,普通失踪は7年間の期間満了のときであり,特別失踪は危難が去ったときとされている。

2 死亡日の確認

　相続の開始となる死亡日の確認は,前記①ないし③の開始原因の違いに関係なく戸籍の調査によることになる。被相続人の死亡日の確認は,相続法の適用時期と連動し,法定相続人の範囲や相続分に影響するために重要な作業である。また,法定相続人となる者が既に死亡している場合は,代襲相続となるのか,数次相続となるかの判断基準となるため慎重に調査すべきである。

第2 相続人の範囲と確定

1 戸籍の調査

　被相続人の法定相続人は誰であるかは,まずは戸籍等の調査によることになる。ただし,戸籍の調査と一口に言っても戸籍は明治初頭から何度か

改正され様式や記載内容が変更されているので，戸籍を読み込み，法定相続人を調査し確定することは，かなりの知識と経験が必要である。特に，戦前の旧民法時代に作成された手書きの除籍謄本や改製原戸籍などの判読は，古文書を解読するかのような技法が必要とされるところである。要領としては，当該戸（除）籍がいかなる原因でいつ作製され，どのような理由でいつ除籍となったかの事由と年月日を正しく読み取り，被相続人の出生（実際的には生殖機能の判断から12～3歳以降とされている）から死亡まで漏れなく連続した戸籍を収集することである。その上で，被相続人の相続開始時にどの相続人が生存していたか（同時存在の原則），また，相続人となるべき者が既に死亡している場合，被相続人の死亡の前後により代襲相続となるのか，数次相続となるのかを判断し，現時点での相続人を確定することになる。数次相続となる場合は，さらに数次被相続人の法定相続人の調査が必要となる。戸籍調査は複雑で手間のかかる作業であるが，遺産分割をする場合，法定相続人の確定は基礎的必要事項であるため慎重かつ丁寧に行わなければならない。そのためには，まずは戸籍制度の変遷を知っておくべきである（以下，大里知彦『旧法（親族・相続・戸籍）の基礎知識』（テイハン，1999年）参照）。

(1) 戸籍制度の変遷

① 明治5年式戸籍……明治4年4月太政官布告170号（戸籍法）に基づくもの。「明治5年2月1日～明治19年10月15日」まで編製・現在最古の戸籍で通称「壬申戸籍」ともいう。現在は非公開で法務局に保管されている。

② 明治19年式戸籍……明治5年戸籍の様式の改製いわゆる「4行戸籍」。「明治19年10月16日から明治31年7月15日」まで編製・基本的には「家」「戸主」を中心にした編製で，地番ごとに作製され族称も記載された。同時に除籍制度の新設，副本制度の新設（郡役所に保管），入寄留者簿・出寄留者簿の備え付け，永久保存の原則，届出懈怠に対する罰則などが設けられた。

③　明治31年式戸籍……民法親族相続法の施行に伴う全面改正
「明治31年7月16日から大正3年12月31日」まで編製
・本籍は土地の地番をもって記載することが厳格に行われ，本籍地が居住地の者は，昭和27年の住民登録法の施行まで，本籍地＝住所地であった。

④　大正4年式戸籍……身分登記簿の廃止
「大正4年1月1日から昭和22年12月31日」まで編製
・戸籍事務の所管を戸籍役場から市町村に改め，身分登記簿を廃止して戸籍簿一本とした。族称欄について華族，士族のみ記載し平民は記載しないこととなった。現在は，華族，士族の記載は謄写しない取扱いとなっている。

⑤　応急措置法と戸籍法……応急措置法と戸籍法との関係
昭和21年11月3日新憲法公布され，昭和22年5月3日から施行されることとなったが，新憲法の理念に基づく民法の改正作業が間に合わなかったため，その間の暫定措置として「日本国憲法の施行に伴う民法の応急的措置に関する法律」（いわゆる「応急措置法」）が施行された。この法律は，「昭和22年5月3日から昭和22年12月31日」まで適用された。この間，戸籍法についての特別な立法措置は講じられなかったが，戸籍事務の取扱いに関する通達により処理され，昭和23年1月1日に改正された民法の施行と同時に戸籍法も改正され施行された。

⑥　戦後の新戸籍……昭和23年1月1日から新戸籍法施行
戸主を中心とする家単位の登録ではなく，夫婦及び氏を同じくする子をもって編製された。新憲法の施行に伴い，昭和22年5月2日までは旧相続法が適用され，5月3日から新相続法が適用されることになったが，戸籍の書き換えには相当の時間と労力を要するため，新戸籍改正後10年間据え置きにより「昭和32年法務省令第27号」によって改製作業が始まった。改正後の新戸籍には「昭和

32年法務省令第27号により昭和〇〇年〇〇月〇〇日本戸籍改製」と記載される。「改正原戸籍」と表記される。

⑦　戸籍編製の電子化による戸籍……電子記録による戸籍の編製
行政機関の電子化に伴い，戸籍記録が電子化され横書きによる現行戸籍へと改正された。従前の戸籍には「平成6年法務省令第51号附則第2条第1項による改製につき平成〇〇年〇〇月〇〇日削除」と記載される。こちらも「改正原戸籍」と表記される。

(2) その他関連事項
　ア　滅失の虞あるための再製……戸籍法11条
　戸籍簿の全部又は一部が，滅失したとき，又は滅失のおそれがあるとき，法務大臣の指示により戸籍を新しく再製することをいう。

　イ　戸籍の附票……住民基本台帳法16条
　戸籍に記載されている者の住所地の履歴が記載される記録簿で，本籍地で戸籍と一緒に保管されるため，住所地が分からなくても本籍地の戸籍の附票で住所地が判明する。また，住所の変更証明書としても活用できる。

2　相続人の確定

戸籍等の調査によって，被相続人の相続人関係が明らかとなり，配偶者の存在の有無，血族関係による相続人の順位（①子，②親，③兄弟姉妹）から一応の法定相続人が判明することになるが，相続人を最終的に確定するにはさらにいくつか調査検討しなければならない事項がある。

(1) 胎　児
　ア　民法の規定では，「胎児は，相続については，既に生まれたものとみなす。」とされており胎児も相続人となる（民886条1項）。したがって，不動産登記の関係では，胎児は相続人として登記できることになっている。しかし，胎児は相続人ではあるが，人としての権

利能力を備えているわけではないので，遺産分割協議はできないとされるため，胎児がいる場合，法定相続分による登記はできるが，遺産分割協議に基づく相続登記はできない取扱いとなっている（昭和29年6月15日民事甲第1188号民事局長回答）。

イ 実務家として，胎児がいる場合の遺産分割協議をどのように進めるかは悩ましい問題である。出産予定日にもよるが，現在の医学環境では生きて生まれる確率が高いため，暫定的に胎児を相続人として遺産分割協議の準備を進め最終的に出産後に確定する方法が合理的かもしれない。ただし，無事に出産した場合，その子は当然未成年者であるため法定代理人が遺産分割協議に参加することになるが，事案によっては，親権者との利益相反行為となる場合もあるため特別代理人の選任も視野に入れ検討しなければならない（民826条）。

(2) 相続欠格

法定相続人の中に相続人として欠格事由に該当する者がいる場合，その者は相続人とはならないので相続人から除外されることになる（民891条）。遺産分割協議をする場合，相続欠格者であることを証明する方法としては，相続欠格者自ら作成した「欠格事由が存在する旨の証明書」（印鑑証明書付）か，「欠格事由の存する旨の確定判決の謄本」（確定証明書付），あるいは不動産登記においては，欠格事由に該当する行為により刑事裁判がなされた場合の判決書の謄本でもよいとされている（「登記研究」641号149頁）。なお，相続欠格者が子又は兄弟姉妹の場合は，代襲相続が発生するので代襲相続人が遺産分割協議に参加することになる（本書9頁参照）。

(3) 推定相続人の廃除

推定相続人の廃除は，被相続人が生存中，家庭裁判所に対し推定相続人の廃除の請求（調停又は審判）を申し立てるか（民892条），遺言によって廃除の意思表示をすることができ，遺言執行者は，遺言の効力発生

後，遅滞なく家庭裁判所に廃除の請求をしなければならないとされている（民893条）。廃除が確定した場合，廃除された者の戸籍の身分事項欄に廃除事項が記載される（戸籍97条，63条1項）。遺産分割協議に際して廃除された相続人がいる場合は，廃除事項の記載のある戸籍を添付することにより相続人とはならないことを証明することになる（本書10頁参照）。

(4) 相続資格の重複

被相続人と相続人の身分関係によっては，相続権を二重に取得するかどうかの問題がある。相続資格の重複が認められるかどうかは，法定相続分に影響するため，遺産分割協議においてはその可否について充分調査検討しておくべきである。以下，代表的な登記先例を紹介する。

① 被相続人甲には，子A，Bがいて，Aの子C（甲の孫）を養子としている場合，Aが先に死亡した後に甲が死亡した場合，Cは，Aの代襲相続人としての相続人資格と，甲の養子としての相続人資格が重複することになる。この場合Cは二重資格を取得する（昭和26年9月18日民事甲第1881号民事局長電信回答）。つまり，資格合計分の相続分を取得することになる。

② 甲には，実子A，Bがいて，Cが甲の養子となり，AとCが婚姻している場合，Aが被相続人となったとき，両親が既に死亡していて兄弟姉妹と配偶者の相続となった場合，Cは配偶者としての相続人と兄弟姉妹としての相続人の地位を二重に取得するかについて，登記先例はこれを否定し，Cは配偶者の相続分のみを認める扱いである（昭和23年8月9日民事甲第2371号民事局長回答）。

③ 兄弟姉妹のA，B，Cのうち，AがCと養子縁組した場合，Aが亡くなった場合，CはAの子として相続人となるが，Cが相続放棄をした場合，Cは兄弟姉妹としての相続人の地位は存するかについて，先例はこれを否定している（昭和32年1月10日民事甲第61号民事局長回答）。

第3章 遺産分割の具体的手続（各論）

第3 相続開始後の相続人の変動

前記第2の戸籍調査により，被相続人の法定相続人が確定すると，相続の順位や相続人の人数あるいは代襲相続や数次相続の有無などにより各相続人の法定相続分が判明する。しかし，相続開始後，以下の事由により相続人及び相続分が変動することがある。

1 相続放棄

相続人は，自己のために相続の開始があったことを知った時から3か月以内に家庭裁判所に申述する方法で相続の放棄をすることができる（民915条, 938条）。そして，相続の放棄をした者は，初めから相続人とはならなかったものとみなされる（民939条）。

遺産分割協議をするとき相続放棄をした相続人がいる場合，当該相続人は遺産分割協議の当事者とはならないので，相続放棄の事実を証明するために家庭裁判所から「相続放棄申述受理証明書」を取得しなければならない。相続放棄者の存在は，通常は当該相続人本人あるいは親族からの申出により判明するが，家庭裁判所に「相続放棄・限定承認の申述の有無についての照会」により調査する方法がある。相続放棄者が相続放棄申述受理証明書を交付しない場合，他の相続人が当該証明書の交付申請ができる。この場合，司法書士は申請の代理人にはなれないので，本人申請で請求することになる。実務においては，遺産分割協議書と相続放棄申述受理証明書を併せて相続証明書として使用する。

2 相続分の譲渡

相続開始後，遺産分割が終了するまで相続人はいつでも第三者に自己の相続分を譲渡することができるとされている（民905条1項）。相続分の譲渡は，遺産分割協議に参加したくない相続人が，有償で他の相続人や第三者に譲渡する場合や，多数相続人間による遺産分割協議において，相続人を絞り込む場合などに利用される。

相続分の譲渡が行われたときは，譲受人が相続人の場合と相続人以外の

第三者の場合とでは以下のとおり、遺産分割協議の当事者及び相続分に変動をきたすことになるので注意を要する。どの相続人が誰にどれだけ（一部か全部か）譲渡したかを相続分譲渡証明書（印鑑証明書付）をもって明らかにしておかなければならない。また、必要的要件ではないが有償か無償かも税務（贈与税、譲渡所得税など）の関係があるので明らかにしておくべきであろう。

　ア　他の相続人に譲渡された場合、譲受相続人の相続分は、自らの相続分に譲受分が加算された相続分となる。
　イ　相続人以外の第三者に譲渡された場合、譲受人は、遺産分割協議の当事者となり、譲渡相続人は、遺産分割協議の当事者から離脱する。ただし、他の共同相続人は、1か月以内に、価額及び費用を償還して、その相続分を譲り受けることができることになっているため（同条2項）、期限内に取戻しがなされないかを確認する必要がある。

　実務においては、当事者の署名押印した「相続分譲渡証明書」（印鑑証明書付）を作成し、遺産分割協議書と一体で相続証明書として使用することになる。相続分譲渡証明書は、譲渡人が作成した差入れ方式でもよいが、譲受人と双方で署名押印した方がより明確となる。

3　相続分の放棄
(1) 意　義
　相続分の放棄は、相続により取得した自己の相続分を放棄することであり、相手方を特定しない一方的な意思表示である。相続分の放棄については、民法に明文の規定がないため解釈に委ねられている。そのために相続分の放棄の法的性質、効果については見解が分かれる。実務家にとって相続分の放棄がなされた場合、具体的事件をどのように解釈し処理すればよいかについて理解しづらいところがある。
　この点、相続分の譲渡は、譲渡人が共同相続人として有する遺産全体に対する包括的な持分権あるいは法律的な地位を譲受人に譲渡する合意であるとされ、譲渡相続人の地位と権利義務が譲受相続人（又は第三者）

第3章 遺産分割の具体的手続（各論）

に確定的に移転することになるので理解しやすい。そこで，相続分の譲渡と，相続分の放棄を対比することにより両者の違いを明らかにした上で，相続分の放棄の法的性質とその効果を検討したい。相続分の譲渡と相続分の放棄の問題は，司法書士にとっては，相続登記との関係で申請方法や申請当事者に影響し重要であるため，ここで詳しく解説したい。

(2) 相続分の譲渡との違い
　① 相手方
　　ア　相続分の譲渡の相手方は，他の相続人でもよいし，相続人以外の第三者でもよいとされる。
　　イ　相続分の放棄は，相手方のない意思表示であるが，その効果（相続分の移動）は他の相続人に及ぶことになる。第三者に対する放棄という概念が入る余地はない。

　② 法的性質
　　ア　相続分の譲渡は，譲渡人と譲受人の相続分譲渡契約により成立し，相続人としての地位，権利義務が譲渡人から譲受人に移転する。したがって，遺産分割協議の当事者としては，譲渡人が離脱し譲受人が当事者となる。
　　イ　相続分の放棄の法的性質には2つの見解がある。
　　　(ア)　相続人が遺産に対し有する共有持分権を放棄する意思表示である。
　　　(イ)　遺産分割に当たって，自己の相続分をゼロとする意思表示である。
　　　　いずれの説に立っても相続人としての地位は喪失しないという解釈は共通である。遺産分割協議において，(ア)の見解に立てば，放棄者は，相続分の放棄証書（印鑑証明書付）を提出すれば遺産分割協議に参加することなく，当事者から離脱できることになる。しかし，相続分の放棄をしても相続人たる地位は喪失しないのであれば，放棄者の参加しない遺産分割協議の成立には疑義が生じることになる。(イ)の見解に立てば，放棄者は，遺産分割協議に参

加し，自己の相続分はゼロであるとの意思表示をすることになる。

③　有償，無償
　ア　相続分の譲渡は，有償でも無償でもよいとされる。
　イ　相続分の放棄は，相手方を特定しないので，有償ということは考えられない。

④　債務
　ア　相続分の譲渡は，相続人としての包括的な地位（権利義務）の譲渡であるため相続債務も譲渡人に移転することになる。ただし，債権者には承諾がなければ対抗できないという関係になる。したがって，譲渡人が債務を弁済した場合，譲受人に求償することができる。
　イ　相続分の放棄は，②イのどちらの説を採用しても相続人としての地位は失わないので相続債務は負担することになる。

⑤　相続分の変動
　ア　相続分の譲渡により，譲渡人の相続分が譲受人に確定的に移転する。
　イ　相続分の放棄がなされると，その相続分の帰すうについて2つの見解がある。
　　(ア)　民法255条（共有者の持分放棄）を類推適用して，放棄者の相続分が他の相続人の相続分に応じて帰属する。
　　(イ)　相続放棄と同様，放棄者は最初から相続人とはならなかったと解すると，遺産を他の相続人に株分け的に帰属させることになる。
　　　実務においては，(ア)の見解が有力であるが，多数当事者事案においては，前記見解では，相続分を放棄した者の意思に合致しないことから，(イ)の見解が相当な場合もあるという見解もある（片岡武・管野眞一編著『第3版　家庭裁判所における遺産分割・遺留分の実務』（日本加除出版，2017年）112頁以下）。

⑥　遺産分割調停における両者の取扱い
　ア　遺産分割調停の申立て後に相続分の譲渡がなされた場合，「相続分譲渡届出書」に印鑑証明書を添付して家庭裁判所に提出すると，譲渡人は，事件の当事者ではなくなるので，家庭裁判所では「排除」の決定をすることになる。そして，譲受人が他の当事者（相続人）以外の場合は，譲受人に当事者参加の要請をする。ただし，遺産となる不動産に法定相続登記がなされていて，調停成立後に譲渡人が登記義務者となる可能性がある場合は，排除をせずに利害関係人として参加を継続してもらうことになる。
　イ　遺産分割調停の申立て後に相続分の放棄がなされた場合，「相続分放棄届出書」に印鑑証明書を添付して家庭裁判所に提出すると，排除の決定がなされ事件当事者から離脱することになる点は，相続分の譲渡と同じである。なお，放棄された相続分がどのように帰属するかについては，前掲書112頁以下を参照されたい。

⑦　共同相続人による遺産分割協議における実務の取扱い
　ア　共同相続人全員による遺産分割協議の場合，譲渡人以外の相続人と譲受人が遺産分割協議を行うことになる。この場合実務としては，「相続分譲渡証明書」（印鑑証明書付）により譲渡が行われたことを証明するとともに，譲受人と他の相続人全員による遺産分割協議書（印鑑証明書付）を作成し合わせて相続証明書として使用する。
　イ　共同相続人による遺産分割協議に際し，相続分の放棄を希望する者がいる場合，2つの方法が考えられる。
　　（ア）遺産に対する共有持分権を放棄するという立場から，相続分放棄証書（印鑑証明書付）を他の相続人に提出し，放棄者は，遺産分割協議には参加しない方法。
　　（イ）相続分の放棄をしても相続人の資格は喪失しないという立場から，遺産分割協議に参加したうえで自分の相続分はゼ

ロを希望するという意思表示をする。しかし，この方法では遺産分割協議に参加したくないので放棄をするという相続人の目的は達成できないことになる。
(ウ) 前記(ア)(イ)以外の方法として，「相続分不存在証明書」あるいは「特別受益証明書」を使用することが行われる場合がある。これは，相続人が民法903条1項規定の贈与を既に受けているので，自分には相続分が有りませんという証明書である。この証明書を交付することにより相続分の放棄と同様の効果を得られることになる。相続登記の実務では，以前はこの方法が簡便なためよく用いられたこともあったが，偽造されやすく，また事実と異なる書面が作成されることにより後日紛争の原因となることもあるため，事実に反する書面は作成するべきではないと考える。

(3) 相続分の放棄をめぐる見解

以上のとおり，相続分の放棄は，法律構成が確立しているとは言い難く，最高裁判例もないことから，その法的性質や法律効果について見解が分かれており，理解しづらいところである。学者，法曹の見解について，興味のあるところを紹介するので参考にされたい。

① 相続分の放棄が行われる背景として……「『相続分』は，積極財産のみならず消極財産をも含む遺産全体に対する持分であるから，他の共同相続人の承諾なく勝手に自己の相続分を他の相続人に帰属させるような相続分の放棄を認めることは，本来許されない。民法上も明文では認められていない。もし相続分を取得したくなければ，熟慮期間内に相続放棄の申述をしなければならない。」としたうえで，しかし，実務では，「相続開始後において，相続人となったことを確定したうえで，相続分の取得を望まず，分割をめぐる相続人間の争いに関与したくないというときにこの「放棄」がなされる。」という実情と必要性があるという（雨宮則夫・石田敏明編著『相続の承認・放棄の実務』（新日本法規，2003年）260頁）。

② 相続の放棄と相続分の放棄との異同について……「つまり,『相続の放棄』は相続分の変動の問題ではなく,相続人という地位を自らの自由意思で選択することができるとする『相続人の確定』に関わるものであり,むしろ相続の放棄は相続人という『地位』への就任を拒否することと捉えることができる。これに対し,相続分の放棄は,自己の相続分を『0』とする意思の表明であり,それにより他の相続分に変動を及ぼすからまさに『相続分の確定』に関わるものである。」また,持分権の放棄との異同について,「『持分権の放棄』とは,遺産の中にある特定財産を対象に,自己の持分権を放棄することであり,目的物の滅失などと同様,目的物上に有する具体的な権利に対する（実体法上の）権利消滅事由の一つである。これに対し,『相続分の放棄』とは,包括的な相続財産の全体を対象に,自己の持分権を放棄することであり,相続分の譲渡と同様,相続財産上に有する抽象的な権利に対する（実体法上の）権利消滅事由の一つである。いずれも権利消滅事由という点では共通するが,放棄の対象が,『特定財産』かそれを取り込んだ『包括財産』か,という点で異なる。」(梶村太市・貴島慶四郎『遺産分割のための相続分算定方法』(青林書院, 2015年) 168頁以下)

③ 遺産分割調停事件の取扱いについて……「共同相続人のうち自己の相続分を放棄した者（相続分の放棄者）は,遺産分割の手続における自己の取得分がゼロとなるから,遺産に属する財産をその分割により取得することはできないが,相続人としての地位は失わず,相続債務はそのまま負担する。しかし,遺産分割は,積極財産を分割するものであるから,遺産分割の手続中に相続分の放棄がされた場合には,相続分の放棄者は,相続人としての地位を失わないとはいうものの,遺産分割事件の当事者資格を失うことになる。もっとも,相続分の放棄は,家庭裁判所に対する意思表示にすぎず,当該事件限りでその効力を生じるものであるから,遺産分割事件（前件）が取下げによって終了し,その後,同一の被相続人に係る遺産分割事件が係属した場合には,前件における相続分の放棄者から,改め

て相続分の放棄をするかどうかを確認する必要があるので，その後の係属事件においては当該相続分の放棄者も当事者に含めている。」
（上原裕之ほか編著『改訂版　遺産分割』（青林書院，2014 年）13 頁以下）

(4) 相続分の放棄と登記
　相続登記を専門とする司法書士としては，相続分の放棄について法務局がどのような見解に立って処理しているかが気になるところであるが，これまでも述べたとおり，相続分の放棄の効力が法文上又は判例上確立したものではないという理由からか，あるいは，相続分の放棄をしても相続人たる地位は喪失しないという見解からか，前記 (2)⑦イ(ア)の方法による登記申請には消極的である。
　一方家庭裁判所の遺産分割調停事件では，事件の当事者から離脱したいが，特定の相続人に相続分を譲渡すると他の相続人との関係が悪くなるので，相手方を特定しない相続分の放棄を選択したいということがあり，それは認められている。その結果，相続分の放棄をすると排除の決定により事件当事者ではなくなるので，遺産分割調停には参加しないことになる。そして，相続分の放棄がされた旨の記載のある調停調書又は審判書による登記は認められている（「登記研究」819 号 189 頁（質疑応答7977））。しかし，この質疑応答をもって，共同相続人間で行う遺産分割協議においても相続分の放棄がなされたことの証明書の添付で確実に登記申請が受理されるかについて，法務局は消極的である。結論的ではあるが，遺産分割手続に関与する実務家としては，依頼者の目的を確実に実現していくためにも手続リスクは回避すべきであるから，相続分の放棄の選択は慎重であるべきであろう。なお，相続分の放棄の具体的事案については，本書 100 頁以下を参照されたい。

第4　遺産の範囲の確定

　相続人は，相続開始の時から，被相続人の財産に属した一切の権利義務のうち，一身に専属するものを除き承継する（民 896 条）。しかし，被相続人の遺産の総てが遺産分割の対象となるわけではない。つまり，遺産の範

囲と遺産分割の対象となる財産の範囲は異なるということである。対象とはならない遺産とは，あらかじめ受取人が指定されている保険金や，相続開始後に発生した遺産の果実，遺産分割になじまない祭祀承継などである。

一般的に，遺産分割の対象とはならない財産も，相続人全員の合意より遺産分割の対象財産とすることは可能であり，よく行われることである。

1 遺産分割の対象となるもの
(1) 不動産
①所有権：不動産は，遺産分割の対象となる財産の代表的なもので，遺産の価額に占める割合が大きい財産である。

②賃貸借権：不動産の賃貸借権は，不可分債権であり相続開始と同時に共同相続人の準共有状態となるため遺産分割の対象となる。

③使用貸借権：使用貸借契約は，貸主と借主との個人的な信頼関係に基づく無償契約であるため，原則として借主の死亡により使用貸借権は消滅するが（民599条），建物所有を目的とする土地の使用貸借契約にあっては，敷地上の建物所有の目的を重視すべきであるとして，借主が死亡した場合でも当然には終了しないという判例もある（東京地判平成5年9月14日判夕870号208頁）。

（相続法改正関係）
配偶者居住権

この度の民法改正では，多くの条文が新設されると同時に，現行条文の並び替えも大幅に行われた。その一つとして，旧法第8章「遺留分」の規定が第9章へ移動され，新法第8章として「配偶者の居住の権利」が新設された。この規定は，配偶者の居住権を保護するための方策として"配偶者居住権"として新設された規定である。配偶者居住権には，配偶者短期居住権と配偶者居住権（長期居住権）の二種類があり，それぞれ要件，効力，期間が異なる。

ア　配偶者短期居住権（新民法1037条）
要件…被相続人の財産に属した建物に相続開始の時に無償で居住して

いた場合。
効力…期間満了まで無償で使用することができる。
期間…㋐ 配偶者を含む共同相続人間で遺産を分割すべき場合，遺産分割の確定した日又は相続開始の時から6か月を経過する日のいずれか遅い日まで。
　　　㋑ 前記㋐以外の場合（遺産分割をしない場合），居住建物取得者は，いつでも配偶者短期居住権の消滅の申入れをすることができるが，この申入れの日から6か月を経過する日まで。
具体的相続分…財産権としての評価はないので算入しない。

イ　配偶者居住権（新民法1028条）
要件…被相続人の財産に属した建物に相続開始の時に居住していた場合で次の各号に該当するとき。ただし，被相続人が相続開始の時に居住建物を配偶者以外の者と共有の場合を除く。
　　　㋐ 遺産分割により配偶者居住権を取得したとき。
　　　㋑ 配偶者居住権が遺贈の目的とされたとき。
　　　　　また，居住建物が配偶者の財産に属することとなった場合であっても，他の者がその共有持分を有するときは，配偶者居住権は消滅しない（同条2項）。
効力…無償で使用収益する権利を取得する。
期間…期間の定めがない場合は終身。
消滅…期間満了，配偶者の死亡，建物返還，建物滅失など。
登記…登記請求権が認められる。
譲渡…不可。
具体的相続分…評価し算入される。

　旧民法下では，例えば，夫が死亡し，相続人として配偶者（妻）と子供3人で，遺産としては，自宅の土地建物と少しの預金しかない場合，これまでは，遺産分割において妻が引き続き居住したいため自宅を取得すると，法定相続分を超えるため，預金は何も取得できず，場合によっては代償金を支払わなければならないことになり，配偶者の将来の生活が困窮す

る場面があった。高齢で再婚した夫婦の場合や，子供のいない夫婦の夫が死亡し，妻と夫の兄弟姉妹（又は甥姪）が相続人となる場合，妻は自宅の居住権を失ってしまうことが考えられた。

新法で配偶者居住権が認められたことにより，妻は遺産分割協議において，自宅は取得しないで，預金を多く取得し，一定期間居住することができることを選択するか，配偶者居住権を取得し，その評価額を差し引いた分の預金を取得し，終身自宅に居住することができる権利を取得するかの選択ができるようになった。

(2) 預貯金

預貯金は，以前は可分債権であることを理由に，相続開始と同時に各相続人にその相続分に応じて当然に分割されるので，遺産分割の対象とはならないとされていたが，最決平成28年12月19日（民集70巻8号2121頁，以下「平成28年決定」という）により，預貯金も遺産分割の対象となると判例が変更された。判例変更前は，遺産分割調停で，預貯金を分割の対象としていた場合でも，調停が不成立となり審判へ移行した場合，全員の合意が得られない場合，預貯金を分割の対象から外す取扱いをしていた。一方，金融機関は，遺産分割協議書又は遺言書なしに自己の相続分だけの解約は特別の場合を除いて応じていなかったため窓口で紛争することがあったが，判例変更により手続が統一され混乱はなくなった。

【相続法改正関係】

預貯金債権の相続に関し，新民法909条の2が新設され預貯金債権の仮払い制度が創設された。これは，平成28年決定により，預貯金が遺産分割の対象となるとされたので遺産分割協議が成立するまでは，各相続人が個別に解約等の権利行使ができなくなった。一方，被相続人に扶養されていた者の生活費や，葬儀費用等の支払いが困難となる場合が想定されるため，遺産の一部先取りとして，遺産となる預貯金の相続開始時の債権額の3分の1に法定相続分を乗じた額については，単独で権利行使ができることとなった。ただし，1つの金融機関に払戻しを請求することができる金

額については，150万円までと定められた（平成30年法務省令第29号）。

また，同様の趣旨により，家庭裁判所に遺産分割の審判（調停）の申立てがあった場合，当事者の申立てにより，家庭裁判所は，預貯金債権の全部又は一部を仮に取得させることができることになった（家事法200条3項）。

(3) 現　金

現金は，動産として扱うため遺産分割の対象となる。したがって，現金を保管している相続人に対し，自己の相続分に相当する金銭の支払いを請求することはできないとされている（最判平成4年4月10日家月44巻8号16頁）。

(4) 株　式

株式は，可分債権ではないため遺産分割の対象となる。ただし，持分会社にあっては，社員の死亡は退社事由となっている（会社法607条1項3号）ため相続の対象とはならないのが原則であるが，定款において相続することができる旨の定めがある場合（会社法608条）は，遺産分割の対象となる。なお，定款に定めがなく退社となった場合の持分払戻請求権は，遺産分割の対象となる。

(5) 投資信託

投資信託は，可分説，不可分説と見解が分かれていたところ，最高裁は，当然分割説を否定し遺産分割の対象となると判示した。（最判平成26年2月25日民集68巻2号173頁）。

(6) 死亡退職金

死亡退職金は，賃金の後払いの性質とみるか，遺族の生活保障としての性質としてみるかにより法的性質は違ってくるが，実務においては，死亡退職金の支給規定があるか否かで決めることになる。規定がある場合には，規定に従い，規定がない場合は，従来の支給慣行や支給の経緯等を勘案して個別的に遺産性を検討することになる（上原裕之ほか編著『改訂版　遺産分割』（青林書院，2014年）306頁）。

(7) 生命保険金

保険契約者（被相続人）が自己を被保険者として契約した，生命保険金請求権が相続財産に含まれるかについては，保険契約において，受取人をどのように定めているかによって決まることになる（片岡武・菅野眞一編著『第3版　家庭裁判所における遺産分割・遺留分の実務』（日本加除出版，2017年）171頁参照）。

① 受取人を特定の相続人と定めている場合は，受取人が保険金支払請求権を取得するので，遺産分割の対象とならない。

② 受取人を指定しなかった場合，保険約款において，「被保険者の相続人に支払います。」との定めがある場合は，法定相続分の割合に応じて各相続人が取得することになるので遺産分割の対象とならない。

③ 保険契約者が被保険者及び受取人を兼ねる場合，満期保険金請求権は，保険契約の効力発生と同時に被相続人の固有の財産となるので，その後被相続人が死亡すれば相続財産となる。しかし，保険事故による保険金請求権は，保険契約者の意思を合理的に解釈すれば，相続人を受取人と指定する黙示の意思表示があったと解することが相当なので，保険金請求権は相続人固有の財産となる。

遺産調査の段階で生命保険契約の存在が明らかとなった場合は，保険契約者，被保険者，保険金受取人が誰であるかをよく見極め，相続財産となるかどうかを判断しなければならない。場合によっては，保険会社に照会して遺産分割の必要性についても協議しておく必要がある。

(8) 国　債

国債については，最判平成26年2月25日（民集68巻2号173頁）によれば，「個人向け国債は，法令上，一定額をもって権利の単位が定められ，1単位未満での権利行使が予定されていないものというべきであり，このような個人向け国債の内容及び性質に照らせば，共同相続された個人向け国債は，相続開始と同時に当然に相続分に応じて分割されることはないものというべきである。」と判示し，遺産分割の対象であるとした。

(9) 社　債

　社債は，株式会社の社債募集に対する申込みと承諾により成立する無名契約であり，一種の消費貸借契約に類似する契約であると解されている。社債権者の地位は，相続開始により相続人に承継されるが，相続人が複数の場合，社債は準共有すると解されており，遺産分割の対象となるとされている。

(10) ゴルフ会員権

　ゴルフ会員権には，社団会員制，株主会員制，預託金会員制の3つの形態がある。ゴルフ会員権が遺産分割の対象となるかについては形態ごとに検討しなければならない。

　① 社団会員制

　　社団会員制のゴルフ会員権は，一身専属的な権利であり，定款で相続による承継を認める旨の規定がない限りは，相続されないと解されている。

　② 株主会員制

　　株主会員制の場合は，ゴルフ場を経営する会社の株主となることが会員資格の条件となっている形態であるが，株主としての地位は，相続により遺産分割の対象となるが，株主の地位を承継したとしても，ゴルフクラブの会員となるには，入会の承認を得ることが必要とされるので，ゴルフクラブ入会の資格が審査されることになる。

　③ 預託金会員制

　　我が国のゴルフクラブの多くがこの形態である。預託金会員制は，ゴルフ場の施設を利用しようとする者が，ゴルフ場を経営する会社に保証金を預託して，なおかつ，ゴルフ場のゴルフクラブに入会することにより会員としての地位を取得できる形態である。預託された保証金は，退会時に返還されることになる。会員は，施設利用の優先権及び預託金返還請求権を得る代わりに会費の納入義務を負うことになる。会員権の相続に関し判例は，ゴルフ場施設を利用できる会員とし

ての資格は，一身専属的性格を有するのに対し（最判昭和53年6月16日集民124号123頁），会員契約上の地位は，ゴルフクラブの会則上譲渡による承継を認めている場合は，ゴルフクラブの入会承認手続を得ることを停止条件として相続の対象となると解される（最判平成9年3月25日民集51巻3号1609頁）。
（以上北野俊光ほか編『詳解遺産分割の理論と実務』（民事法研究会，2016年）280頁参照）

(11) 動　産

遺産分割の対象となる動産としては，一般的に貴金属，絵画・書画，骨董品，家財道具，着物等があるが，動産を遺産分割の対象とするにはこれを特定する必要がある。保証書や鑑定書などで製品番号や作者，製品名が特定されるものであるとか，個性的で特徴的なものは特定しやすい。また，市場的価値はないが思い出の品として写真集や故人の日記帳などが分割協議に持ち出されることもある。これらは，形見分けとして処理する方が適切であろう。

2　遺産分割の対象とならないもの

(1) 債権・債務

①債権：預貯金債権は，平成28年決定の判例変更により遺産分割の対象となることになったが，その他の債権（貸金債権，損害賠償請求権など）については，相続により各相続人の法定相続分に応じて当然分割されるため，遺産分割の対象とはならない。ただし，相続人全員の合意により遺産分割の対象とすることはできる。

②債務：金銭債務は，相続開始と同時に各相続人に法定相続分に応じて当然に承継されるため遺産分割の対象にならない（最判昭和34年6月19日民集13巻6号757頁）。ただし，相続人間で債務承継者を決めることはできる。この場合，債権者の承諾がない限り債務承継を債権者に対抗できないが，代位弁済した相続人は債務承継者に求償することができるとされている。

(2) 葬儀費用

　通夜葬儀は，被相続人の死亡後に主宰者が行うものであるから，その費用は遺産分割の対象とはならないとされている。しかし，実務では，葬儀費用が香典の収支を超えている場合，共同相続人全員の合意により遺産相続に係る諸経費として遺産分割の対象とすることはよく行われている。

(3) 祭祀承継

　祭祀に関する権利（系譜，祭具及び墳墓の所有権）は，被相続人による指定がない場合は，慣習に従って先祖の祭祀を主宰すべき者が承継するとされている（民897条）。したがって，祭祀承継費用も主宰者が負担すべきであるとされる。祭祀承継者の指定ができない場合は，家庭裁判所の調停（審判）により定められることになる。なお，遺産分割協議の中で相続人全員の合意により祭祀承継者を決めることもよく行われている。

(4) 法定果実及び収益

　相続開始後の賃料や株式配当金などの法定果実は，相続財産ではなく，各相続人が法定相続分に応じて取得するとされるので，遺産分割の対象とはならないのが原則である（最判平成17年9月8日民集59巻7号1931頁）。したがって，相続により賃貸建物を取得した相続人は，その建物の賃料について分割時までの賃料をすべて取得することはできないことになる。なお，法定果実が預金口座に入金されている場合の遺産分割対象性については，預金と合算され対象となるという見解とこれを否定し，当然に分割されるという見解がある。ただし，相続人全員の合意により遺産分割の対象とすることはできる。

(5) 遺産管理費用

　遺産管理費用とは，相続開始後に発生した固定資産税や火災保険料，支払賃料などである。これらも厳密には相続開始後の債務の負担であるから，遺産分割の対象とはならない。ただし，遺産に関する債務の負担であるので，相続人全員の合意により遺産分割の対象とすることはでき

る。

(6) 使途不明金

　使途不明金は，被相続人名義の預貯金から使用目的が不明な金銭が引き出されている場合の処理方法の問題であるが，引き出された使途不明金が相続の開始前であるか，開始後であるかにより法律構成が変わってくる。

　① 相続開始前にその金銭が，被相続人の意思に基づき特定の相続人に贈与されたのであれば，特別受益の問題として遺産分割協議の中で処理することになる。使途不明金が被相続人の知らないうちに勝手に下ろされたのであれば，その者に対する不法行為又は不当利得の問題として，損害賠償請求権又は，不当利得返還請求権という可分債権として遺産に組み込まれることになる。しかし，可分債権は，相続開始と同時に法定相続分に応じて各相続人に当然に分割されるとの理論に立てば，分割の対象ではなくなることになる。

　② 相続開始後に被相続人の口座から使途不明金が引き出された場合は，遺産の流用という問題となり，同様に引出人に対する不法行為責任又は不当利得返還の処理方法となる。したがって，相続開始時には存在したが，遺産分割時に存在しない使途不明金は，もはや遺産分割の問題ではなく民事訴訟の対象として考えることになる。ただし，その金銭を特定の相続人が取得していた場合は，その者への遺産の前渡しとして，遺産分割協議の中で処理することも可能である。

　なお，相続法改正により「遺産の分割前に遺産に属する財産が処分された場合の遺産の範囲」として，次のとおり新民法906条の2が新設された。

（相続法改正関係）
遺産の分割前に遺産に属する財産が処分された場合の遺産の範囲（新法906条の2）

　相続開始時に存在した遺産が，共同相続人の一人又は数人により，遺産

の分割前に処分された場合，共同相続人は，全員の合意により処分された遺産が分割時に遺産として存在するものとみなすことができる。また，共同相続人の一人又は数人により処分されたときは，当該共同相続人については同意を得ることを要しないと規定された。

　本条は，相続開始後の遺産の処分については，これまでは，いわゆる使途不明金（預貯金債権の場合）として遺産分割の対象から外して，不当利得や不法行為の問題として別途民事訴訟で争うことが求められていたところ，相続人全員の同意あるいは，処分した相続人の同意なしに，処分した遺産をみなし相続財産として遺産分割の対象とすることができることになった。処分された遺産の種類に制限はなく，また，これまでどおり民事訴訟の手続によることも可能である。

第5　特別受益

1　趣　旨

　特別受益について，民法903条では，「共同相続人中に，被相続人から遺贈を受け，又は婚姻若しくは養子縁組のため若しくは生計の資本として贈与を受けた者があるときは，……」と贈与の目的を規定し，遺産分割の価額計算に当たっては，特別受益額相当分を相続開始時の遺産に加えた（持戻し）額をみなし相続財産としたうえで，法定相続分により計算した各相続人の相続価額のうち，特別受益を受けた相続人は，その価額を控除した額をその者の具体的相続分とすることを規定している。特別受益の持戻し制度は，遺贈や贈与を受けた者がある場合，相続人間の衡平をはかるためであるとされるが，被相続人が，持戻しの免除の意思表示をした場合は，相続法改正によりその意思に従うとされている。具体的には，遺贈と生前贈与であるが，遺贈は，目的を問わず特別受益となる。ただし，遺贈は，相続開始時の遺産に含まれるものであるから持戻し計算する必要はない。生前贈与は，「婚姻，若しくは養子縁組のための贈与」と「生計の資本としての贈与」のどちらかの目的の場合，特別受益となる（本書18頁参照）。

2　種　類

特別受益の種類としては，次のような事例がある。

① 婚姻又は養子縁組のための贈与：持参金，支度金などの贈与を受けていたときは該当する。ただし，少額で扶養の範囲内とみなされる場合は該当しない。

② 学費：高等教育費用が該当するが，現在の社会状況からは，大学以上の教育が該当するというのが通説的見解である。ただし，共同相続人全員が大学教育を受けていた場合は，該当しないという見解もある。

③ 不動産の贈与：共同相続人である子が独立して自宅を購入（又は建築）する場合の資金贈与を受けた場合は特別受益となる。

④ 不動産の使用貸借：被相続人の所有する土地に相続人が家を建て，土地を無償で使用する場合，土地の使用貸借権の価額が特別受益となる。被相続人の所有する建物に無償で相続人が居住する場合は，被相続人との同居の有無などにより判断される。

⑤ 保険金受取人：被相続人が保険契約者及び被保険者で，特定の相続人が保険金受取人として契約された死亡保険金請求権は，相続人たる保険金受取人が固有の権利として取得するのであるから特別受益に当たらないが，他の共同相続人との間に生ずる不公平が民法903条の趣旨に照らし到底是認することができないほどに著しいものであるような特段の事情が存するときには，特別受益となる（最判平成16年10月29日民集58巻7号1979頁）。

3　持戻し免除の意思表示

被相続人から特定の相続人への生前贈与が特別受益となる場合，遺産分割においては，特別受益財産を加えた（持戻した）価額をみなし相続財産として相続分を計算することになるが，被相続人が，これと異なる意思を表示したときは，「その意思表示は，遺留分に関する規定に違反しない範囲内で，その効力を有する。」（同条3項）とされていたが，今回の相続法改正により，「その意思に従う」と変更された。持戻し免除の意思表示は，明示でも黙示でもよいとされる。明示の場合はともかく，黙示の場合は，意思表示の判断が難しく，具体的な事情から被相続人の意思を推測し

判断するということになる。

(相続法改正関係)
持戻し免除の意思表示推定規定（新民法904条4項）
　この度の相続法の改正により，904条に4項が追加され「婚姻期間が20年以上の夫婦の一方である被相続人が他の一方に対し，その居住の用に供する建物またはその敷地について遺贈又は贈与をしたときは，当該被相続人は，その遺贈または贈与について第1項（筆者注：「持戻し」）の規定を適用しない旨の意思を表示したものと推定する。」と規定された。
　婚姻期間が20年以上の夫婦が居住用財産の贈与をした場合は，税法上の特例（相続税法21条の6）が有るためよく利用されるが，遺産分割においては，配偶者保護の観点から，このような贈与を受けた配偶者たる相続人は，持戻しの免除の意思表示が推定されるため，より多くの遺産を取得することができるようになった。

4　実務での対応
　遺産分割協議において特別受益の問題は，通常は受益を得た相続人から積極的に申し出されることはなく，特別受益者ではない他の相続人が受益相続人に対し主張されるものである。遺贈は別として，生前贈与の場合，過去に行われた贈与の事実をどのように明らかにし評価するかは困難な作業である。通常は，不動産契約書や登記事項証明，預貯金通帳の取引履歴などにより明らかにしていくことになるが，常に証明できる資料が存在するとは限らない。また，持戻し免除の意思表示に関しては，明示でも黙示でもよいとされているが，通常，一般市民は，特別受益の制度を知らない場合が多いので，持戻し免除の意思表示が明示的に存在していることはまれである。そうすると，黙示の意思表示があったかどうかという判断になるが，これは一種の状況判断ということになる。判例では，家業の農業を承継させるための贈与や（福岡高決昭和45年7月31日家月22巻11，12号91頁），被相続人に対する扶養の見返りとしての贈与などが黙示的な持戻し免除の意思表示があったという判断がなされた事例がある（東京家審昭和49年3月25日家月27巻2号72頁）。

司法書士が何らかの形で遺産分割協議に関与する場合、特別受益の主張に対しどのように対処するかは難しい問題であり悩ましい問題である。あくまでも、真相を究明し真実を明らかにしたうえで、特別受益額を厳格に算定するという姿勢だけでは遺産分割協議の合意が困難となる場合もあるので、事案によっては、お互いの歩み寄りによる価額で合意できないかを模索し、解決方法を見出す努力も必要であると考える。特別受益の合意ができない場合は、遺産分割調停の申立てをして調停（審判）手続の中で判断することになる。

第6 寄与分

1 趣旨

寄与分制度は、相続人間の実質的な衡平をはかるという趣旨から、共同相続人中に、被相続人の財産の維持又は増加について特別の寄与をした者があるときは、遺産の中から相当の財産を寄与分として控除したものをみなし相続財産と定め、法の規定により定めた相続分に従って遺産分割したものに、寄与分を加算してその者の具体的相続分とする制度である（本書21頁参照）。寄与分は、共同相続人間の遺産分割協議において全員の合意により決定されるものであるが、協議に当たっては、寄与分対象者、成立要件、過去の判例における寄与行為の当否等を検討しておくべきである。

2 寄与分対象者

寄与分対象者について、寄与分を定めた民法904条の2では、「共同相続人中に、……」と規定されているとおり、原則として共同相続人に限られる。相続人ではない包括受遺者は、相続人と同一の権利義務を有するとされているが、包括受遺者は共同相続人ではなく、相続人とみなされるに過ぎない等の理由により、寄与分の主体とはならない。また、相続人の配偶者や内縁の妻も寄与的行為があったとしても相続人ではないので、原則として寄与分の請求はできない（例外として、東京高決平成元年12月28日家月42巻8号45頁、東京高決平成22年9月13日家月63巻6号82頁）し、相続放棄者や相続欠格者、被廃除者も主体とはなれない。しかし、代襲相続人は、

代襲相続発生の前後を問わず，被代襲者の寄与を主張できるとするのが通説である（島津一郎・松川正毅編『基本法コンメンタール　相続［第5版］』（日本評論社，2007年）70頁）。

なお，相続法改正による「特別の寄与」については後述する。

3　成立要件

寄与分成立の要件は，次のとおりである。

ア　遺産分割が終了していないこと：寄与分は，共同相続人間の衡平をはかるための遺産分割における修正要素であるため，遺産分割が終了した後では原則として主張できないことになる。

イ　「特別の寄与」があること：

（ア）　特別の寄与とは，被相続人と相続人との身分関係から通常期待される程度を超えた貢献があることといわれている。この特別の寄与に関して，特別の寄与が否定された審判例からその理由を分析した結果として，①「特別の寄与」と認めるに足る資料が不存在とされた事例，②家族員としての互助の範囲を超えていないとされた事例，③配偶者の法定相続分を理由とした事例，④一定額の対価を得ていたことを理由とした事例に分類できると指摘されている（遺産分割・寄与分事件実務研究会『遺産分割と寄与分事件の実務』（新日本法規，1997年）216頁）。

（イ）　被相続人と相続人との身分関係では，夫婦の場合，同居義務（民752条），婚姻費用分担義務（民760条）があり，親子の場合，扶養義務（民877条1項）や同居の親族の互助義務（民730条）がある。また，兄弟姉妹の場合，扶養義務（民877条1項）があり，特別の寄与とはこれらの義務の範囲を超える行為でなければならないとされている。義務の程度は，一般的に，配偶者，親子，兄弟姉妹の順に小さくなるといわれている。したがって，元々配偶者には法定相続分が多く規定されているため，さらに配偶者の寄与が認められるハードルは相当程度高いものと考えられる。実例としては，長期間家業に従事した場合や，共稼ぎ

により収入を得ていた場合，持参金を充てて財産を取得維持した場合などが通常期待される程度を超えると評価される場合が多くなると指摘されている（前掲書217頁以下）。

（ウ）　寄与行為は，原則として無償で行われた行為に該当することが必要である。対価が支払われた場合，寄与行為については既に清算が終了していると認められるからである。

ウ　寄与行為によって，被相続人の財産の維持又は増加がなされたことが必要とされ，寄与行為と財産の維持・増加に因果関係があることが要件であるが，一旦増加した財産価値がその後減少したり消滅する場合もあるため，因果関係の認定は困難である。

4　寄与分の算定

　寄与分の算定方法は，決められた方式があるわけではないが，一つの考え方として次の方法がある（島津一郎・松川正毅編『基本法コンメンタール　相続［第5版］』（日本評論社，2007年）80頁）。

　ア　家業に従事した場合：無償の場合，通常支払われる給与から生活費を控除した額に寄与年数を乗じた額
　イ　出資した場合：金銭の場合出資した金額，不動産の場合その評価額
　ウ　無償での付添介護の場合：付添婦の日当を参考に介護の日数を乗ずる。また，専門でないことを考慮して一定割合を減額することも考えられる。

　なお，上記で定めた額が寄与分額となるわけではなく，この額から遺産の総額，維持・増加との因果関係，その他の諸事情を総合して寄与分額を定めることになる。寄与分の算定時期は，相続開始時であるため，時間的修正が必要な場合がある。

5　遺産分割と寄与分

　遺産分割協議の中で寄与分の主張がなされた場合，その寄与行為が前記

3の成立要件を満たしている寄与行為であるかの判断は難しい。特に「特別の寄与」要件については、被相続人との身分関係や寄与の程度、寄与行為と財産の維持増加の因果関係を客観的に評価し認定することはかなり困難であると考える。ただし、遺産分割は、「……各相続人の年齢、職業、心身の状態及び生活の状況その他一切の事情を考慮してこれをする」とされているため（民906条）、寄与の要件を厳格に解するのではなく、遺産分割の中で「一切の事情」として考慮し解決することもできる。最終的には共同相続人の合意による解決となる。

6 遺産分割調停と寄与分を定める調停

遺産分割調停において寄与分の主張で対立し、合意に達しない場合は遺産分割そのものができないことになるので、家庭裁判所に寄与分を定める処分の調停申立をすることになる（家事法191条2項）。寄与分の定めは、遺産分割協議における相続分の増加請求であるから合一処理が求められるため、遺産分割調停が既に係属している場合は、両事件は併合して審理される。そして遺産分割調停が不成立の場合、寄与分の定めも合わせて審判事項となる。寄与分が認められると遺産の中から寄与分を除いた分を"みなし相続財産"として遺産分割をすることになる。寄与分相続人は、みなし相続財産の分割分と寄与分を合わせた遺産を相続する。

相続法改正関係

特別の寄与（新民法1050条）

現行法上、寄与分は、原則として相続人だけに認められる制度である。しかし、例えば、永年被相続人の療養看護を務めた相続人の妻は、遺産分割に関して寄与分請求の対象者にはなれず、その貢献が報われる余地がないとの指摘が従前からあった。そこで、新民法1050条では、被相続人の財産の維持又は増加について特別の寄与をした被相続人の親族（以下「特別寄与者」という）は、相続開始後、相続人に対し、寄与に応じた金銭（以下「特別寄与料」という）の支払いを請求することができるとした。また、特別寄与料の請求は、特別寄与者が相続の開始を知った時から6か月を経過するまで、又は相続の開始から1年を経過するまでに請求しなければな

らないとされている。そして，当事者間に協議が調わないとき，又は協議をすることができないときは，家庭裁判所に対し協議に代わる処分を請求することができるとされた（新民法1050条2項）。

第7 遺産の評価

　遺産分割は，不動産や預貯金をはじめ様々な財産の集合体としての遺産を各相続人の相続分割合に応じて分割する手続であるから，個々の遺産を適正に評価し数値化したうえで各相続人の取得分を算出しなければならない。そこで，遺産の適正な評価方法や基準日などが問題となる。

1　用語の確認

　遺産の範囲を確定し，それぞれの遺産を評価したうえで，最終的な相続分を確定する過程で使われる用語の意義を理解しておかなければならない。
① 法定相続分：民法900条に定める相続分割合のことをいう。
② みなし相続財産：相続開始時に存在した被相続人の遺産（積極財産）に，特別受益分を加算し，寄与分を控除した相続財産をいう。
③ 一応の相続分：みなし相続財産に法定相続分を乗じた相続分をいう。
④ 具体的相続分：一応の相続分から特別受益者については，特別受益分を控除して算定した相続分をいい，寄与分権者については，一応の相続分に寄与分額を加えて算定された最終的な確定相続分をいう。

2　基準時

① 遺産分割は，最終的には具体的相続分に基づき分割することになるが，遺産の評価を相続開始時とするか，分割時とするかが問題となる。相続開始直後に分割する場合は，両者にそれほど差はないので問題とはならないが，相続開始後数年経過して分割するような場合，特に不動産や株式などは価格の変動が生じている場合も少なくない。また，過去の生前贈与を特別受益とみなした場合や寄与分の算定に関して，どの時点を基準とするかについて見解の相違がみられる。

② 通説的見解によれば，遺産分割における遺産の評価は，分割時の価額に基づく具体的相続分による分割方法によるべきであるとされている。ただし，特別受益（民903条），寄与分（民904条の2）については規定が「被相続人が相続開始の時において有した財産の価格から……」とされているところから，基準日は相続開始時とされる。そこで，特別受益や寄与分が判断される場合は，まず，相続開始時で評価されたみなし相続財産の価額から具体的相続分を算定し，これに分割時の評価に基づき計算された遺産の総額を乗じて最終的な相続分を確定することになる。具体的には，

- 相続開始時の遺産の総額が6,000万円で，
- 相続人がA, B, Cの3人で，それぞれ，A＝2/4, BとC＝1/4の場合，Aに寄与分が500万円認められ，Cに特別受益が1,000万円あった場合
- みなし相続財産は，6,500万円（6,000万円＋1,000万円－500万円）となる。
- 具体的相続分は，以下のとおりとなる。
    A＝3,750万円（6,500万円×2/4＋500万円）
    B＝1,625万円（6,500万円×1/4）
    C＝　625万円（6,500万円×1/4－1,000万円）
- 分割時の遺産総額が7,200万円の場合，最終的な具体的相続分は，
    A＝4,500万円（7,200万円×3750/6000）
    B＝1,950万円（7,200万円×1625/6000）
    C＝　750万円（7,200万円×　625/6000）
    となる。

③　特別受益は，数十年前の不動産の贈与であったり，長期間にわたる生計の資本としての贈与が主張されることも多いので，相続開始時の価額の算定については意見が対立することがある。また，寄与分についても，寄与分に該当するための要件が抽象的であるため，相続開始時の評価が難しいところであるが，いずれの価額も，遺産の内容や相続人の経済状況あるいは相続人同士の関係性などを考慮したうえで協

議を行い，相続人全員の合意のもとに確定する方法が現実的である。

第8 遺産分割の方法

1 総論

(1) 分割方法の指針

遺産分割の方法について，民法906条は，「遺産の分割は，遺産に属する物又は権利の種類及び性質，各相続人の年齢，職業，心身の状態及び生活の状況その他一切の事情を考慮してこれをする。」と規定され遺産分割方法の指針が定められているとされる。ただし，本条は，法定相続分や具体的相続分の変更を許した規程ではないとされるため，具体的相続分に基づく分割手続において，誰が何をどれだけ取得するかを判断するときの指針であるといえる。また，判例では，「遺産分割審判は，遺産全体の価値を総合的に把握し，これを共同相続人の具体的相続分に応じて，公平に分割ことを目的とするものであるから（最判昭和50年11月7日民集29巻10号1525頁），その分割は単に算術的に公平であるというだけでなく，遺産の内容や共同相続人の状況等をも考慮に入れた具体的に公平なものであることが要請される（井上繁規『遺産分割の理論と審理（改訂版）』（新日本法規，2014年）327頁）。

(2) 具体的検討事項

民法906条の指針に基づき具体的に遺産分割方法を検討する場合，次の項目について検討することになる。

① 遺産に属する物又は権利の種類及び性質：遺産の種類として代表的なものは，不動産，預貯金，株式などである。このうち預貯金，株式などは分割が比較的容易な遺産であるが，不動産については，土地の場合，その位置形状，利用状況（相続人が使用，賃貸建物の敷地，駐車場など），評価額などとともに，分筆して現物による分割が可能かどうか，あるいは，換価処分できるか等を慎重に検討することになる。また，建物の場合，種類形状，築年数（評価額）ととも

に，利用者（相続人が居住，賃貸物件），敷地の権利などが検討される。
② 相続人の職業：被相続人が自営業を経営していた場合，その事業を引き継ぐ相続人は，事業承継のために必要な不動産や会社の株式の取得を希望するであろうし，農家の場合，農地の相続は必要不可欠である。
③ 相続人の年齢，心身の状態：相続人の中に高齢者や心身障害者がいる場合は，その者の保護・監護という観点から生活状況を考慮した分割方法が検討されるべきである。例えば，被相続人の高齢配偶者が遺産である不動産に居住する場合，その不動産を配偶者が取得することが生活上有利となるのか，民法改正で創設された配偶者居住権を利用する方が得なのかなど，将来的な見通しに立った分割方法が検討されることになる。また，心身障害者が施設に入所している場合は，不動産よりも預貯金の取得による分割方法が本人の利益になるであろう。
④ 取得者の意向：遺産分割は，取得者の意向を無視して分割することはできないので，取得者の意向を確認することは重要である。不動産などで取得希望者が競合する場合は，取得の動機及び必要性，不動産のこれまでの利用状況などを総合的に判断し，合意に向け協議することになる。

（相続法改正関係）
遺産の一部分割
　遺産の一部について分割ができるかについては，これまで明文の規定はなかったが，共同相続人の合意により一部分割ができることに異論はなく行われてきたところである。今回の相続法改正により民法907条が改正され，遺産の一部の分割ができることの明文の規定がおかれた。また，各共同相続人は，協議が調わないとき，又は協議をすることができないときは，他の共同相続人の利益を害するおそれがある場合を除き，遺産の一部分割を家庭裁判所に請求することができる旨が規定された（新法907条2項）。

2 各 論
(1) 不動産の分割方法

　不動産の遺産分割には四つの方法がある。分割方法の優劣については，現物分割→代償分割→換価分割→共有分割という順序になる。つまり，不動産は有益に利用する相続人が取得するのが一番有効的なので，「現物分割」を第一番目に考える。次に，不動産を取得した相続人が相続分額を超過した場合，他の相続人のために超過分を代償金として支払う方法として「代償分割」がある。それでも，取得を希望する相続人がいない場合は，不動産を売却して金銭で分割する「換価分割」の方法がとられる。さらに，売却も困難である場合など止むを得ない場合は，「共有分割」として分割処分を将来に先送りする場合がある。

① 現物分割

　遺産である不動産を現物のまま相続人が取得する分割方法である。不動産を利用する（又は，取得を希望する）相続人が特定の不動産全部を単独で取得する場合は，単に所有権移転登記をすればよいが，土地を分割して複数の相続人がそれぞれ単独で取得する場合は，土地の分筆登記が必要となる。土地の測量・分筆登記は時間がかかるので，早めに準備する必要がある。遺産分割時に分筆登記が完了しているのが理想的であるが（相続登記をしなくても分筆登記は可能である），それが間に合わない場合は，分筆登記に必要な地積測量図を作成し，分割した土地を特定したうえで遺産分割協議書に表示する方法が可能である。しかし，分筆登記が間に合わないので，暫定的に土地全体を，取得相続人の共有登記にして，分筆登記完了後に共有物分割手続で単独取得するという方法は，手間と諸経費がかかることや分割方法について紛争になることもあるので，遺産分割の手法としては避けるべきだと考える。

② 代償分割

　不動産を取得した相続人の取得評価額が遺産全体に対する相続分価額を超過している場合，超過分を金銭（代償金）で他の相続人に補て

んするという分割方法である。この場合，超過分を算出するため不動産の価額をいくらに評価するかという問題がある。不動産の評価額は，原則は時価評価であるが，時価を確定するのは意外と困難で，しかも相続人全員が同意しなければ確定できない。時価評価が困難な場合は，相続税評価額（路線価方式）又は，固定資産税評価額等で合意できる場合もある。価額で合意できない場合，不動産鑑定士による鑑定評価を求める場合もある。この場合，全員が鑑定士の評価結果に従うという合意を得てから鑑定を依頼することが大事である。時間と金をかけて鑑定しても全員の同意が得られなければ無駄な作業ということになるので要注意である。

　また，金銭ではなく，取得する相続人の固有の財産（不動産や株式など）を代償物とすることもできる。なお，相続税に関して，代償分割が行われた場合，代償財産の価額について特別の取扱いとなるので注意が必要である（小池正明『遺産分割の手続と相続税実務』（税務研究会出版局，2015年）99頁参照，相続税法基本通達11の2-9）。

③　換価分割

　不動産の取得を希望する相続人がいない場合，売却して金銭で分割する方法が採用されることがある。換価分割の場合は，以下の点で注意が必要である。

　ア　相続登記名義人の確定

　　不動産を売却する場合，被相続人名義のままでは売却できないので，相続登記をする必要がある。そのためには相続登記名義人を相続人の中から決めなければならない。本来は，売却代金を取得する相続人の取得割合に応じた持分で共有名義に登記するのが原則である。しかし，共同相続人が大勢の場合や遠隔地の相続人がいる場合，仲介業者の選定，売買契約の締結，決済手続を全員でしなければならないので手続が煩雑になる。できれば相続人全員の同意を得て代表相続人の名義にして，代表相続人が手続を進める方がやり易い場合もある。代表相続人名義で登記して，これを売却し，換価金を共同相続人で分割しても遺産分割のための便法として行われたこ

とが遺産分割協議書などで証明できるので，贈与税の課税対象にはならないとされている（国税庁HP「遺産の換価分割のための相続登記と贈与税」）。ただし，代表相続人には，売主としての過失責任や譲渡所得税等が課税される場合もあるので，共有名義で登記をして，具体的な売却方法については，代表者に一任する方法でもよい。なお，換価分割に伴い発生する税金（印紙税，登録免許税，譲渡所得税など）については，分割のための諸経費として売買代金の中から支出する方法が公平であろう。

イ　売却方法の合意

　不動産の売却方法については，最低売却価格や売却の期限を決めたうえで，相続人全員の同意により代表相続人に一任するという方式がよく行われる方法である。遺産分割協議書の中に，仲介業者の選定，売買価格，買主，売却の時期（期限），予定される諸経費，引渡し方法など，売却手続に関するすべてを代表相続人に一任するという文言を入れておくと円滑に売却でき，紛争予防にもなる。売却に際し，個々の条件を相続人全員の合意で決定していくことは，迅速性に欠け手続が煩雑になる。また，売却決定後に他の相続人から異議が出ても回復不能の場合もあるので，一任の合意は必要である。

ウ　仲介業者等の選定

　売却手続は，不動産会社と媒介契約を締結して売却する方法が適切である。売却する場合，その前提として，土地の境界確定測量や建物の増築登記などをしなければならない場合もある。また，事案によっては，建物を取り壊し更地で売却する場合もあるので，仲介業者と協議して売却のための準備を早めに専門家に委託して作業を進めておくべきである。

エ　税理士との協調

　不動産を売却し譲渡益があった場合，原則として譲渡所得税が発生することになる。譲渡所得税の支払いは，翌年の確定申告時期と

第8　遺産分割の方法

なるため取得する相続人に申告が必要なことを知らせておく必要がある。しかし，分割手続の一環として，相続人全員の納税を申告する場合は，売買代金から譲渡所得税分を諸経費として代表相続人が保管しておく必要がある。また，申告は税理士に依頼して手続した方が間違いがないので，税理士と相談し，納税額，納税方法などについて事前に協議しておくことが大事である。

　譲渡所得税の納税義務者は，原則として売主となる登記名義人であるが，代表相続人方式で登記した場合においても実体は，売買代金から諸経費を差し引いた残額を各相続人が相続分に応じて取得するので，正しくは取得した相続人それぞれに納税義務が発生することになる。したがって，各相続人が納税の際，遺産分割協議書など提示して共有関係にあることを証明したうえで，相続分に応じた譲渡所得税の申告をすることになる。実体と形式の相違がある場合の申告方法については税理士と事前に協議のうえ進めることが肝要である。なお，譲渡所得税の計算については，相続税の申告期限の翌日以降3年以内に処分が行われた場合は，取得費用について相続税額の特例の適用があったり，不動産の居住者が相続人の場合，居住用不動産の処分に該当し一定額の控除が認められるなど，税務上種々特例の適用が受けられることもあるので，税理士との協調は必須である。また，税理士に依頼する場合は，税理士報酬も諸経費として確保しておく必要がある。

④　共有分割

　前記①〜③の方法で分割ができない場合は，不動産を共有持分で取得する方法で分割することになる。共有関係を解消するためには，後日共有物分割手続をする必要があり，場合によっては訴訟により解決を図ることになる。したがって，本来は遺産共有状態の解消を図るための遺産分割協議の解決方法としては問題の先送りにもなり，決して良い方法とはいえないが，やむを得ない場合は最後の手段として採用されることになる。

89

(2) 預貯金の分割方法

　預貯金の相続手続に関しては，どのように遺産分割協議が成立したかにより手続方法が異なる。すなわち，金融機関の口座ごとに取得する相続人を決めた場合は，各相続人が当該預貯金口座を解約して取得するか，預貯金口座の名義変更をする方法で取得することになる。また，すべての預貯金を共同相続人間で割合的に分割する場合は，預貯金をすべて解約して相続分に応じて取得することになる。この場合，管理口座を設けそこにプールしておくと分割しやすい。

　なお，現実の問題として，預貯金の口座解約に際しては，当該口座からどのような種類の口座引落としがなされているか調べておく必要がある。なぜなら，金融機関に相続が開始したことを申し出すると全口座が凍結され，電気光熱費などの生活関連費用の口座引落としが停止してしまい混乱を招くことがあるからである。その場合，事前に引落とし口座の変更手続をしておく必要がある。また，通帳の取引履歴を確認することで，年金や保険の存在が明らかになったり，債権債務の存在が発見できる場合もある。

(3) 株式の分割方法

　株式の遺産分割については，相続した株式の名義変更をするか，売却して金銭で取得するか二つ方法がある。いずれにしても証券会社において，取得した相続人が口座を開設して相続による移管手続をしなければならないので，取得する相続人は当該証券会社に自身の口座を開設しておく必要がある。株式を売却して売買代金を複数の相続人で分割する場合は，代表相続人を決め代表相続人名義で移管手続をしてから売却することができる。なお，株式等有価証券の売却についても譲渡所得税の対象となるので，分割に際しては，現物分割による方法と換価分割による方法のどちらが有利かを比較検討し，判断する必要がある。

　株式の売却に伴う譲渡所得税については，特定口座を有する場合は，売却時に譲渡所得税の清算をしたうえで換価金を受領できるので確定申告の必要はないが，一般口座の場合は，不動産と同様に売却時の翌年の確定申告時期に譲渡所得税の申告が必要となる。いずれにしても，譲渡

益がでるかどうかも含めて，証券会社と協議しておく必要がある。

第9　遺産分割と遺産の管理

1　総説

ア　相続が開始し，相続人が単純承認すると遺言がない場合，共同相続人による遺産分割協議により相続手続を進めることになる。この場合，遺産分割の終結までの遺産の管理については，共同相続人が共同管理することになる。また，共同相続人は，全員の合意による委任契約により，遺産管理人（任意遺産管理人）を選任することができる。任意遺産管理人の職務，権利義務については民法に規定がないため民法第643条以下の「委任」の規定が準用されると解される。(上原裕之ほか編著『改訂版　遺産分割』（青林書院，2014年）446頁)

イ　本書は，遺産相続に関し，相続人との業務委託契約により，遺産分割の最初から終結までを包括的に取り扱う業務を「遺産承継業務」と称して，その方策について法的課題や具体的手続を解説することが主題である。詳しくは，第4章以下で解説するが，要約すると遺産承継業務受託者が遺産の管理人に就任したうえで，遺産の管理をするとともに相続人及び遺産の範囲を調査・確定し，共同相続人による遺産分割協議の成立を得て，遺産分割協議の合意内容に基づき終局的に遺産を相続人に取得（承継）させることを目的とした業務内容である。遺産承継業務においては，受託者たる遺産管理人を「任意相続財産管理人」と称しその職務内容について論述しているが，任意相続財産管理人の職務は，原則として，遺産全体に対する管理・保存と処分行為を伴う包括的な業務内容となる。

　本章で解説する任意遺産管理人は，相続人が遺産分割の終結まで遺産の管理を特定の相続人あるいは第三者に委任した場合の職務についての一般通則を述べるものである。遺産承継業務における任意相続財産管理人の職務は，当然この通則を基礎とするものであることはいうまでもない。

2　任意遺産管理人の職務権限

　任意遺産管理人の具体的職務権限については，基本となる民法の委任の規定を準用するとともに，相続財産の管理に関する民法の規定（民895条，918条2項，943条1項，952条）が準用する民法27条から29条（不在者の財産管理人）の規定が参考になると考えるので，両規定をもとに検討する。

(1) 契約の成立

　任意遺産管理人は，相続人との委任契約により選任される。相続人が複数いる場合は遺産共有となるため，管理契約について相続分の過半数を有する共同相続人との契約により成立すると判断することもできるが（民252条），管理行為は全相続人に影響を与える業務であるから，共同相続人全員の合意（民251条）のもとに契約すべきと考える。

(2) 任意遺産管理人の地位

　任意遺産管理人は，相続人の代理人となる。共同相続人は，任意の遺産管理人を選任しても自らの管理権を失うものではないため，委任した以外の管理をすることができる。委任した事項については，委任契約の趣旨から，委任者として受任者である管理人の管理を妨げる行為をすることは許されない。共同相続人は，任意遺産管理人との委任契約をいつでも解除することができるが（民651条），その場合も選任と同様に，共同相続人全員の同意を要すると解される（上原裕之ほか編著『改訂版　遺産分割』（青林書院，2014年）446頁）。

(3) 任意遺産管理人の職務

　任意遺産管理人の職務は，委任契約の内容により定められる。ただし，職務内容が不明瞭である場合は，一般原則として民法103条の規定が適用されると考える。すなわち，保存行為と物又は権利の性質を変えない範囲内での利用又は改良ということになる。そして，処分行為に関しては，相続人全員の同意が必要とされる。

第9　遺産分割と遺産の管理

(4) 任意遺産管理人の権利義務

共同相続人と任意遺産管理人との契約は，民法の委任に関する規定が適用されるので，以下のとおり権利義務を有することになる。

① 善管注意義務（民644条）：委任契約は当事者間の信頼関係を基礎とする契約であり，善管注意義務の内容も，当事者間の知識・才能・手腕の格差，委任者の受任者に対する信頼の程度などに応じて判断される（内田貴『民法Ⅱ債権各論』（東京大学出版会，1997年）271頁）。したがって，専門家が受任する遺産管理における善管注意義務は一般人のそれより相当程度に高度なものになると考える。

② 報告義務（民645条）：受任者（任意遺産管理人）は，委任者（相続人）に対し相続財産の管理事務の報告義務があることは当然である。具体的事務としては，財産目録の作成（民27条）であり，遺産の管理事務報告である。そして，遺産分割協議が成立し，分割手続が終了したとき遺産分割事務報告書の作成が必要となる。

③ 受取物等引渡義務（民646条）：受任者は，遺産分割に伴う具体的相続財産を相続人に引き渡す（承継させる）義務がある。不動産の場合，所有権移転登記や引渡しであり，預貯金の場合は名義変更や解約金の支払いなどを行うことになる。

④ 報酬請求権（民648条）：民法は，受任者は特約がなければ報酬を請求できないと定めている。しかし，これは委任契約の歴史的由来によるもので，今日では，たとえ報酬の合意がなくても，報酬を支払う黙示の契約又は慣行があると見るべきだろう（前掲271頁）とされるが，実務においては委託契約の段階で報酬を定めておくべきである。

⑤ 費用前払請求権（民649条）：受任者が遺産管理人として職務を遂行するとき費用を要する場合，その費用が一定額を超える場合，事前に委任者に請求することができる。

⑥ 費用償還請求権（民650条）：同じく，遺産管理人として職務を遂行するとき，少額の諸経費（公租公課など）を受任者が支出する場合がある。いわゆる立替金などであるが，通常は報酬の支払い時に精算することが多いであろう。

以上の権利義務の内容は、実務においては委任契約書に具体的に明記し、後日委任者との間で紛争の生じないようにしておくことが肝要である。

第10 遺産分割と登記

1 相続放棄、相続分の譲渡、相続分の放棄と登記について

相続開始後、相続人及び相続分が変動する事由として、相続人の意思に基づく「相続放棄」、「相続分の譲渡」、「相続分の放棄」があり、被相続人との事実関係において「特別受益」や「寄与分」により変動することがある。これらの法的意義や効果についてはこれまで述べたとおりであるが、遺産分割協議に基づく不動産登記の関係では以上の問題に加え、代襲相続や数次相続（再転相続ともいう）がある場合はさらに複雑化する。具体的事件の処理に当たっては、登記申請の方法や申請人適格について充分検討しておかなければならない。以下、登記先例を基に解説する。

(1) 相続放棄

相続人は、いわゆる熟慮期間内に家庭裁判所へ相続放棄の申述をし受理されると初めから相続人ではなかったものとみなされる（民939条昭和37年法律第40号による改正）。したがって、遺産分割協議の当事者ではなくなる。相続登記に関しては、相続証明書として、遺産分割協議書とともに、相続放棄者については家庭裁判所から発行される「相続放棄申述受理証明書」を提出することになる。

【事例】
甲が亡くなり、相続人として配偶者乙 (3/6) と子供 A、B、C（各1/6）の3人がいる場合、Aが相続放棄をすると、乙 (2/4)、B、C（各1/4）となる。また、子供 ABC の全員が相続放棄をすると、配偶者乙と第2順位の相続人である直系尊属（親）が相続人となる（民887条、889条）。

(2) 相続分の譲渡

相続人は，相続の開始から遺産分割の終了までの間，自己の相続分の一部又は全部を他の相続人又は第三者に譲渡することができる。譲渡は，有償でも無償でもよいとされている。相続分の全部を譲渡した相続人は，遺産分割協議において相続人適格を失い譲渡を受けた者が適格者となる。

【事例1】

共同相続人A・B・C・DのうちA・B・Cがその相続分をDに譲渡した場合は，被相続人名義の不動産につきA・B・Cの印鑑証明書付相続分譲渡証明書を添付して，Dから，自己のみを相続人とする相続登記を申請することができる。本事例は，遺産分割協議がなされていない場合であるが，相続分の譲渡が同一順位の相続人間で行われた場合なので可能とされている。

【事例2】

共同相続人A・B・C・DのうちA・Bがその相続分をDに譲渡し，D・C間で不動産はDが取得する旨の遺産分割協議が成立した場合は，被相続人名義の不動産につき，A・Bの印鑑証明書付相続分譲渡証明書及びD・C間の遺産分割協議書を添付して，D一人から，自己のみを相続人とする相続登記を申請することができる。

（以上，昭和59年10月15日民三第5195号民事局第三課長回答）

【事例3】

甲不動産の所有権の登記名義人Aが死亡し，その相続人B，C及びDによる遺産分割協議が未了のまま，さらにDが死亡し，その相続人がE及びFであった場合において，B及びCがE及びFに対してそれぞれの相続分を譲渡した上で，EF間において遺産分割協議をし，Eが単独で甲不動産を取得することとしたとして，Eから，登記原因を証する情報として，当該相続分の譲渡に係る相続分譲渡証明書及び当該遺産分割協議に係る遺産分割協議書を提供して「平成何年何

月何日（Aの死亡の日）D相続，平成何年何月何日（Dの死亡の日）相続」を登記原因として，甲不動産についてAからEへの所有権の移転の登記の申請があったときは，遺産の分割は相続開始の時にさかのぼって効力を生じ（民909条），中間における相続が単独相続であったことになることから，他に却下事由が存在しない限り，当該申請に基づく登記をすることができるとして，異順位の共同相続人の間で相続分の譲渡がされた後に遺産分割協議が行われた場合，一次相続人が相続分の譲渡をしたことについて，独自の相続登記をすることなく，中間の相続が単独相続の場合，1件の申請で登記ができる（平成30年3月16日民二第137号民事局民事第二課長通知）。

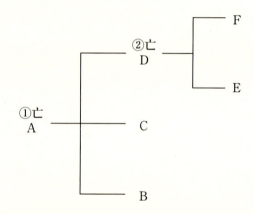

【事例4】
(1) 平成4年第三課長回答
　被相続人甲が死亡し，乙・丙及び戊（丁の代襲相続人）が相続した甲名義の不動産につき，相続登記未了のうちに乙の死亡によりA・B・Cが，丙の死亡によりX（Dの代襲相続人）が相続し，さらにその後，戊・A及びXが各自の相続分をそれぞれBに2分の1，Cに2分の1ずつ譲渡した場合において，B及びC名義への所有権移転登記をするには，（下記相続関係説明図参照）
　① 甲の相続を原因とする乙・丙及び戊への所有権移転の登記
　② 乙持分について相続を原因とするB及びC名義への持分全部移転の登記（Aの印鑑証明書付相続分譲渡証書付）

③ 丙持分について相続を原因とするX名義への持分全部移転の登記
④ 戊及びX持分について相続分の売買又は相続分の贈与を原因とするB及びC名義への持分全部移転の登記

を順次申請するのが相当である（平成4年3月18日民三第1404号民事局第三課長回答）。

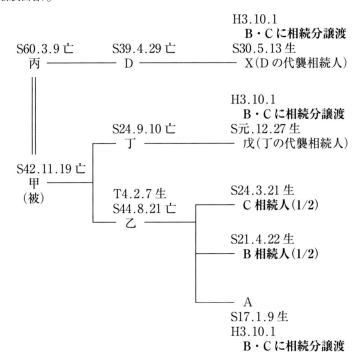

(2) 本回答の注意点

① 数次相続の登記申請で被相続人から直接二次以降の最終相続人へと登記ができるのは，中間の相続人が単独相続である場合だけである（昭和30年12月16日民事甲第2670号民事局長通達）。本事例のように相続分の譲渡により最終的に二次相続人B及びCが取得した場合は一次相続人が複数となるので，原則どおり物権変動に従い相続登記及び相続分の譲渡（売買又は贈与）に基づく

持分移転登記をすることになる。

次に，Aは，乙の相続に関しては同順位者B・Cに対し相続分を譲渡したので登記上表示されず，課税の問題は生じないが，X・戊は一旦相続登記された後「相続分の売買」又は，「相続分の贈与」を原因として持分移転登記をすることになる。そして，「相続分の売買」の場合は，譲渡者Xや戊には譲渡所得税の課税対象となる場合（譲渡益がある場合）があり，「相続分の贈与」で登記した場合は，受贈者であるB・Cが贈与税の課税対象となる場合がある点に注意が必要である。

② 本事例において，仮に相続人X，戊，A，B，Cの5人全員が遺産分割協議をして，戊が相続人となった場合の登記手続は，戊は丁の代襲相続人であるから，被相続人甲から直接戊へ「昭和42年11月19日相続」により相続登記ができる。

また，相続人X，戊，A，B，Cの5人全員が遺産分割協議により，B，Cが（各2分の1）相続人となった場合の登記手続は，乙が単独で一次相続を取得したと解釈されるので，登記原因「昭和42年11月19日乙相続，昭和44年8月21日相続」により，甲からB，Cへの相続登記ができる。

(3) 遺産分割協議の有無
① 本回答を理解する場合，注意しなければならないことは，本事例は，遺産分割協議をしない場合の登記手続である点である。つまり，相続分の譲渡は遡及効がないので，譲渡するには一旦相続分を取得したうえで売買又は，贈与により移転登記をすることになる。したがって，譲渡者は，法定相続分による相続登記をしたうえで，物権変動に従い，受贈者に対し，持分（相続分）の移転登記をすることになる。
② 一方，遺産分割協議をした場合，遺産分割協議は数次相続が何代続いても分割時の相続人全員が参加して分割協議をすれば有効に成立するという原則があり，遺産分割は，相続開始の時にさか

のぼってその効力を生じるという遡及効があるので（民909条），有効に成立した遺産分割協議の結果，最終的に誰が取得したかによって，登記の順序と申請人が確定することになる。具体的には，分割時の共同相続人全員の遺産分割協議により，相続人を決めた場合次のとおりである。

　ア　被相続人の直接の相続人が取得した場合，例えば戊が相続する場合は，甲から戊へ直接相続登記ができる。

　イ　数次相続人が取得した場合，中間者の相続人が一人の場合，中間者が一旦相続したことを併記して中間省略登記ができる。

　ウ　数次被相続人の異なる，数次相続人が共同取得した場合，事例では，X（持分2/3）とA（持分1/3）が遺産分割協議により共同で取得した場合，甲死亡により，まず，昭和42年11月19日丙（2/3），乙（1/3）の相続登記の後，昭和60年3月9日相続により，丙の持分についてX相続，昭和44年8月21日相続により，乙の持分についてA相続の登記をすることになる。

(4)　本回答の整理

　①　以上のとおり，数次相続が開始し相続人関係が複雑な事案では，分割時の共同相続人全員で遺産分割協議がなされたかどうか，次に，遺産分割協議の結果最終的な相続人はだれになるか，そして，最終的な相続人へ相続登記をする場合，中間相続登記が必要となるかどうか，そのためには中間相続人は単独であるか，複数となるかの判断が必要となる。単独の場合は，中間省略登記ができるが，複数の場合は共同相続登記をした上で，順次相続登記をしていくことになる。

　②　数次相続が開始した共同相続人関係で，相続人間で相続分の譲渡が行われ，譲受相続人と他の相続人との間で遺産分割協議をして相続人を決めた場合，譲渡が異順位間の場合であっても，譲渡相続人が一旦相続登記をしたうえで相続分の譲渡による所有権移転登記をすることなく，直接遺産分割協議に基づき相続による所有権移転登記ができる（前記事例3，平成30年3月16日民二第137号

民事局民事第二課長通知)。

　例えば本回答事例で，遺産分割時の共同相続人X，戊，A，B，C5人のうち，X，丙がAに相続分の譲渡をし，A，B，C間で遺産分割協議をしてAが取得することとなった場合，Aは，X，丙からの相続分譲渡証明書（印鑑証明書付）と，A，B，C間の遺産分割協議書を添付して，相続登記をすることができる。その場合の登記原因は，「昭和42年11月19日乙相続，昭和44年8月21日相続」となる。

③　以上のとおり，相続分の譲渡には遡及効はないが，遺産分割協議と組み合わせることにより遡及効がはたらき，被相続人の相続開始時にその効力が生じることになる。考え方として，遺産分割協議に際し，数次相続人も含めた共同相続人間で，相続分の譲渡が行われるということは，譲渡相続人が相続人たる地位を他の相続人へ譲渡することになるので，譲渡相続人は，遺産分割協議の当事者適格を失うことになる。そして譲受相続人を含めた他の相続人全員で遺産分割協議をすれば，遺産分割時の共同相続人全員のもとに協議したことになるのである。

(3) 相続分の放棄

　相続分の放棄とは，共同相続人が有する遺産に対する包括的な持分権（相続分）を放棄することをいう。ただし，相続分の放棄をしても相続人としての地位を失わないと解されている。相続分の放棄について，その意義や効果については，本書59頁において解説したところであるが，不動産登記の観点から検討すると次のような論点がある。

①　放棄された相続分の帰属について
　　遺産分割に際し，共同相続人の一部が相続分を放棄した場合，放棄された相続分はどのように変動し帰属するかについては，次の二つの考え方がある。
　ア　遺産に対する共有持分権の放棄と考えると，相続分放棄者の相続分は，他の相続人の相続分に応じて帰属することになる（民

255条)。

　イ　相続放棄と同様にとらえると，相続放棄者は初めから相続人とはならない（民939条）と考えて相続分を計算することになる。

　　例えば，被相続人Hが死亡し，配偶者W（5/10）と5人の子供A・B・C・D・E（各1/10）が相続人の場合，A・B・Cの3人が相続分の放棄をすると，アの考え方によると，ABCの相続分合計3/10は，Wが5，D，Eがそれぞれ1ずつの割合で取得する。つまりWは，放棄された相続分の合計3/10の5/7＝15/70を取得し，D，Eは，3/10の1/7＝3/70をそれぞれ取得することになる。そうすると結果的にWは，元々の相続分5/10＝35/70に15/70を加えた，50/70を取得し，D，Eは元々の相続分1/10＝7/70に3/70を加えた10/70を取得することになる。結果的にWは5/7を取得し，D，Eが1/7を取得することになる。

　　一方，イの考え方によると，相続人は，WとD，Eの3人ということになるので，Wが2/4を取得し，D，Eが1/4を取得することになる。実務においては，アによる計算方法が有力とされている。

　　また，前記事例で遺産分割前に相続人Aが死亡し数次相続が開始し，その相続人としてa1，a2，a3がいる場合，a1が相続分の放棄をすると，その相続分は，同順位のa2，a3が相続分に応じて取得すると考えるのが当事者の意思に合致するであろうと解釈されている（片岡武・菅野眞一編著『第3版　家庭裁判所における遺産分割・遺留分の実務』（日本加除出版，2017年）115頁）。

② 　登記先例の検討

　　相続分の放棄に関する登記先例としては次の二つがある。

　ア　共同相続登記前に相続分（共有持分）の放棄があっても，共同相続人全員が各自の相続分に応ずる持分を取得した旨の共同相続による権利移転の登記をした後に，共同相続人の一部が「持分の放棄」を原因として持分移転の登記をするべきである（昭和6年10月3日民事第997号民事局長回答）。

イ　共同相続登記前に相続分（共有持分）の放棄があった場合においても，共同相続登記を省略した登記は受理できない（昭和16年11月20日民事甲第920号民事局長回答）。

　　上記先例の解説として，「先例は相続分の放棄を共有持分の放棄ととらえ，共同相続登記前に相続分（共有持分）放棄があっても，共同相続人全員が各自の相続分に応ずる持分を取得した旨の共同相続による権利移転の登記をした後に，共同相続人の一部の者が「持分の放棄」を原因として持分移転の登記がなされるべく，これを省略し，直接に放棄の移転登記をすることはできないとしている。」がある（松原正明『全訂判例先例相続法Ⅱ』（日本加除出版，2006年）211，212頁）。

　相続分の放棄に関する前記2つの登記先例のうち，昭和6年先例は，相続人2人のうち一人が相続分の放棄をし，相続人が一人となった場合の事例で，昭和16年先例も，相続人数人のうち1人の相続人を除く他の相続人が相続分の放棄をした事例であり，いずれも相続分の放棄がなされたことにより最終的に相続人が一人となったため遺産分割協議の余地がない事例である。そうすると，相続分の放棄については遡及効が生じないので，権利移転の経過を正確に反映するという不動産登記の一般原則により，相続分放棄者の権利を登記したうえで，相続分の放棄による持分移転登記をすることになる。

　なお，家庭裁判所における遺産分割調停（審判）と登記の関係について，相続分の放棄をした相続人がいる場合の相続を原因とする所有権の移転登記について「Aの相続人B，C及びDによる遺産分割協議が未了のままDが死亡し，その相続人がE及びFである場合において，Aの相続財産に関する遺産分割調停によりB及びCが（相続分の放棄により）手続から排除され，Eが単独でA所有の不動産を取得することになったときは，Eは，その調停調書又は審判書を添付して，当該不動産について，所有権の移転の登記を申請することができるとされる（「登記研究」819号189頁（質疑応答7977））。

③ 相続分の放棄者は遺産分割協議に参加すべきか

　共同相続人A，B，C，D，EのうちAとBが相続分の放棄をして，C，D，Eが遺産分割協議により不動産の相続人をEとした場合，A，Bの相続分放棄証書（印鑑証明書添付）とC，D，Eの遺産分割協議書を添付して被相続人から直接E名義へ相続登記の申請をすることができるかについて，これを認める登記先例はない。そのために登記実務は，消極的な取扱いがなされているというのが現状である。相続分の放棄をしても相続人としての地位は失わないという点を重視すれば，遺産分割協議は，共同相続人全員が参加して行わなければならないのであるから，AとBも遺産分割協議に参加し，自己の相続分をゼロとする意思表示をする方法で相続分の放棄の目的を達成するしかないことになる。しかし，相続分の放棄を希望する相続人は，通常遺産分割協議には参加したくないので放棄するという場合が多いのではないかと考えるので，相続分の放棄証書と遺産分割協議書を添付して申請する相続登記も認められてしかるべきだと考える。

　なお，相続分の放棄について法務局では消極的な取扱いがなされているため，民法903条の特別受益を受けたことによる「相続分不存在証明書」を添付して行う方法も便宜良いのではないかと意見もあるが，登記のテクニックのために実体の伴わない書面を作成することは，その事が後日紛争になることもよくあることなので登記の専門家としては避けるべきであろう。

(4) 遺産分割協議と登記のまとめ

　遺産分割協議に基づく登記では，代襲相続や数次相続が発生していたり，また，一部の相続人から相続放棄，相続分の譲渡，相続分の放棄などが行われると手続が複雑になってくる。特に相続分の譲渡や相続分の放棄がなされた場合，登記の申請方法によっては，譲渡所得税や贈与税が課税される場合があり思わぬところで相続人とトラブルになりかねないので注意が必要である。長年，相続手続を放置していたため，二次，三次の相続が発生し，相続人が縦横に広がり複雑化した事案では，遺産

第3章　遺産分割の具体的手続（各論）

　分割協議が成立するかどうか，成立しない場合は家庭裁判所の調停手続も視野に入れ，相続人の意向を確認したうえで見通しを立てなければならない。そこで複雑化した相続関係における登記手続を適正に行うための要点を前述した登記先例及びその解釈をもとに整理しておきたい。

① 　遺産分割協議と相続分の譲渡

　　遺産分割協議と相続分の譲渡の法律効果の違いは，遺産分割協議には遡及効がある（民法909条）が，相続分の譲渡には遡及効がないということである。したがって，異順位間の遺産相続の場合共同相続人の一人に不動産を取得させるために他の相続人全員がその者に相続分の譲渡をすると，その登記手続は，一旦法定相続分による相続登記手続をしたうえで，各相続人が「相続分の贈与（又は売買）」に基づく持分移転登記をしなければならないことになる。つまり，譲渡相続人に数次相続が発生している場合は，数次被相続人の相続登記をしたうえで持分移転登記をすることになる（平成4年3月18日民三第1404号民事局第三課長回答参照）。そうすると，相続分の贈与あるいは売買に関して贈与税や譲渡所得税の発生する場合がある。

　　しかし，一部の相続人が他の相続人に相続分の譲渡をしても譲渡相続人以外の相続人が全員で遺産分割協議により取得相続人を決定した場合は，遺産分割の遡及効により被相続人から直接相続登記をすることができることになる。ただし，複数の相続人が共同取得する場合は，中間の相続登記が必要かどうかを検討する必要がある。数次相続人が取得する場合は，中間の数次被相続人が一人の場合は，相続の経過を併記したうえで一件の申請で直接相続登記ができることは既に述べたとおりである（本書99頁）。

② 　遺産分割協議と遺産分割調停（審判）と相続分の譲渡

　　共同相続人間で遺産分割協議がどうしても合意できない場合は，家庭裁判所の遺産分割調停（審判）手続を選択することになるので，遺産分割協議の段階で，合意できない場合のことも視野に入れ検討しておかなければならない。多数当事者間における遺産分割協

議は，全員が一堂に会して協議することは困難なので，分割案を持ち回りで合意を取り付けていかなければならない場面もある。一方，遺産分割調停（審判）の申立ては，共同相続人全員が当事者とならなければならない。したがって，持ち回り方式で合意の成立を目指す場合，遺産分割協議の合意が一部の相続人間で合意できていても一人でも反対者がいる場合は，合意を得た相続人も含めた相続人全員が当事者とならなければならない。しかし，この場合，調停申立前に他の相続人へ相続分の譲渡をした相続人は，当初から申立ての当事者とはならない。また，調停の申立て後においても相続分の譲渡の申出をすると家庭裁判所の排除決定により当事者適格を失うことになる。このように，遺産分割調停において当事者を絞り込む場合には相続分の譲渡は有効的であるといえる。

　いずれにしても，遺産分割協議をするか，相続分の譲渡をするかは当事者の意思によるべきであるが，関与する専門家としては，両者の意義や効果の違いを説明したうえで遺産分割調停（審判）も見据えた選択肢を提供してあげることが大事である。

③　相続分の譲渡と相続分の放棄

　相続分の譲渡と相続分の放棄の相違点についてはこれまで何度も述べてきたところであるが，遺産分割手続においては課題がある。

　ア　相続分の譲渡を選択する理由としては，共同相続人間の人間関係からある相続人が，特定の相続人に対し（例えば，子供が母に譲渡するなど）経済的援助をする目的で譲渡する場合や，自分は遺産分割協議には参加したくないので，有償で買い取って欲しいという申出がある場合，又は早期に相続分相当額の金銭を取得したいと希望する相続人がいる場合などが考えられる。通常，前者の場合無償で，後者の場合は有償ということになるであろう。有償の場合は，譲受相続人は，事前に自己の責任において買取り資金を用意しなければならないし，適正な買取価格を算出し合意しなければならないという負担とリスクの問題があるが，相続人を絞り込む方法として活用することができる。

イ　相続分の放棄は，相手方のいない単独の意思表示であるため有償ということは考えにくい。不動産登記の関係では，前述のとおり，相続分の放棄者は相続分放棄証書を提出すれば遺産分割協議に参加しなくてもよいのかという問題があるため，自分は，当該遺産相続には興味がなく，面倒な遺産分割協議には参加したくないし，だからといって，譲渡する相手も考えられないというような場合，どのような選択方法が受け入れられるかを検討しなければならない。登記手続のリスクを考えると，相続分放棄証書を提出して遺産分割協議に参加しない方法より，自己の相続分をゼロとする遺産分割協議に署名押印する方法を選択すべきと考える。

　ウ　遺産分割調停（審判）では，相続分の放棄がなされた場合，相続分の譲渡と同じく，家庭裁判所の排除決定により当事者適格を失うので原則として遺産分割協議には参加しなくてもよいことになる。そして，相続人の一部が相続分の放棄をして家庭裁判所の排除決定がなされ，その後の調停（審判）により相続人が確定した場合，その調停調書又は審判書を添付して，当該不動産について，所有権の移転の登記を申請することができるとされる（「登記研究」819号189頁（質疑応答7977））。しかし，家庭裁判所による排除決定は，調停（審判）手続のルールとして行われているものであり，共同相続人間による遺産分割協議においては同様に妥当するものではないと考えるべきであろう。

④　数次相続と遺産分割協議
　相続開始後，遺産分割手続を放置していたため，共同相続人の一部に2次相続が開始し，さらに3次相続が開始したという事案がある。このような多数当事者間の遺産分割協議と登記との関係については，遺産分割時の数次相続人を含む相続人全員が参加して遺産分割協議をすればそれは有効であるとされる。そして，数次相続人が不動産を取得した場合，中間の相続人が一人の場合は，登記名義人

である被相続人の相続原因と中間被相続人の登記原因を併記することにより，被相続人から直接数次相続人へ所有権移転登記ができる（平成30年3月16日民二第137号民事局民事第二課長通知本書96頁）。

一方，遺産分割協議を経ることなく，不動産を取得を希望する数次相続人へ他の相続人全員が相続分の譲渡をした場合は，相続分の譲渡は遡及効がないため一旦相続による持分を取得したうえで，相続分の売買，あるいは，相続分の贈与により移転しなければならないことになる（平成4年3月18日民三第1404号民事局第三課長回答本書97頁）。そうすると，相続開始後の処分となるため税金（譲渡所得税又は，贈与税）の問題が発生する可能性がある。

以上の点を考慮すると，数次相続の開始した多数当事者間で遺産分割をする場合は，相続人を絞り込む方法として相続分の譲渡は有効的であるが，遡及効のある遺産分割協議と併せて手続をする方法が有益であると考えられる。

いずれにしても，遺産分割協議に関与する専門家としては，当事者が求める分割結果を確実に実現するために，でき限り簡潔で負担のかからない合理的な手続方法を選択し提案すべきであると考える。

第4章 遺産承継業務（総論）

第1 はじめに

1 遺産承継業務とは

「遺産承継業務」という用語が，統一された法律概念として確立しているわけではない。日財協では，司法書士法施行規則31条1号を根拠に，相続財産の管理・処分業務として，①依頼者との委任契約に基づく遺産承継業務，②遺言執行業務，③不在者財産管理業務，④相続財産管理業務を含めて遺産承継業務としたうえで，①に関して「相続人から依頼を受けて相続財産を承継させるために必要な法律行為及び法律行為でない事務の一切を行う者の地位を任意相続財産管理人と称し，任意相続財産管理人が行う業務のことを遺産承継業務と呼ぶこととする」（日本財産管理協会編『第2版相続財産の管理と処分の実務』（日本加除出版，2018年），18頁）としている。

民法では，相続開始後の財産管理人に関して，遺産を管理する相続人が不確定であったり，相続人がいないため遺産の管理が充分できない場合，家庭裁判所の選任による相続財産管理人の選任規定が設けられている（民895条，918条2項，940条など）。いわゆる法定相続財産管理人の制度である。

一方，相続人が単純承認したあと遺産分割協議が確定するまでの相続財産の管理については特別な規定がないため共同相続人が相続分に応じて遺産を管理することとされている（本書91頁以下参照）。そして共同相続人は，共同して相続財産の管理をすることが困難である場合，又は必要に応じて委任契約により専門家に相続財産の管理を委託することができる。本書では，この場合の受託者を「任意相続財産管理人」と称し，任意相続財産管理人が行う相続財産の管理処分業務を遺産承継業務と定義している。

なお，共同相続人による遺産分割協議が紛糾し家庭裁判所に遺産分割調停（審判）の申立てがなされた場合，家庭裁判所は，財産の管理のため必

要があるときは，申立てにより又は職権で相続財産に対する保全処分として相続財産管理人を選任することができると規定されている（家事法200条）。

2　遺産承継業務の態様

　遺産承継業務といっても，その形態は多種多様であり，共同相続人と依頼者との関係，遺産の範囲，遺産分割協議における紛争性の有無など事案によって内容は様々である。司法書士が任意相続財産管理人として遺産承継業務を受託する場合，依頼者がどのような立場の相続人であるか，また，業務として取り扱う遺産の範囲はどこまでか。遺産を実質的に占有管理している相続人は誰であるかなどの事実関係を慎重に事情聴取し受託が可能かどうかを判断しなければならない。特に，遺産分割協議が成立しているのか，いないのか。また，成立していないとしても，相続人同士の話し合いで遺産分割協議が成立する見込みがあるのか，ないのかは受託に際しての重要な判断材料である。相続人同士の感情的な対立があり，遺産分割協議の合意成立が困難で紛争が予測される事件への関与は，司法書士の職務範囲，法的責任に影響することなので，受託の段階で慎重に検討しておかなければならない事項である。

　本書は，遺産承継業務の中でも遺産分割協議がいまだ成立しておらず，しかも相続人同士の自主的な協議による遺産分割の合意形成が困難であると判断される事案で，その合意成立に向けた協議の取りまとめを含むすべての遺産承継業務を依頼された場合において，司法書士として相続財産の管理処分業務のあり方を論述するものである。

3　中立型調整役業務

　前述の，合意が困難であるという理由は，共同相続人間での遺産分割協議では紛争が予想されるからという趣旨ではなく，遺産を管理している相続人が法律知識に疎いため，自ら主導的に遺産分割協議の取りまとめをすることが困難である場合や，相続人間でおそらく合意の見込みはあるが，法的手続がよく分からないので，専門家が中立公正な立場で相続人が希望する遺産承継手続をして欲しいという趣旨で依頼されるような場合である。

第4章　遺産承継業務（総論）

　しかし，司法書士が専門家として関与する場合は，職域の問題や法的責任の問題でいくつか検討しなければならないことがある。筆者は，「市民と法103号」（民事法研究会，17頁以下）において，司法書士が中立的立場で遺産分割協議に関与する遺産承継業務を「中立型調整役業務」と称し，その法的可能性と実務的役割を論じたが，本書では，更にこれを掘り下げ，以下，前段では中立型調整役業務を遂行するうえでの課題について検討し，後段では，典型的な事例をもとに中立型調整役業務の具体的手続について詳細に解説することとする。

4　調整役と規則31条業務

　司法書士業界においては，司法書士が遺産分割協議の成立過程に関与することに対し，職域の問題から消極的な意見が多数であるところ，筆者はあえてこの問題の解決策として，専門家による中立型調整役による関与の方策として取り上げ発表することにした。その理由は，これまでは議論の前提が"司法書士の代理権の範囲"の問題として議論されてきたところ，司法書士が相続人全員の同意を得て，任意相続財産管理人たる地位に就き，相続財産の管理処分業務の一環として，遺産分割協議の合意成立過程において，特定の相続人の代理人としてではなく，相続人全員の同意による"調整役"という立場で合意成立に向けて関与することで，"司法書士の代理権の範囲"の解釈では解決困難な問題がクリアできるのではないかと考えたからである。

　これまで司法書士が，中立型調整役という立場で遺産分割協議の成立に関与できるかについて広く議論されたことはなかったと思われるが，本書がきっかけとなり，この問題に関する議論が活発化することで，中立型調整役の法的役割と業務範囲が明確となり，司法書士業務として定着することを願うものである。

第2　遺産承継業務の法的根拠

1　平成14年司法書士法改正

　平成14年の司法書士法改正により，司法書士法人の設立が可能とな

り，法人の業務範囲として司法書士法第 29 条が規定された。そして，この規定を受けて，法務省令として司法書士法施行規則第 31 条が制定された（以下，「法 29 条」，「規則 31 条」という）。

> 司法書士法
> 第 29 条　司法書士法人は，第 3 条第 1 項第 1 号から第 5 号までに規定する業務を行うほか，定款で定めるところにより，次に掲げる業務を行うことができる。
> 一　法令等に基づきすべての司法書士が行うことができるものとして法務省令で定める業務の全部又は一部
> （以下省略）

法 29 条の解釈について，小林昭彦・河合芳光著『注釈司法書士法（第 3 版）』（テイハン，2007 年）281 頁以下によると，「司法書士は，本来的業務のほか，他の士業法で独占業務として規制されていない業務を附帯的に行うことができるし，実際にも行っている」と解説し，これを司法書士の附帯業務であるとしている。そしてこの附帯業務は，これまで個人の司法書士が行ってきたものであるが，法人の場合定款に記載することにより業務とすることが可能となる旨を規定したものであるとされる。

2　司法書士法施行規則第 31 条の制定

> 司法書士法施行規則
> 第 31 条　法第 29 条第 1 項第 1 号の法務省令で定める業務は，次の各号に掲げるものとする。
> 一　当事者その他関係人の依頼又は官公署の委嘱により，管財人，管理人その他これらに類する地位に就き，他人の事業の経営，他人の財産の管理若しくは処分を行う業務又はこれらの業務を行う者を代理し，若しくは補助する業務
> 二　当事者その他関係人の依頼又は官公署の委嘱により，後見人，保佐人，補助人，監督委員その他これらに類する地位に就き，他

> 　人の法律行為について，代理，同意若しくは取消しを行う業務又はこれらの業務を行う者を監督する業務
> （三，四省略）
> 　五　法第3条第1項第1号から第5号まで及び前各号に掲げる業務に附帯し，又は密接に関連する業務

　法29条に基づき制定された規則31条1項は，個別具体的に業務内容が規定されているわけではなく包括的な規定である。そこで，どのような業務がこれに該当するかについて解釈が必要となる。遺産承継業務は業務内容が多種多様であるところ，どのような要件を満たせば規則31条業務として見做されるかについての検討が必要である。そこで，規則31条業務の要件を文理解釈すると，
ⅰ　当事者又は利害関係人からの依頼又は官公署の委嘱によること
ⅱ　管財人，管理人その他これらに類する地位に就くこと
ⅲ　他人の事業の経営，財産の管理若しくは処分を行うこと
　以上，大きく分類すると3つの要件が必要となる。そうすると，官公署からの委嘱ではない当事者又は利害関係人からの依頼に基づく遺産承継業務において，遺産の管理者は相続人全員と考えられるので，相続人全員からの依頼又は同意により，遺産についての管理処分権者の地位に就き，相続法の規定又は相続人全員の合意（遺産分割協議）に基づく遺産の管理処分を行う業務が該当するものと考えられる。
　なお，遺産の範囲に関しては，法29条が法務省令で定める業務の全部又は一部となっているところから，必ずしもすべての遺産を対象とした場合でなくてもよいであろう。ただし，注意しなければならない点は，相続人全員の合意に基づく財産の管理処分ができるといっても，オールマイティーに何でもできるわけではない。業務の中で他士業の独占業務として規定される業務（例えば税理士が行う税務申告等）については当然できないということになる。
　遺産承継業務の内どの類型が規則31条業務に該当するのか，また除外された業務は，どの業務範疇に入るか，規則31条業務とそうでない業務の法的な差異は何処にあるのかなど，さらに検討しなければならない課題

がある。

第3 任意相続財産管理人と遺産承継業務との関係

1 法定相続財産管理人

　遺産承継業務と規則31条業務との関係について、遺産承継業務が規則31条業務として認められるには、遺産承継業務の受託者は、「管財人、管理人その他これらに類する地位に就くこと」が要件とされる。ところで、前述のとおり、民法相続編の規定によるいわゆる法定相続財産管理人の選任としては、895条（相続人の廃除確定前）、918条2項、3項（熟慮期間中）、936条（限定承認）、940条2項（相続放棄後）、944条（財産分離請求後）、952条（相続人不存在）など家庭裁判所による相続財産管理人の選任規定がある。これらはいずれも相続手続開始の前提となる相続人が未確定であったり、遺産の帰属先が定まらない場合に遺産の棄損や散逸を防止し、爾後の遺産相続手続に際しての紛争予防のための保全措置として行われるものである。

2 遺産分割と相続財産管理人

　一方、遺産分割と相続財産管理人の関係では、「共同相続人が単純承認後から遺産分割終了までの間については、民法の相続編には遺産管理人に関する規定が設けられていない。この期間における遺産管理人としては、共同相続人全員の合意による任意の遺産管理人と遺産分割審判継続中の家庭裁判所の選任する遺産管理人とがある。」（上原裕之ほか編著『改訂版　遺産分割』（青林書院、2014年）445頁）とされる。つまり、遺産分割事件が家庭裁判所の調停又は審判事件となった場合、保全処分（家事法200条1項）として家庭裁判所は、遺産管理人を選任することができるとされ、紛争性のない遺産分割手続においては、相続人全員の合意による遺産管理人の選任ができると解されている。

3 任意相続財産管理人の選任

　任意相続財産管理人は、原則として共同相続人全員との業務委託契約あ

るいは委任契約により選任される。しかし，事件の依頼は相続人の一人又は一部の相続人である場合も少なくないので，受託の段階で共同相続人全員と財産管理契約ができるとは限らない。その場合，当初は依頼者である相続人（一人又は数人）との業務委託契約により任意相続財産管理人に就任することになる。したがって，依頼者は必然的に遺産を事実上占有管理している相続人ということになる。任意相続財産管理人は，事件を受託後，遺産を事実上占有管理している相続人（依頼者）から遺産の管理を引継ぎ，遺産分割手続が終了するまでに遺産を管理することになる。

なお，当初からの依頼者ではない他の相続人とは法定相続人確定後，遺産分割協議の前提として業務委託契約の締結をすることになる。

4 任意相続財産管理人と遺産承継業務の関係

遺産承継業務は，共同相続人全員の合意による遺産分割協議に基づき，被相続人の相続財産を適正に分割承継（相続）させる手続きである。したがって，遺産承継業務受託者は，遺産承継手続が終了するまで遺産の維持管理には厳重な注意を払わなければならない。なぜなら，事件受託後相続人及び相続財産の調査を行い，遺産分割協議が合意成立し，遺産分割手続が終了するまで相当な期間を要するため，その間に遺産が散逸し消滅するなどして遺産分割協議により合意した分割方法が実現できない場合，新たな紛争が発生する可能性があるからである。

このような紛争を未然に防止する観点からも遺産承継業務受託者が任意相続財産管理人となって，すべての遺産を適正に保存管理したうえで責任をもって承継手続を行う必要があるのである。具体的には，相続人全員と遺産の管理業務を含む「遺産承継業務委託契約」を締結し，受託者が管理人となって遺産を適正に管理するとともに，必要に応じて相続人同士による遺産分割協議の合意を支援をしつつ，遺産分割協議が成立した場合，協議内容に従って管理する遺産の承継処分（遺産分割）をする。ただし，管理人の基本的な業務は保存及び管理行為であるため，処分行為に関しては，改めて相続人全員の同意を必要とすることになる。

第4 遺産承継業務の類型と関与の仕方

　本書で扱う遺産承継業務は，基本的には共同相続人による遺産分割協議に基づく相続手続であるが，その業務内容は，相続手続に関連する法律事務や管理処分行為を伴う包括的な業務である。しかし，実務において相続人から依頼を受ける受託形態及び業務内容は様々である。例えば，依頼者は相続人の一部であるか，又は全員からの依頼であるか。承継する遺産は，遺産の全部か又は一部についてか。遺産分割協議が成立しているかいないのか等その類型は多種多様である。そこで，民法（相続法）に基づく相続手続の方法を分類したうえで遺産承継業務の受託の類型について，いくつかの観点から整理してみたい。

1　民法の規定する相続方法による類型
　民法（相続法）に基づく相続手続の類型としては次のとおり分類することができる。

(1) 遺言による場合
　遺言が存在する場合は，原則的に遺言が優先され，手続は遺言執行業務として行われる。ただし，遺言の内容によっては，遺産分割協議が必要となる場合もある。遺言執行手続は，民法1004条以下の遺言執行の規定に基づき行われるため，遺産承継業務と類似の手続ではあるが，共同相続人との委託契約に基づく遺産承継業務とは類型を異にする。

(2) 遺産分割協議による場合
　遺言が存在しない場合は，共同相続人による遺産分割協議により相続することになる。本書で遺産承継業務として取り扱う典型的な類型である。遺産分割は，当事者（相続人）全員の合意により，遺産の分割方法を自由に決めることができる反面，当事者間で利害の対立も生じやすい類型でもある。

(3) 遺産分割調停（審判）による場合

共同相続人同士の話合いで遺産分割協議が合意成立しない場合，家庭裁判所の遺産分割調停（審判）の申立てにより解決が図られる。調停又は審判に基づく遺産相続手続は，調停調書や審判書に各相続人が取得する遺産の内容が具体的に明記され，原則として取得した相続人が単独で相続手続ができるため，通常は遺産全体に対する包括的な遺産承継業務とはなりにくいと考えられる。しかし，不動産を売却し，売却にかかる諸経費を差し引き残代金を割合的に分割するという換価分割の場合や，預貯金をすべて解約し，その金銭を割合的に分割する場合など遺産承継業務として受託できる場面も想定できないわけではない。

(4) 遺言と遺産分割協議が混合する場合

遺産の一部について遺言があり，遺言に記載のない遺産について遺産分割協議により相続手続をするという場合と，遺言の内容が遺産分割協議を必要とする場合が考えられる。いわば(1)と(2)の混合型である。実務的には，遺言執行者の業務範囲はどこまで及ぶかという判断が必要となり，場合によっては，一部遺産承継業務として取り扱うことも可能な場合も想定される。

(5) 相続人が単独の場合

相続人が単独の場合とは，戸籍上初めから法定相続人が一人という場合もあれば，数名の共同相続人のうち他の相続人が相続の放棄や相続分の譲渡をした結果，相続人が一人となった場合が考えられる。この場合当然遺産分割協議は必要ないが，手続が煩雑であるため，あるいは，自ら手続を行う知識や時間的余裕がないからという理由で相続手続を包括的に依頼されることがあり，遺産承継業務の一類型として捉えることができる。

2 遺産承継業務の受託における類型

前述のとおり，遺産承継業務を受託する場合の相続方法の典型的な類型としては遺産分割協議による相続手続ということになるが，遺産承継業務

第4 遺産承継業務の類型と関与の仕方

を専門家が受託する際の態様としては次のような類型がある。

(1) 依頼者となる相続人の範囲
　遺産承継業務として相続事件を受託する事案は，通常遺産を事実上占有管理している一部の相続人からの依頼である場合が多い。遺産管理者である相続人は，法的手続に則り遺産分割をしなければならないことは理解しているが，どのような手順で相続手続を進めればよいのかが分からず専門家に相談し依頼することが一般的だからである。さらに，依頼者である相続人は，すべての法定相続人を把握していない場合もある。そして，相手方相続人は，自らが法定相続人となる相続が開始した事を知らない場合もある。一方，当初から相続人全員から事件の依頼を受ける場合は，普段から相続人同士の交流が活発で互いに友好的であり分割方法に争いがない場合が多い。

(2) 遺産分割対象財産の範囲
　遺産承継業務はすべての遺産について，遺産分割協議の成立を伴う遺産の管理処分業務を依頼される場合がほとんどである。しかし，場合によっては，金融資産の遺産分割は終了したが，複数の不動産については未分割であるため，土地を測量し分筆登記をして現物分割する場合や，一部換価分割をしたいという場合など，遺産の一部についての遺産承継業務として受託することもある。

(3) 遺産分割協議の成立・未成立
　遺産承継業務では遺産分割協議の合意成立が必須の要件であるが，受託の段階で遺産分割協議の合意が成立している場合もあれば未成立の場合もある。遺産分割協議が既に成立している場合は，合意に基づく遺産分割協議書の作成が必要かどうかという判断となる。遺産分割協議が未成立の場合は，その理由が問題となる。相続人間で既に遺産分割協議を重ねたが合意に至らない場合は，将来の紛争性を考慮して受託の可否は慎重に判断しなければならない。また，未だ遺産分割協議が開始されていない場合は，依頼者たる相続人からの事情聴取により紛争性の有無を

検討し受託できるかどうかを判断することになる。つまり，遺産分割協議が未成立の場合，受託に際しては，合意成立の可能性についての判断が必要とされるのである。

(4) 遺産分割協議成立のための調整役の必要性

遺産分割協議が未成立の場合，誰が遺産分割協議の合意成立までを主導的に行うのかという問題がある。遺産分割協議が未了の場合でも，相続人間に大きな争いはなく，遺産分割協議を主導的に行うことができる相続人がいて，その相続人が協議の取りまとめをすることができる場合は，受託した司法書士は，相談や助言等の対応で足りる場合もある。しかし，相続人同士日常の交流が疎遠であり，相続人同士の親和性も不明瞭な場合，司法書士が専門家として中立的立場で遺産分割協議の取りまとめを依頼される場合がある。本章は，このようなケースを遺産分割協議における「中立型調整役業務」と定義したうえでその課題について検討し，第5章においてその具体的手続について解説する。

3 法律専門家の関与の仕方による類型

司法書士が法律専門家として遺産承継業務にどのような立場で関与するかについていくつかの類型があり，それぞれについて検討しなければならない課題もある。遺産承継業務は，関連する法令が多岐にわたるため司法書士法に基づく制限だけではなく，具体的業務においては，他の法律専門職の法令に抵触しないよう慎重な判断が求められるところである。

(1) 代理人として関与する場合

司法書士が相続事件を代理人として受託する場合は不動産の相続登記の申請代理をいう場合が通常であろう。登記申請の代理は司法書士の本来的業務であり代理行為が問題になることはない。しかし，相続登記の依頼であっても遺産分割協議が成立している場合と未成立の場合では関与の仕方について注意しなければならない。遺産分割協議が成立している場合は，遺産分割協議に伴う相続登記事件の受託という事で問題はないが，遺産分割協議が未成立の場合，遺産分割協議の成立にどのように

関与するかが問題となる。登記申請には遺産分割協議書が必要となるが，それを口実に遺産分割協議未成立の段階で，特定の相続人の代理人として協議の内容に立ち入り，他の相続人との協議や交渉を重ねることは弁護士法72条違反の問題となることや，複数の相続人のために行う場合は，利益相反行為の問題もあり厳に慎むべきである。したがって，登記業務より広範な遺産承継業務に関し，特定の相続人の代理人として遺産分割協議の成立過程に関与することはさらに慎重であるべきである。

(2) 依頼者本人の支援者として関与する場合
　前述のとおり，司法書士が遺産承継業務に特定の相続人の代理人として関与することは，弁護士法72条の問題や利益相反行為の問題があるため避けるべきであるが，依頼者である相続人又は複数の相続人に対し専門家として支援することは問題ないと考える。この場合の関与の仕方としては，相談・助言，又はコンサルティング的な業務となる。ただし，相談・助言業務に関しては，司法書士による法律相談の限界について意識するとともに，相談内容が税務など他士業の専門業務の領域に及ぶこともあるため注意を要するところである。

(3) 中立型調整役業務として関与する場合
　遺産分割協議が未成立であり，主導的な相続人がいない場合，司法書士が相続人全員の同意を得て中立公正な立場で遺産分割協議成立の取りまとめを依頼されることがある。この場合，「中立型調整役業務」として位置づけ，相続人間において，司法書士が中立的立場の調整役として利害関係を調整し協議を成立させる場合があることは前述のとおりである。司法書士が遺産承継業務において中立型調整役業務を行う場合の要件や課題については第8以下において詳しく論述したい。

以上のとおり，遺産承継業務の受託に関しても様々な類型があり，すべての業務で調整役が必要なわけではない。事案の内容や依頼者の要望に応じ適切な対応が必要である。

第5 遺産承継業務の手順

 遺産承継業務の具体的手続については，第5章の各論で詳しく述べるが，ここでは，遺産承継業務の手順についてその概略を述べておきたい。

1 第1段階：事件の受託と管理・調査業務

 依頼者より相続事件の相談を受け，その結果業務委託の要望があり，遺産承継業務としての受託が適切と判断される場合，依頼者にその概要と手続手順について説明し同意を得た後，業務委託契約を締結して事件を受託する。受託後は，任意相続財産管理人として遺産の管理をするとともに，遺産分割のための相続人の調査と遺産の範囲について調査し，相続関係説明図と遺産目録を作成し，遺産分割手続の概要を把握する。受託の段階において，一部の相続人からの依頼でよいのか，相続人全員からの依頼によるべきではないかという議論がある。

2 第2段階：遺産分割協議成立業務

 法定相続人と遺産の範囲が確定したら相続人全員で遺産分割方法について協議し合意を成立させることになる。また遺産分割協議の成立に向けて中立型調整役の関与が必要かどうか事前に判断をしておく必要がある。合意が成立したら遺産分割協議書を作成し次の分割業務に使用する。なお，中立型調整役を必要とする事案で当初依頼者が相続人の一部であった場合，他の相続人についてはこの段階で当該相続事件の概要を説明したうえで，同意を得て業務委託契約を締結することになる。つまり，この段階から相続人全員の同意による遺産承継業務手続の開始となる。どうしても全員の同意が得られない場合は，中立型調整役業務としては受託できないことになる。

3 第3段階：遺産分割業務

 確定した遺産分割協議に基づき遺産分割手続を進める。分割手続に際しては遺産の処分に該当する場合もあるので，その場合は，相続人全員の合意が必要となる。また遺産分割協議の内容によっては，この段階でも中立

型調整役として業務を遂行しなければならない場合もある。なぜなら，分割手続業務を行ううえで，諸経費の分担や具体的分割方法等において中立性，公平性が求められるからである。分割業務が完了したら全相続人に完了報告をして業務は終了する。

第6 遺産分割協議における調整役の必要性

1 はじめに

　被相続人の遺産を相続人に承継するには共同相続人間で遺産分割協議を成立させる必要がある。遺産分割協議は，原則的に相続人間で話合い，意見を調整し，合意に至れば遺産分割協議書として書面化し遺産承継業務に活用することになる。しかし，潜在的に利害の対立する相続人間では常に話し合いが円滑に進み，合意に達し協議が成立するとは限らない。特に相続人が親近者同士である場合は，過去の金銭的な出来事や人間関係の感情的な対立が表面化し紛争となることも多い。

　一方，相続人間で普段あまり交流がなく，遺産を事実上占有管理している相続人が適正円滑に遺産分割協議を進めるには法律知識が乏しく，どのようにして疎遠な他の相続人に話を持ちかければよいか分からないという事案も珍しくない。このような場合，法律の専門家が公正中立な立場で調整役として遺産分割協議の取りまとめを依頼される場合がある。以下，調整役の必要性について典型的な事例とその特徴を検討してみたい。

2 調整役が必要とされる事例と特徴

(1) 事　例

① 子供のいない高齢の夫婦の一方が死亡し，配偶者と普段交流のない被相続人の兄弟姉妹（又は甥，姪）が共同相続人となる場合は中立型調整役を必要とする典型的な事例ではないかと考える。この場合，残された高齢の配偶者（男女の平均寿命の差から妻である場合が多い）は，管理する遺産の相続手続を早期に終了させ，自身の生活のために活用していきたいと希望するが，高齢の配偶者が普段交流のない相続人に対し自ら遺産の内容を開示し，他の相続人の意見を取

りまとめ，適正に遺産相続を終結させることは相当に困難である。そのために専門家に手続のすべてを依頼するという事例。

② 被相続人が未婚で，第3順位の相続として兄弟姉妹（又は甥，姪）だけが相続人となる場合，遺産分割を取りまとめるリーダー的な相続人がいないため，民法の規定に基づき公正に分割したいという理由で専門家に手続のすべてを依頼する事例。民法の規定に基づき公正に分割するということは，法定相続分による分割方法を意味する。この場合，相続人間では法定相続分による分割方法について事前に合意形成がなされているため相続分割合で紛糾することはないが，具体的な分割方法についての調整が必要となる。

③ 第1順位の親子間の相続関係において，被相続人には先妻の子達がいて，遺産を占有管理している後妻とその子達とは良好な関係ではなく，交流もほとんどないという事例。このため，どのように遺産分割協議を進めたらよいか分からないので，遺産分割協議の取りまとめを含むすべての手続を依頼したいという事例。

(2) 特　徴

　これらの事案の特徴としては，相続人間で互いの交流が少なく，遺産を管理している相続人以外の相続人は，被相続人の相続問題に強い関心があるわけではない。しかし，遺産の管理者である相続人は，法律知識に乏しいため，自ら主導的に遺産分割の話合いを進めることが困難である場合や，共同相続人は確定しているが遺産分割協議を取りまとめる相続人がいないので専門家に中立公正な立場で適正に分割してもらいたいと希望する場合など，相続人間に距離感があるため紛争性は少ないが，取りまとめや具体的手続のために専門家の関与を求めるという特徴がある。

3 調整役を必要としない事例と特徴

(1) 事 例

① 相続人間で既に遺産分割協議が成立しているので調整の必要はないが，法律に基づく具体的な手続や分割方法が分からないのですべて専門家にお願いしたいとして依頼される事例。

② 遺産分割協議は成立していないが，相続人同士は友好的であり，話し合いにより円満に合意できる場合。あるいは，遺産分割協議を取りまとめをするリーダー的相続人がいるため調整役を必要としない事例。

(2) 特 徴

これらの事例では，相続人間の交流が親密であるため遺産分割協議は円満に進行しやすい反面，感情的なことで紛争化しこじれることもある。このようなケースでは，分割協議が円滑に進めば専門家による調整役としての関与は必要としないので，相続人に対する相談，助言，指導などの支援業務で対応することになる。

第7 中立型調整役業務の法的検討

司法書士が中立型調整役業務を依頼された場合，その役割と要件，又は各業務における法的制限などについて検討をしておきたい。まずは，第5章の各論で取り扱う典型的な次の事例をもとに業務全体を法的に分析したうえで問題点を検討したい。

(事 例)

> 子供のいない老夫婦の夫が死亡し，妻並びに夫の兄弟姉妹及び甥姪が相続人となる事案で，妻から，夫の遺産相続に関し，遺産分割協議の合意成立の調整役を含めたすべてを「遺産承継業務」として依頼された場合。

第4章　遺産承継業務（総論）

1　遺産承継業務の流れ

遺産承継業務は，依頼者からの相談，受託に始まり具体的業務内容としては，次のとおり三段階の手順に区分することができる。
① 　相続人の調査確定と遺産の範囲について調査確定及び相続財産の管理業務
② 　確定した相続人及び遺産の範囲に基づき，遺産を誰がどのように取得するかについての遺産分割協議の合意成立業務
③ 　合意成立した遺産分割協議に基づき具体的に行う遺産分割業務

以下，司法書士が受託した場合，それぞれの段階において業務内容や当事者との関係について法的検討を試みたい。

2　各段階における法的分析と問題点の検討
(1)　第1段階（管理・調査業務）
① 　遺産承継業務を受託した場合，まずは法定相続人の特定作業から始まる。また，それと並行して遺産の範囲を確定するための調査を行う。相続人の範囲については，戸(除)籍や住民票などの調査により確定作業を行い，必要に応じて遺言や相続放棄の有無についての調査を行う場合もある。遺産の範囲については，不動産登記情報や固定資産税評価額の調査，預貯金，株式などの残高証明などにより明らかにしていくことになる。
　なお，調査業務の開始にあたって，依頼者は一部の相続人だけでよいか，相続人全員からの依頼によるべきかという問題が議論されることがある。実務的には，当初から依頼者が相続人全員を把握しているとは限らず，調査をしてみないと相続人が明らかにならない場合もあるので，調査の段階から，相続人全員からの依頼が必要という要件は現実的ではないし，その必要もないと考える。調査業務は，調査対象の利害関係人として各相続人には個別に与えられた権限があると考えられるので，相続人全員からの依頼でなくても調査業務は可能であると考える。

② 遺産承継業務は，被相続人の遺産に対する包括的な相続（承継）手続であるため，依頼者は，原則的には遺産を事実上占有し管理している相続人からの依頼である場合を想定している。本件事案の場合，妻からの依頼ということになるが，遺産承継業務を適正に遂行するには，受託者が遺産を管理する必要があると考える。したがって，依頼者との関係では，受託の段階で遺産の管理及び中立型調整役業務を含む遺産承継のための業務委託契約を締結することになる。

(2) 第2段階（遺産分割協議成立業務）
① 前段の調査業務により法定相続人と遺産の範囲が確定すると次に遺産をどのように分割するかについて，相続人間で協議をすることになる。しかし，本件事例のように相続人間に普段交流がない場合，遺産を管理する高齢の配偶者が法律に基づき遺産分割協議を適正に成立させることはほとんど不可能に近い。また，潜在的に利害の対立する当事者同士が直接交渉することは，紛争化を防止するという観点からも避けたほうがよい。このような場合，依頼者である配偶者が，引き続き専門家に遺産分割協議の円満合意へ向けての取りまとめを依頼することは必然的であるし，また，その方が合理的であると考える。

② 遺産承継業務を受託した司法書士は，依頼者との関係，他の相続人との関係をどのように法的に位置づけ対処すべきであろうか。依頼者（配偶者）の代理人として相手方相続人と遺産分割の交渉をすることは弁護士法72条違反の問題が浮上する。また，複数の相続人間で代理行為をすることになると利益相反行為（双方代理）の問題が生じる。この二つの問題をクリアするためには司法書士としてどのように対処すべきかについては項を改めて論述したい。

(3) 第3段階（遺産分割（承継）業務）
① 遺産分割協議が成立した場合，その内容を遺産分割協議書として書面化し，遺産分割（承継）手続をすることになる。具体的には，

不動産については相続登記をし，換価分割の場合は売却手続をして換価金を管理する。預貯金や株式の場合は，名義変更するか，あるいは解約又は売却して金銭を分割のために集約し管理するなど決められた分割方法に従い業務を遂行する。

② 分割方法がシンプルで，例えば相続人がABCの3人で，Aが不動産を，Bが預貯金を，Cが株式を取得するというような場合は，それぞれ遺産の承継手続（名義変更）だけで手続は終了するが，不動産を代償分割するために評価し，預貯金や株式はすべて解約した後，複数の相続人が相続分割合に応じて分割する場合などは，遺産全体についての管理処分が必要となる。

③ 最終的な分割金額の確定には，遺産の評価方法や必要経費をどのように負担するか等について相続人全員の合意が必要な場合がある。したがって，第3段階においても中立的調整役業務として対応しなければならない。管理する遺産の処分がすべて終了したら遺産承継業務が終了することになる。

第8 中立型調整役業務の法的課題

1 はじめに

司法書士が任意相続財産管理人に就任して中立型調整役業務を伴う遺産承継業務を行う場合，依頼者との関係で利益相反（双方代理）の問題と，業務内容における弁護士法72条の問題について検討しなければならない。以下，この問題について，私見を述べてみたい（以下，民事法研究会発行「市民と法」103号17頁以下発表の論文に基づく）。

2 利益相反（双方代理）の問題

(1) 民法の規定

民法108条は，「同一の法律行為については，相手側の代理人となり，又は当事者双方の代理人となることはできない。ただし，債務の履

行及び本人があらかじめ許諾した行為については，この限りでない。」として，自己契約と双方代理を禁止している。ただし，債務の履行行為と本人があらかじめ許諾した行為については，例外的に許されるとしている。司法書士が中立型調整役業務を行うにあたってのヒントがここにあると思われる。利害関係が対立する契約当事者間において，法律専門家が両者の調整役として関与することの是非について学者・弁護士の見解，また弁護士会の対応を見ていくとともに，司法書士が中立型調整役として遺産承継業務を行うにあたっての要件について検討したい。

(2) 双方代理をめぐる学者・弁護士(会)の見解

① 小島武司教授の見解

小島武司教授は，米国の中正的弁護士活動モデルを紹介したうえで，その必要性について以下のとおり論述している（小島武司「リーガルプロフェッションの21世紀を」判タ576号7頁）。

小島教授は，中正的弁護士活動の必要性として，「一般の契約交渉（和解交渉は別として）の場面で対立論争を中核とする党派的姿勢を採るべきか否かは，一つの問題である。契約当事者間に将来の，より良い関係を育むためには，調和的で公正な契約を成立させるための中正的交渉を行うことが適切である場合が少なからず存在するのではないかと思われる。当事者が協力の態度を好むとき，弁護士が党派的なアプローチに固執することは必ずしも得策ではない。このような交渉の場面では，一人の中正的弁護士が契約当事者間の利害を正確に理解し最も妥当と思われる内容の契約を締結できるように中立的見地から調整活動を行うことも，一つの合理的な行き方であるといえよう。中立的アプローチによれば，弁護士は当事者双方のために一人いれば足り，これによって，最も有利な内容の契約を目指して相競うことに要する時間と費用も不要になる。」と述べている。

また，中立的弁護士モデルの法的立場として「当事者双方が単一の弁護士を選任して当事者間に公正な契約を成立させるための調整活動を期待するこの弁護士活動モデルの下では，弁護士は，伝統的な意味での代理人ではなくして，当事者双方から信頼され高度にプロフェッ

ショナルな活動を行う仲介者ないし調整者の地位に立つ。」として，この調整者の法的立場は，代理人ではないとしている。そして，この中正的調整活動が適切に行われるためには，いくつかの基本的ルールが遵守されなければならない。として以下の諸ルールを提言している（一部筆者要約）。

- 第一に，中正的調整を委任された場合，当該弁護士は，特別の利害関係があればそれを開示し，契約当事者から寄せられた信頼を裏切らないように配慮しなければならない。
- 第二に，契約成立のための調整活動の過程において，弁護士は，手続的公正中立の確保のため，当事者双方の立会いの下に協議を行うのを原則とすべきである。
- 第三に，弁護士の中正的調整に対する報酬の支払いは折半とすべきである。但し，契約のタイプによっては，弾力的処理の余地を認めるべきである。
- 第四に，契約締結後も弁護士は，相手方当事者に疑念をいだかせるような関係を当事者の一方との間でもたないように慎重に身を処すべきである。
- 第五に，弁護士は，真に妥当な契約案を作成できる能力を獲得しなければならない。
- 第六に，契約当事者は，契約締結前には契約に応ずるか否かの完全な自由が与えられるべきである。

と論説し，この問題の日本での事情について，「わが国では，この問題は十分論じられるに至っていない。徹底した党派的交渉に違和感を感じやすい契約風土の下では，中正的調整弁護士モデルの導入はアメリカ合衆国と比べ抵抗が少ないと考えられる。この種の弁護士活動はさりげなく行われていて公に論じられることが少ないのは，利益相反の禁止に関する弁護士法25条や弁護士倫理22条との関係で疑義が生じかねないことに一因があるのかもしれない。しかし，このような疑念は解消できないものではない。すなわち，利益相反行為も完全開示のうえ関係者全員の明示の同意を得たならば許されるはずであり（弁護士責任規範旧6条），また，中立の仲裁人ないし調整者として中立

的な活動を当事者双方のために行うことを新しい弁護士の役割として位置づけ，弁護士責任規範 EC5-20 は，これに明示的な承認を与えているのである。」と述べている。そして，「この問題をより根本的な角度から考えれば，契約当事者はいずれも弁護士にとって依頼者ではないという認識に達する。中正的調整弁護士モデルの中の弁護士と契約当事者との関係は伝統的な意義における弁護士・依頼者関係では捉えきれないものがあり，ここでは弁護士は調整者としての立場から法的サービスを提供しているのである。」と論述され，一定の基本ルールを遵守すれば利益相反の問題は疑念を解消できるとしている。

② 遠藤直哉弁護士の見解

遠藤直哉弁護士は，前記小島教授の提唱する中立的調整弁護士モデルの可能性について，さらに米国の弁護士倫理規範を基に，対立する当事者間において中立型調整行為は，下記の要件を充足すれば合法であるとの見解を示している（遠藤直哉「中立型調整弁護士モデルの展望」宮川光治ほか編『変革の中の弁護士 下』（有斐閣，1993 年））。

A 資格—調整行為を行う能力については，法曹経験 10 年以上を妥当とする。
B 事前の説明義務
　i 一方の代理ではなく，中立型調整行為であること。
　ii 各依頼者に自由な決定権があること。
　iii 対立又は紛争が生じたときは，調整又は調停をするが，調整役の辞任・解任後には，全ての者の代理をしないこと。
　iv 依頼者との関係及び事案の内容について重要な情報を開示すること（依頼者間では秘密保持をしないこと）。
　v 調整案の法的合理性及び各依頼者の利害得失の内容。
　vi 受領する報酬の額及び支払人。
C 前記 B について全員が同意すること

以上の論説は，司法書士が遺産承継業務の中で中立型調整役業務として

行うにあたって大変参考となる項目である。

③　弁護士会の規定
　次に，弁護士会ではこの問題をどのように規定しているかについて，弁護士職務基本規程27条では，弁護士が職務を行い得ない事件が列挙されているが，調整型の職務との関係では，「弁護士は，裁判外において，いまだ紛争が顕在化していない複数人間の利害を調整するために職務を行うことがある。」としたうえで，「このような複数当事者間の利害の調整は，当事者の代理人として行うものではないし，本条1号や本条2号の利益相反となるものでもない。」と解説したうえで（『解説弁護士職務基本規程第2版』71頁(7)），ただし，調整役となる場合には，「すべての当事者に対して，調整役がいずれの当事者の代理人となるものでないこと，弁護士費用については，すべての当事者が，平等に負担すべきことを充分に説明し，すべての当事者の理解を得たものでないと，調整が失敗した場合に弁護士が当事者から不信感を抱かれることになりかねない。また，調整役になる場合においては職務基本規程32条の不利益事項の説明が必要になるし，利害対立後は職務基本規程42条（受任後の利害対立）が適用される。以上のように，調整役は，成功すればよいが，失敗した場合には，危うい面をはらんでいるということに留意すべきであろう。」としながらも一定の要件のもとで調整役業務を容認している。

(3) 司法書士が中立型調整業務を行う場合
　司法書士業界ではこれまで，司法書士が遺産承継業務を行うにあたって，いまだ遺産分割協議が成立していない場合，司法書士として遺産分割協議成立に向けてどのように関与することができるかについては，もっぱら双方代理の危険性や，弁護士法72条の抵触という観点から消極的な議論が多数であったように思われる。しかし，前項で論述したとおり，一定の要件のもとに中立型調整役業務を行う場合は双方代理とはならないという見解に立てば，司法書士が調整役として遺産分割協議の合意成立に関与することは十分可能であると考える。

そこで，司法書士が，中立型調整役として遺産分割協議の成立から遺産分割手続の完了まで関与する場合，次の項目を要件とすることを私案として提唱したい。

i 相続人個別の代理人ではなく，調整役として公正・中立な立場で調整行為を遂行するが，各相続人には自由な決定権があることを尊重すること。
ii 分割協議に際し，意見の対立が激しく紛争が顕在化し，調整が困難であると判断された場合は，調整役を辞任すること。辞任後は，相続人からの相談，業務の依頼を一切受任しないこと。
iii 依頼者との関係を明示し，法定相続人とその相続分割合，遺産の内容，遺産分割に関する法的要件や分割手順を公正に情報開示すること。
iv 中立型調整役業務は，遺産分割協議の開始から，遺産分割手続の終了までとする。
v 報酬の額及び支払人については，受益の割合により負担することを原則とすること。
vi 上記i～vについて相続人全員が同意すること。

前記，遠藤弁護士の提唱する要件のうち「調整行為を行う能力については，法曹経験10年以上を妥当とする。」という項目について，遺産承継業務は高度な専門性を有する業務であると考えるので，必要性を感じる要件であるが，制度論として今後の検討課題としたい。

3 弁護士法72条の問題

司法書士が遺産承継業務を行うにあたって最も関心があるのは弁護士法72条との関係ではないだろうか。特に遺産分割協議がいまだ成立していない段階で依頼を受けた場合，司法書士は遺産分割協議の成立にどのように関与することができるのか，できないのか，できるとした場合その限界はどこまでか。また，規則31条が制定されたことにより司法書士の権限

が従来とどのように変わったのか，さらに，規則31条と弁護士法72条との関係はどのように理解すればよいのであろうかなど検討しなければならない課題がいくつもある。以下，弁護士法72条の解釈に関する論稿を紹介し，対立点を整理したうえで，私見ではあるが，司法書士が，遺産承継業務を取り扱うに際しての注意点と心構えを述べてみたい。

弁護士法第72条は，以下のとおり規定する。

> 弁護士法
> 第72条　弁護士又は弁護士法人でない者は，報酬を得る目的で訴訟事件，非訟事件及び審査請求，再調査の請求，再審査請求等行政庁に対する不服申立事件その他<u>一般の法律事件</u>に関して鑑定，代理，仲裁若しくは和解その他の法律事務を取り扱い，又はこれらの周旋をすることを業とすることができない。ただし，この法律又は<u>他の法律</u>に別段の定めがある場合は，この限りでない（下線筆者）。

本条の規定に関し「一般の法律事件」とはどのような業務範囲を指すのかという問題と，規則31条が「他の法律」に該当するのかという問題がある。

(1)「一般の法律事件」の解釈について

弁護士法72条に規定する一般の法律事件の解釈については，「事件性必要説」と「事件性不要説」の対立がある。

① 事件性必要説

　ア　事件性必要説の有力な見解として，福原忠男弁護士の論説がある。福原弁護士は，戦後弁護士法の改正に関与された人物として知られるが，弁護士法のコンメンタールとして書かれた福原忠男『増補弁護士法』（第一法規，1990年）では『ここに「法律事件」という用語は，いささか漠然としたきらいはあるが，広く法律上の権利義務に関し争いがあり，疑義があり，また新たな権利義務関係の発生する案件を指しているものと解され，

（中略）法文では，その典型的な例示として，訴訟事件，非訟事件および行政庁に対する不服申立事件をあげているので，その他「一般の法律事件」という意義は，実定法上「事件」と表現されている案件およびこれと同視し得る程度に法律関係に問題があって「事件」と表現される案件を含むものと理解される。』（中略）『本条が刑罰法規であるにかんがみれば，右は「一般の法律事件」と認めるに足りるほどに，将来訴訟となりうる蓋然性が具体的事情から認定できるものに限るべきである。もしこれを広義に解すれば，およそいかなる社会事象もそこに権利義務関係の対立が認められるものであれば，訴訟事件となりうる可能性があるのであるから，その程度の可能性をもって「事件」と呼ぶことは相当でないからである。』（下線筆者）（同書289頁）。

　また法律事務という表現に関し『ここに法律事務というのは，法律上，特に手続き面で効果を発生し，または変更する事項の処理をすることを指している広い概念である。債権取り立てのための請求，弁済の受領，債務の免除等の行為もこれに包含される。しかし，本条で制限している法律事務は，これらの法律事務全般についてではなく，それが「法律事件に関して」のものであることが要件となっている。すなわち，債権取り立ての委任であれば，「通常の手段では回収困難」である場合であり，すでに訴訟によらなければならないような具体的事情にあって，一の法律事件と目される案件への介入と認められることによって取締りの対象になるのである。いわば，その法律事務には「事件性」というべき属性が必要とされるというべきである。それゆえ，本条で取扱いを制限されている法律事務が，三条に規定する弁護士の職務に属する法律事務のすべてにわたると解することは，両条の規定に微妙な，しかも重要な相違点があることを看過しているものといえよう。』と解説している（下線筆者）（同書290頁）。

イ　その他，事件性必要説からの見解として，2003年の内閣府法曹制度検討会へ法務省が提出した「グループ企業間の法律事務の取り扱いと弁護士法第72条の関係について」という文書の中で，3法律事件として，『法第72条の本文の「その他一般の法律事件」については，いわゆる「事件性不要説」と，「事件性必要説」とが対立しているが，事件性必要説が相当と考える。』として法務省は一貫して事件性必要説の立場である。

② 事件性不要説

これに対し事件性不要説の立場から，弁護士会は，『しかし，この事件性必要説と称すべき考え方には，次のとおり疑問がある。まず，事件性ということの内容があまりに不明確ということである。事件と表現しうる案件といっても，また事件と云い得る程度に争いが成熟している案件といっても，その内容が一義的に明確になるものではないことは，明らかであろう。このような不明確な要件を導入することは，かえって処罰の範囲を曖昧にし，罪刑法定主義の精神に反するというべきである。事件という意義に関し，事件性必要説は，紛争となっているかその可能性のあるものと考えているようであるが，広義では紛争になっているとか，その可能性があるものといった意味はないと解されるのであって，例えば，非訟事件中にも紛争性のないものはあるし，家事審判法中の甲類審判事項のように紛争という概念の不要なものも存する。また，沿革から見て，本条は非弁護士（非弁護士法人）の活動一切を禁止しようとする立法目的に立って「一般の法律事件」という包括的表現を採用しているのであるから，その趣旨に従うべきであって，処罰の範囲を画することは他の構成要件を厳格に解釈することによって行うべきであろう。

法3条との文言の相違についても，3条が72条と同一の表現を体裁上とれないためであって，（中略）72条と3条とは，その表現に若干の相違があるが，3条が弁護士の職務の面から，72条が非弁護士が取り扱ってはいけないものという面から，それぞれ同一のことを規定していると解するのが相当である。従って，事件性という

概念は不要である，と解するのが相当である。』（日本弁護士連合会調査室編著『条解弁護士法第4版』（弘文堂，2007年）616頁）との見解を示している。

以上のとおり，弁護士会は一貫して事件性不要説の立場である。

(2) 「他の法律」の解釈について

ア　規則31条が弁護士法72条に規定する「他の法律」に該当するかという点に関しては，肯定説，否定説がある。ところで，弁護士業務に関して平成14年4月1日施行による「弁護士法人及び外国法事務弁護士法人の業務及び会計帳簿等に関する規則」が制定されたが，同規則1条1項2号と司法書士法施行規則31条1項2号とは同一内容の規定となっている。つまり，司法書士も弁護士も本来的業務の他に附帯業務があることを前提としたうえで，法人設立に際してはこれを定款に定めなければ業務を行うことができない旨が定められている。この点に関し，小林昭彦ほか『注釈司法書士法（第3版）』（テイハン，2007年）281頁では，「司法書士は，本来的業務のほか，他の士業法で独占業務として規制されていない業務を附帯的に行うことができるし，実際にも行っている。」として，附帯業務は，法人に限らず個人の司法書士が従来から合法的に行うことができるものとして規則が制定されている。

イ　従前より司法書士も弁護士と同様に裁判所において遺言執行者，相続財産管理人，不在者財産管理人等に選任され業務を行ってきた。また，成年後見制度発足後は，司法書士も後見人，保佐人，補助人の選任を受け着実に業務を遂行しているところである。このような現状を追認する形で司法書士も弁護士と同様に法人化を容認する先の法改正で，同様の規則が制定されたことは，事件性不要説では説明できないのではないだろうか。結果的に，規則31条は，弁護士法72条の「他の法律」に直接該当はしないとしても実質的に同法の適用除外規定といえるのではないだろうか。

(3) 遺産承継業務と弁護士法72条の関係について

　司法書士が中立型調整役として遺産承継業務を行う場合，弁護士法72条との関係をどのように解釈すべきであろうか。事件性不要説の立場からは，遺産承継業務は「その他一般の法律事件」に該当するのでこれを司法書士が取り扱うことについては弁護士法72条に抵触するおそれがあるという主張がなされるかもしれない。特に遺産分割協議の合意成立に司法書士が中立的立場で関与することについては，法律専門職としての知識と経験や職務倫理の問題から消極的な意見があるかもしれない。しかし，以下のとおり遺産相続の特殊性や中立型調整役の遵守すべき要件から判断すると弁護士法72条には抵触しないものと考える。

　　ア　調整役を必要とする遺産承継業務における事件性を論じる場合，相続事件における当事者間の潜在的な対立関係を精査してみる必要があるのではないだろうか。例えば，売買契約における売主と買主，又は，賃貸借契約における貸主と借主のような直接的契約関係は，当事者が自らの意思に基づき一定の目的を達成するため主体的に契約を締結し，互いに権利義務を負い，契約内容を履行しない場合は，契約の解除や損害賠償請求が予定されているので潜在的に一定の緊張関係が生じ対立構造のある法律関係といえる。しかし，遺産相続は，被相続人の死亡という事実により相続事件が開始し，当事者となる推定相続人と相続分は民法に規定されており，相続放棄や相続分の譲渡も自由にできることから，相続人同士が必ずしも対立関係にあるものではないということができる。もちろん，特別受益や寄与分の主張などで紛争化することもあるが，直接的契約関係のように常に潜在的な対立関係が存在する訳ではないという点は考慮すべきではないだろうか。

　　イ　司法書士が任意相続財産管理人に就任し，その中で中立型調整役として遺産分割協議の成立過程に関与する場合，その前提として相続人全員に対し中立型調整役として関与することの同意を得ることになる。つまり，特定の相続人の代理人となるのではないというこ

とである。そして，中立公正な遺産分割方法とは法定相続分による相続手続であることを認識したうえで，そのことを前提条件とすれば，相続人の理解と同意は得られるであろうし，相続人も司法書士が専門家として中立公正な立場で遺産分割協議に関与することにより円滑に相続手続が遂行できることを期待して同意しているといえるのである。したがって，民法の規定に基づく相続手続を遂行することで中立公平性が確保でき，相続人間の紛争は避けられるため，事件性は極めて低いと考えられる。

ウ　さらに，遺産分割協議の段階で相続人間の意見の対立が激化し調整の努力をしても合意の目途が立たなくなった場合，相続人の同意を得て調整役を辞任することになる。つまり，紛争が顕在化した場合はそれ以上事件に関与しないということである。また，辞任した後も当該事件には関わらないということが条件となる。
　　以上のことから，司法書士が関与する遺産承継業務における中立型調整役業務は，弁護士法72条の解釈における事件性という要素は存在しないといえるのではないかと考える。

第9　中立型調整役の役割と業務内容

1　はじめに

　司法書士が中立型調整役として遺産分割協議に関与する場合の課題として，利益相反行為の問題と弁護士法72条との関係については前項で論述したとおりである。利益相反の問題を回避するためには，一定の要件のもとに相続人全員の同意に基づき中立公正な立場で調整役の業務を遂行する必要がある。弁護士法72条との関係では，相続人間の紛争や第三者との紛争に関与する場合は司法書士として職域の限界があることに留意すべきである。また，弁護士法に限らず他の専門職との関係でも職域の限界があることに注意を払う必要がある。このように司法書士が行う中立型調整役業務は，様々な規制や限界のある中で目的達成のために適正に業務を行わなくてはならない。そのためには法律専門職としては極めて高度な専門性

と職業倫理が求められるのである。

2　調整役の執務姿勢と役割

　前述のとおり，中立型調整役が必要とされる遺産分割協議は，相続人間の交流が疎遠で，相続人同士による協議が困難である場合や相続人間で遺産分割協議の合意は見込めるが，法律知識に疎いため，あるいは法律事務が面倒なため専門家に中立的立場で相続手続のすべてを依頼したいという場合が一般的である。依頼する相続人としては，法律専門家の知識と経験に期待して公正な遺産分割の実現を期待するのが通常である。司法書士として依頼者の期待に応えるために調整役としてどのようにあるべきか，その執務姿勢，役割について述べたい。

① 　調整役の最終目標は遺産分割協議の合意成立である。しかし，最終目標への到達を急ぐあまり，調整役の恣意的な判断で調停案を示し，説得工作をするようなことをしてはならない。あくまでも主役は相続人であることを忘れてはならない。調整役の業務は，相談役あるいは解説者，情報提供者，事務連絡調整係等の支援業務であり，調停案を提示する場合も合意についての最終決断は，相続人の自主的判断を尊重するという姿勢が求められる。

　　なお，相続人に対する相談，助言に関しては，法律問題，税務問題，年金や行政問題等多岐にわたることが考えられるが，調整役が司法書士である以上，職務範囲について制限があることに十分注意を払い，事案によっては，他の専門職との連携が必要であることを留意すべきである。

② 　調整役は，各相続人の意見，主張を公平にまた誠実に聴取したうえで，相続人間の利害の調整を図るものであるが，そのためには，相続人との信頼関係の構築に努力することが大事である。時には，特定の相続人から他の相続人に対する過去の言動について感情的な発言を聞かされたり，自己の正当性について同意を求められることがある。当事者の意見をよく聴く姿勢は大事であるが，法的価値のない言動に振

り回され本来の目標を見失うことがあってはならない。あくまでも中立公正な立場で沈着冷静に対応する姿勢が必要である。

③　調整役は，相続人の代理人ではなく，中立公正な立場で遺産分割協議の合意成立を支援するのが役割である。したがって，相続人間で相続分割合が決まっていない場合，あるいは，決められない場合，調整役の基本的姿勢としては，法定相続分割合による分割方法を心がけるべきである。

④　調整役は，立場上各相続人の個人情報を扱うことになる。相続人が親族同士だからといって，住所や連絡先など調整役として知り得た個人情報を本人の承諾なしに他の相続人に知らせると，その事で信頼関係を失い，苦情紛議となる場合もある。個人情報は業務に必要最小限の範囲で開示すること，他の相続人から情報提供を求められた場合は，本人の承諾を得てから開示することを心がけるべきである。

⑤　相続人間の主張対立が激化し，合意が困難と判断される場合は，調整役を辞任することになるが，調整役の辞任は分割協議不成立の最後通牒となる場合もあるので，辞任に際しては，関係者に調整が困難な事由，辞任せざるを得ない状況を説明し，調整役が辞任した後の手続について選択可能な方策を説明したうえで，さらに調整役は，爾後の手続には一切関与できないことについて了解を得たうえで辞任しなければならない。当事者の了解なしに一方的に辞任表明することで相続人と紛議になることがないように注意しなければならない。

3　中立型調整役の業務内容

　既に述べたとおり，司法書士が任意相続財産管理人に就任後の遺産承継業務の手順を段階的に区分すると3段階に区分される。すなわち，第1段階で相続人と遺産の範囲についての「調査業務」，第2段階で，相続人全員による「遺産分割協議の合意成立業務」，第3段階で「遺産分割業務」となる。このうち，中立型調整役業務は，第2段階及び第3段階での業務

が中心となる。第1段階は，第2段階への準備作業であり，第3段階は，第2段階に基づく最終処分業務であるといえる。

　司法書士が，遺産分割協議が未成立で分割協議の合意成立のために調整役を必要とする遺産承継業務を受託した場合，第2段階の調整役としてどのように業務を進行するかについて時系列で説明すると以下のとおりとなる。

(1) 準備手続

　① 　司法書士が規則31条業務として遺産承継業務を受託する場合，まずは，依頼者（相続人）との間で任意相続財産管理人就任の業務委託契約を締結することから始まる。この業務委託契約の最終的な目的は，被相続人の遺産を遺産分割協議により各相続人へ承継（相続）させることであるが，そのためには，遺産を適切に管理する必要が生じる。そして受託者が遺産の管理人として，共同相続人全員の合意に基づき管理処分手続の一環として遺産分割協議成立のための調整役業務を行い，かつ成立した遺産分割協議に基づき遺産の分割処理を適正に行うことになる。したがって，当初の業務委託契約の段階で，以上の業務内容を契約書に盛り込む必要がある。

　② 　任意相続財産管理人は管理業務遂行のために，まずは相続人の調査と遺産の範囲について調査する。調査が完了した場合，「相続関係説明図」及び「法定相続分割合」と「遺産目録」を調整し依頼者に開示しなければならない。遺産目録については，遺産の価額を示す必要がある。不動産の場合，分割時の時価を基準とするのが原則であるが，この時点で管理人が時価を確定することは困難であるため，固定資産税評価額あるいは相続税評価額（路線価格）などを参考価額として明示することもやむを得ないと考える。

(2) 相続人全員の同意と意向確認

　① 　相続開始の案内とアンケートの送付
　　当初の業務委託契約の段階で相続人全員と契約締結ができない場

合，第1段階（調査業務）終了の段階で，契約未了の他の相続人と業務委託契約を締結するか業務委託の内容について同意を得る必要がある。そのために他の相続人に対して，まずは相続開始の経緯と法定相続人及びその相続分，遺産の範囲などについて情報開示し，相手方の法的立場を説明したうえで，遺産分割方法について次のような意向確認をすることになる。

　ア　当該遺産相続が開始した経緯と相手方の法的立場を説明するとともに，調査業務で判明した法定相続人とその相続分及び遺産目録の内容について情報開示する。

　イ　受託者が任意相続財産管理人として就任することに関し，業務委託契約の締結及び中立型調整役として遺産分割協議の成立を支援していくことの同意の可否。

　ウ　当該相続人が遺産分割についてどのような分割方法（例えば，不動産の取得か，金銭の取得か等）を希望するかについてアンケート方式で確認する。

　エ　遺産承継業務の手順についての説明。

　他の相続人がこの遺産相続に対しどのような考えをもっているかを調査確認する方法については様々な方法が考えられるが，相手方が回答しやすいように，あらかじめ想定される選択肢を提示したうえでアンケート方式により回答を求める方法は，相手方の意思が明確となり相続人の意向が整理しやすいという利点がある。

(3) アンケートの回収

　アンケートの回収により各相続人の意向を整理し，対立点や矛盾点がないかを精査する。特に，受託者が任意相続財産管理人として就任し，遺産承継業務のすべてについて関与することについての同意が得られない場合は，その後の手続を進めることができないため同意の有無は重要なポイントである。遺産分割の方法については，相続人間で競合する点がないかどうか，特別受益や寄与分についての主張がないかどうか等整理する。中立公正な立場の調整役としては法定相続分割合による分割方法を基準として意向を判断することになるが，相続人の中に他の相続人

に対する相続分の譲渡を希望する者や相続分の放棄（何も欲しくないという意思表示）を希望する者がいる場合は，その限度で相続分割合が変動することになる。

(4) 遺産分割協議の調整
① 中立型調整役を必要とする遺産承継業務は，原則的に法定相続分による分割方法が採用されるため，各相続人は，遺産全体に対する割合的相続分を取得するということになる。したがって，具体的な分割方法は，遺産をすべて金銭で評価したうえで，各相続人がいくらの価額分を取得することになるかを計算したうえで，取得物を決めることになる。例えば，各論で扱う事例のように子供のいない夫婦の片方（夫）が死亡し，残された配偶者（妻）と夫の兄弟姉妹（あるいは甥姪）が相続人となる場合，遺産として不動産（自宅及び共同住宅）並びに預貯金及び株式が有るとき，妻は4分の3の相続分があるため不動産をすべて取得したうえで金融資産を兄弟姉妹に相続分に応じて分割する方法が合理的であろう。次に金融資産が少ない場合は，共同住宅の処分（換価分割）が検討されることになるかもしれない。いずれの場合も遺産全体の資産評価が求められることになる。

② 調整役業務で問題となる事例としては，遺産としては，配偶者が居住する自宅の不動産が主で金融資産が少ない場合，配偶者が自宅を取得すると金融資産を何ら取得できず，代償金を支払う必要がある場合がある。これまでは，代償金を一括で支払うことができなければ，分割払いとするか，自宅を退去するか，土地を一部分割処分するなどして調整することもあったが，改正相続法により，配偶者居住権が新設されたため（令和2年4月1日施行）配偶者としては，選択肢が増え調整がしやすくなった。

③ 遺産として賃料収入の発生する不動産（アパート，駐車場など）がある場合，取得を希望する相続人が競合することがある。その際，

共同所有として分割することも可能であるが，将来的な維持管理には支障がないか，共有物分割で紛争になることがないかなど多角的に検討したうえで，場合によっては，代償分割や換価分割も視野に入れ決定することになる。いずれにしても，遺産分割に際しては，不動産の承継は分割手続の要となることを認識しておくべきである。

(5) 遺産分割協議の合意成立

遺産分割協議の合意が成立したら合意内容をもとに「遺産分割協議書」を作成し，相続人全員から署名（住所・氏名）捺印（実印），又は記名押印をもらい印鑑証明書の交付を要請する。遺産分割協議書は，分割協議の内容をできるだけ具体的に記載した書面とすることが肝要である。また，遺産分割協議書は，1通に全員の署名捺印を貰う方法が好ましいが，遠隔地であったり，相続人が多数になる場合は，適宜数通作成し署名捺印を揃える方法でもよい。

(6) 遺産分割手続

① 相続人全員の同意のもとに遺産分割協議書の署名捺印がなされ協議書が有効に作成されたら手続の最終段階となる遺産分割のための準備を行う。そのために遺産の管理人は，管理処分行為の一環として，遺産分割協議に基づく分割を実現するための諸手続きを行う。具体的には，現物分割が確定した不動産の所有権移転登記や預貯金，株式等の名義変更手続あるいは，換価すべき不動産や株式の売却，預貯金の解約手続などを行うことになる。

また，遺産の総額に対する相続分割合を金銭で取得する相続人に対しては，銀行で当該事件専用の管理口座を開設し，換価した代金を管理口座に集約し，そこから遺産分割にかかる諸経費を差し引き，分割可能金額を算出し，各相続人の相続分割合に応じた分割金額を算出することになる。

② 分割手続の準備が完了したら遺産承継業務の最終段階である分割手続をすることになる。遺産全体を相続分割合に応じて金銭で取得

する場合は，遺産目録をもとに最終的な分割金算出の根拠を示した「遺産分割金計算書」を作成し，各相続人の分割金額について相続人全員の承諾を得ることになる。最終的な分割手続は，管理する遺産の処分行為に当たるため相続人全員の承諾が必要である。相続人全員からの承諾が得られたら，分割金を各相続人の指定口座に振り込む方法により支払うことになる。最終的な振込作業では，各相続人に支払った後，管理口座の残金は0円となるかどうかのチェックもしておくべきである。

　すべての振込作業が終了したら振込伝票の写しと，管理口座（残額0円）の通帳の写し等を基に「遺産承継業務報告書」を作成し，全相続人に業務終了の報告をする。

第10　中立型調整役の実務的課題と対策

1　主張の対立と調整業務

　調整役を必要とする遺産承継業務は，相続人間の普段の交流が疎遠な関係にある場合が多いのが特徴的であるとはいえ，協議が常に円満に合意するとは限らない。時には，相続人間で経済的事情や，価値観の相違などから意見・主張の対立があることも想定される。遺産分割調停事件で紛争となりやすい事項を参考に遺産分割協議の調整役としてどのような対応が求められるかについて検討したい。

① 特別受益，寄与分をめぐる問題

　ある相続人が被相続人の生活の面倒を看たことを主張し，相続分の割り増しを要求（寄与分の主張）をすることがある。また，他の相続人が特定の相続人について，被相続人から生前贈与を受けた事実を指摘する（特別受益の事実）こともある。寄与分や特別受益は，具体的相続分を計算する場合の調整要素として機能するが，その事実関係や価額を調整役が積極的に認否することはできない。ただし，特別受益や寄与分の主張がなされたからといって紛争発生事案として何もせず身を引く必要もない。両制度の趣旨や主張事実の実体関係を資料を基に整理し，遺産分割

に与える影響を当事者に丁寧に説明したうえで，最終的には相続人全員の合意が得られるかどうかで処理することになる。事案によっては，主張する寄与分の価額（又は割合）や特別受益の価額を増減することで，相続人間の合意が得らるかどうかの調整が必要な場合もある。しかし，当事者間の主張対立が激化し，どうしても結論が出ない場合は，調整困難事例として業務を中断し，調整役辞任が相当かどうかの協議をすることになる。

② 不動産の価額及び分割方法についての問題
 ア 遺産が主に不動産の場合，各相続人がどの不動産をどのくらい取得するかで問題となることがある。不動産の分割方法としては，現物分割，代償分割，換価分割，共有分割の4種類の方法があるが，不動産も，特定の相続人が自宅として使用している物件，貸地，アパートあるいは貸駐車場のように収益性のある物件，あるいは，畑や山林といったものまであり多種多様である。

  また，不動産の価格をどのような方法で決定するかについては，固定資産税評価額，相続税評価額，公示価格，時価などがあるが，遺産分割の場合は時価を基準とするのが原則である。時価の確定には複数の不動産会社の査定価格による方法がよく採用されるが，実際には不動産会社によりバラつきがあるのが実情である。最終的には，相続人全員の合意により価額を確定することになる。家庭裁判所の遺産分割調停事件では不動産の価格を決める場合，当事者の合意ができないときは不動産鑑定士による鑑定評価額を採用する場合があるが，時間と費用がかかることを考慮する必要がある。

  調整役として不動産の遺産分割協議を進める場合，まずは評価方法について相続人全員の合意を得る必要がある。相続税の申告を必要とする場合は，税理士が調査した相続税評価額を基準とすることも合理的であろう。

 イ 次に各相続人に対し，取得を希望する物件を聴取し，当該相続人の相続分と不動産評価額が適正かどうかの判断をしたうえで各相続

人の取得する不動産を決めていくことになる。希望する物件が競合する場合や相続分を上回る物件の取得を希望する場合は，代償分割や土地の分筆登記により価格を調整できないか等多角的に検討することになる。また，山林や畑など評価額は低いが管理に負担がかかる場合，誰も取得を希望する者がいないこともある。そのような場合，共有分割とするか，近くに居住する相続人に引き取りをお願いし管理費が発生した場合共同相続人で負担することの合意をもって協議を成立することも考えられる。いずれにしても，調整役としては，不動産の特性や将来の利用方法，相続人の希望などからどのような分割方法が可能であり，その結果のメリット，デメリットを説明したうえで，各相続人に情報を提供し合意成立を目指すことになる。

③ 相続開始前後の使途不明金の問題

　ア　預貯金通帳の記録から，相続の開始前後に金銭が引き出されており，この使途について問題となる場合がある。調整役としては，預貯金を管理していた相続人あるいは関係者から使途についての説明を求めることになる。通常は，入院費用や葬儀費用に使用するなど被相続人のため，あるいは祭祀承継費用等として使用したことが判明し，相続人全員が相続に関する諸経費として処理することを承諾すれば問題となることはない。しかし，他の相続人が納得できる説明ができない場合は，使途不明金として処理することになる。

　イ　調整役としては，使途不明金の処理方法について，取得した相続人が判明した場合は，その者に返還を求めるのが原則であるが，相続開始前の使途不明金の場合は，被相続人の意思の問題もあるが，取得した相続人に対する生前贈与（特別受益）として処理することも可能である。また，相続開始後の場合は，取得した相続人の遺産分割による取得分の前渡しとして処理することもできることを説明したうえで，最終的な処理方法については，相続人全員の判断に委ねることになる。さらに，相続人全員の合意が困難な場合は，遺産

分割とは切り離し，民事訴訟で決着をつけることも考えられるが，その場合，遺産分割協議そのものが不成立となることも考慮して判断しなければならない。

④　その他の付随問題
　ア　被相続人の葬儀費用や祭祀承継問題で意見の対立がある場合がある。これらの問題は，法律的には遺産分割の対象とする事項ではないが，相続人間では遺産分割協議の際に問題となり紛糾することがある。葬儀費用は，通常は主宰者である相続人が立替えている場合が多いので，その者から立替金の返還請求として主張される。葬儀費用は，法的には主宰者が負担するとされているが，税務上も相続手続の経費として認められている（相続税法13条1項2号）ところから，一般的には遺産分割協議のなかで諸経費として精算されることが多い。

　イ　祭祀承継問題は，祭祀承継者に誰が就任するかという問題と，今後祭祀承継に係る費用をどのように負担するかという問題が発生する。積極的に祭祀承継者に就任する者がいない場合は，その後の経費を遺産の中から拠出することで負担軽減を図り承継者を決めることもよく行われる方法である。また，承継者が誰もいない場合は，永代供養の方法を採用し，その費用を遺産の中から拠出して解決を図ることもある。

2　紛争の予防

　司法書士が中立型調整役業務を伴う遺産承継業務を受託した場合，最も注意しなければならないことは事件を紛争化させないことである。紛争化には相続人同士の対立からくる紛争もあれば，相続人と第三者との紛争もあるであろう。また，司法書士自身が紛争を惹起させることも考えられる。事件が紛争化することによって，調整役を辞任し業務を終了しなければならない場合もあれば，司法書士自身が責任を問われかねない場合もあるかもしれない。事件を受託した司法書士としてはそのようなことが起き

ないように最大限の注意を払い努力すべきであるが，以下，どのような点についての注意が必要かについて述べてみたい。

① 相続人同士の関係

　中立型調整役を必要とする遺産承継業務は，相続人同士の関係性が希薄な場合が多いので，法定相続分割合による遺産分割方法によれば，相続人同士の対立は比較的少ないと思われる。しかし，紛争予防の観点からすると，相続人同士が直接分割方法を協議する事については，有効的な結果をもたらす場合と，対立が生じることがあることに留意すべきである。また，相続開始の通知を受けた相続人が依頼者で遺産を占有管理していた相続人へ直接連絡をして意見表明をすることで混乱が発生することもある。緊張関係にある相続人同士の直接的な交渉はできるだけ避け，調整役が仲介者となり意見調整できるような環境，方策を講じるべきである。その上で，調整役としては，相続人からの様々な意見を法的に精査し，法的合理性を検討したうえで，相続人が納得できる説明と合意点を見出す努力が必要とされるところである。

② 第三者との関係

　任意相続財産管理人は，遺産分割協議の合意成立を支援し，遺産の管理と処分を行うことを業務とするものであるから，簡裁代理権認定司法書士であっても対外的な交渉には限界があることを認識すべきである。例えば，弁済期の到来した140万円を超える債権が遺産としてある場合，管理人の保存行為として債権管理のため債務者に対し，債権の存在と弁済の予定を確認することはできると考えるが，債務者に対し弁済額や弁済方法（分割返済など）について交渉することは職域の限界を超える行為であると考える。その場合，債務者との交渉は弁護士を代理人として回収を図るべきである。

　その他の例として，被相続人が真の所有者であるが，他人名義となっている，いわゆる名義不動産や名義預貯金などの帰属の問題などが考えられる。名義人が被相続人への名義変更に応じない場合は，訴訟事件として弁護士に依頼すべきかどうか相続人間で協議して決めることになる。

③　司法書士と相続人との関係

　司法書士が遺産承継業務を受託し遺産分割協議に際し中立型調整役として関与する場合は，利益相反行為や弁護士法72条違反を回避するための本章第8の2（3）（130頁）で検討した要件を充足したうえで業務を行うことは必須の要件である。その上で，各相続人への公正な情報開示，資料提供を心がけ，法的手続や資料の説明を丁寧に行い信頼関係を構築することが大事である。そして，手続きが長期化することもあるので，定期的な業務報告や経過説明をしたうえで，相続人からの質疑，主張には中立的立場で真摯に対応し，不安や不信感をいだかせないことが肝要である。また，司法書士自身が紛争当事者とならないために，個人情報の取り扱いに注意し，後日の紛争防止のために事件の経過や関係者とのやり取りを書面で残しておくことが大事である。業務の進行については，希望的観測で判断し，司法書士自身がリスクを負うことのないようにしなければならない。特に処分行為となる業務に関しては相続人全員の承認や確認作業は欠かさないように注意すべきである。また，報酬の問題で揉めることがないように事前に説明し了解を得ておくことも大事である。

第5章 遺産承継業務（各論）

　司法書士が中立型調整役業務を伴う遺産承継業務を受託し，業務を遂行する場合の具体的手順について，定型的な様式があり方法論が確立されているわけではない。受託した司法書士が，調整役としての職務要件を遵守しながら，依頼の趣旨を実現するために最善と思われる方法を選択し実施するしかない。以下の記述は，調整役を必要とする典型的な事例をもとに，総論で述べた職務要件を具備しながら遺産承継を実現していく方法について，筆者の実務経験をもとに具体的に解説するものである。

第1 事案の概要と手続の進行

1 事案の概要

> 高齢で子供のいない夫婦の夫が亡くなったが，遺言がないので，配偶者（妻）と，夫の兄弟姉妹及び甥・姪が法定相続人となる事案（相続関係説明図（資料①）参照）。遺産として不動産，預貯金，株式などがある。

　配偶者（W）の話では，「遺産は自分が把握し管理している。遺産としては，不動産として自宅とアパートの土地・建物，他に預貯金，株式などがある。夫の兄弟姉妹とはあまり交流がなく，甥，姪などは会ったこともないし，どこに住んでいるかも分からない。」，「遺産分割の方法については，法的なことは分からないし，自分で他の相続人に話をして，遺産分割協議の合意を取り付けることは無理なので，遺産相続のすべてについて取りまとめをお願いしたい。」という依頼である。

第1 事案の概要と手続の進行

2 業務委託契約の締結及び業務の進行
(1) 業務の受託
　本件事件を受託し業務を遂行するに当たって，業務全体の進行と業務の概要について検討し確認しておきたい。
　① まず，依頼者であり遺産管理者である妻Wとの面談による事情聴取から始まる。そこで，遺産承継業務についての法的意義や業務手順を説明するとともに，司法書士として受託した場合は，遺産管理人に就任し，遺産の管理をすること，また中立型調整役業務の必要性，その要件等について説明し，承諾が得られたら業務委託契約を締結し業務を開始することになる。
　② 遺産承継業務全体の手順については，本書120頁以下で述べたとおり3段階に区分することができるが，本件事案においては，第1段階の調査業務は，妻Wとの業務委託契約締結により開始する。そして第2，第3段階では相続人全員の同意（又は，業務委託契約締結）を得て業務を遂行するという手順となる。本件における具体的業務の概略は，次のとおりである。

(2) 業務の進行
　① 管理・調査業務（第1段階）
　妻Wより事件の受託後，最初の業務として相続人の調査と遺産の範囲の調査を行う。相続人の調査は，戸籍・住民票等の調査により法定相続人を把握し，「相続関係説明図」を作成することになる。遺産の範囲の調査については，不動産，預貯金，株式・有価証券等について，その種類，数量，金額などについて関係機関から資料を取り寄せ遺産の範囲を確定し，「遺産目録」を作成する業務である。また，調査し，把握した遺産について，遺産分割が完了するまで遺産が毀損，散逸しないように適正に管理する必要があるので，遺産の管理業務を開始する。

　② 遺産分割協議成立業務（第2段階）
　法定相続人の調査と遺産の範囲についての調査が完了すると，次に

遺産をどのように分割するかの調整業務を行うことになる。本件事案においては，妻W以外の相続人とは全く面識がないので，この時点で，最初の接触を図ることになる。

接触の方法は，手紙，電話，訪問等いくつか考えられるが，ここでは各相続人に対し，相続開始のお知らせ並びに遺産管理人及び中立型調整役就任の同意と遺産分割方法に関するアンケートの文書を，関係資料を同封のうえ送付する。場合によっては，遺産分割協議書案を送付することも検討する。

相続人全員から受託の同意が得られたら，アンケートの回答結果に基づき分割内容の整理を行い合意へ向けての調整をする。調整がまとまったら遺産分割協議書を作成し，相続人全員の署名捺印と印鑑証明書の交付をお願いする。

妻W以外の相続人に対し，受託者が遺産管理人に就任することと，遺産分割協議の合意に向けて中立型調整役として関与することに同意するかどうかを確認するが，同意が得られない場合は，その理由を問い，誤解があれば説明を尽くし誤解の解消に努める。しかし，依頼者との個人的な関係等でどうしても協力が得られないような場合は，業務の継続は困難なので中止せざるを得ない場合もある。

③　遺産分割業務（第3段階）

遺産分割協議書が確定したら，協議の内容に従い分割手続を進めることになる。具体的には不動産の相続登記及び売却，預貯金の解約，株式の名義変更又は売却などを行い，遺産を金銭で分割できるように管理口座に集約するとともに分割計算をする。

分割金額案がまとまったら，各相続人に対し，「遺産分割計算書（案）」を送付し，分割案についての承諾を得る。その際，「承諾と振込先口座の指定」をお願いする。

相続人全員の承諾が得られたら，各相続人の指定口座に分割金の振込をし，最後に手続完了報告と協力御礼の文書を資料を添えて全相続人へ送付して業務を終了する。

第2 事情聴取と事件の受託

1 事情聴取と事前の確認
(1) 事情聴取
　被相続人の妻Wより，夫の遺産相続についての相談があり面談をする。そこで，法定相続人の人数と依頼者との交流関係，遺産の種類と数量，遺言の有無，遺産分割方法の希望等事案の概要を聴取する。また，遺産分割協議について，他の相続人との関係性が薄いので，分割協議を妻Wが自ら主体的に行い合意の取りまとめをするのは困難であるとして，遺産分割協議の合意成立についても依頼される。

(2) 確認業務
　このような場合，受託者としては，中立型調整役としての立場で業務を行うことになる旨を説明し，以下の事項について妻Wの承諾が得られるかどうかを確認する。

　① 本件の場合，配偶者と被相続人の兄弟姉妹及び甥姪が法定相続人となる相続であるため，民法の規定では配偶者Wが4分の3を取得し，残りの4分の1については，兄弟姉妹あるいは甥姪に相続する権利があることを理解していただく。そして，受託者が中立公正な立場で遺産承継業務を行うには，法定相続分割合による遺産分割を提案することが原則となる旨説明し，妻Wの承諾が得られるかどうかを確認する。

　② 遺産分割協議の合意成立の支援に当たっては，中立型調整役として業務を取り扱うことになること，また調整役となるには相続人全員の同意が必要であるが，同意が得られた場合，妻Wのための代理人ではなく，相続人全員の利益のために遺産分割協議の合意成立に向けた業務を遂行することになること，そして万が一協議が紛糾し調整が不可能となった場合は調整役を辞任することになることなど，調整役就任の要件について承諾が得られるかどうかを確認する。

③　さらに，事件を受託した場合は，遺産承継業務が終了するまで遺産が散逸，毀損することのないように遺産を管理する必要があるので，受託者が任意相続財産管理人となることの承諾と管理に必要な関係資料の引き渡しなど，妻Wが遺産の管理業務に協力する意思があるかどうかを確認する。

　依頼者への事情聴取に当たっては，前記三つの基本方針を理解し承諾していただけるかどうかが受託の条件となる。特に，中立型調整役としての遺産分割協議成立業務は，法定相続分割合による分割を基本姿勢とすることが公正であると考えるので，その方針について依頼者の承諾が得られない場合は，事件の受託は避けるべきであると考える。また，中立型調整役としての職務は，公正さを維持するために依頼者の要望に反する行動を取ることがある旨を十分理解していただいたうえでの受託となる。遺産を事実上占有管理している相続人Wに対しては，管理業務の移管と今後は任意処分ができないことについて承諾を得ることも必要である。

2　事件の受託
(1)　受託の当事者
　事件の受託は，当初から相続人全員との契約で行うべきであるという意見もあるが，本件のような場合，相続人は調査してみないと判明しないので，当初から相続人全員の依頼による受託というのは現実的ではない。調査業務は，相続人の一人又は数人からの受託で可能であるが，相続財産の管理業務は，遺産を事実上占有し管理している相続人からの依頼がないとできない。したがって，遺産承継業務を規則31条業務として受託する場合，当初から遺産を占有管理している相続人からの受託が必要であると考える。

(2)　契約締結
　依頼者との協議により，受託の条件について合意できたら事件の正式な受託となる。本件事案では，妻Wとの業務委託契約の締結と同時に委任状も受領する。前者は，業務全体についての基本方針を定めた業務

委託契約であり，当事者間で保管しておくものであるが，後者は，次の調査業務で使用するための書類として受領するものである。依頼者以外の相続人に対しては，法定相続人が判明した段階で，遺産分割協議のための案内文書を発送するが，その際に業務委託契約を締結して受託することになる。

① **業務委託契約書（資料②）**

　ア　業務委託契約書は，事件の内容に応じて作成することになるが，本件事案においては，まずは当事者（被相続人，委託者，受託者）の表示。次に，業務委託の目的（第1条）を「遺産承継業務」とし，そのために受託者が任意相続財産管理人に就任すること（第4条）を明記する。そして，管理人として管理業務を遂行しつつ，最終的な遺産分割手続のための遺産承継業務を実行することを定めておく（第6条）。特に，中立型調整役業務に関しては，一定の要件のもとで遺産分割協議の合意成立について支援することを明記しておく（第7条）。

　イ　第11条「報酬の概算と支払方法」について，遺産承継業務は，業務内容が多岐にわたり，時間もかかることから受託の段階で費用の見積を算出することが難しいのが実情である。しかし，依頼者としては，どのくらいの報酬が発生するかは重要な関心事であり，依頼するかどうかの判断材料になるため概算だけでも知りたいところである。受託者としては，後日の紛争予防のためにも遺産の総額や法定相続人の人数などから費用の概算を示し，依頼者に十分説明しておくべきである。報酬の支払者については，通常は遺産承継業務の経費として遺産の中から支払うことが多いと考えるが，最終的には相続人全員の同意を得てから受領することになる。また，調整役就任について相続人全員の同意が得られず途中で業務を終了することになった場合を考慮して，それまでの経費の支払者を決めておくことも必要である。なお，本業務委託契約書（資料②）では，委託者をWとしているが，他の相続人

に対しては，中立型調整役業務の開始の際に同意を得て契約することになる。

② **委任状（資料③）**

委任状は，相続人調査や遺産の調査のために使用するものである。業務委託契約書をもって委任契約の成立を証明することもできるが，業務委託契約書には委任事項以外の内容も含まれていることから，別途委任状を作成したほうが簡便である。委任事務の内容も事案に応じて，業務委託契約書の中から必要事項を取捨選択して作成するとよい。

第3 管理・調査業務

本件事案において調査業務は，妻Wとの業務委託契約締結により開始することになる。相続人の調査と遺産の調査は，利害関係人として全相続人に個別に与えられた権限であるため，妻Wとの業務委託契約だけで調査は可能と考える。また，遺産を占有・管理している妻Wより遺産の管理業務を引き継ぐことになる。

1 相続人の調査
（1）法定相続人の調査・確認
① 戸籍等による調査

相続人の調査は，戸籍や住民票の調査から始まる。この場合，職務上請求書（1号様式）を使用するか，戸籍等の調査のための請求書「司法書士用」（いわゆる2号様式）を使用するかが問題となる。遺産の中に不動産がある場合は，将来登記をすることになるので1号様式でもよいという意見もあるが，この段階では，不動産の相続人が未だ確定していないので，遺産承継業務のための調査として2号様式を使用するのが適切であると考える。なお，法定相続情報証明書を取得する場合は，1号様式を使用できる。

② 遺言の有無の調査

被相続人が遺言をしていた場合，遺産相続の方法が全く異なるので，遺言の有無を調査することは大事である。遺言がある場合は，遺産承継業務ではなく遺言執行業務となるので，受託の段階で妻Wと遺言の存在について十分話し合いをしておくべきである。なお，公正証書遺言に関しては，昭和64年（平成元年）1月1日以降に作成された遺言については「遺言検索システム」によりデータベース化されているため，いずれの公証役場でも利害関係人の申出により調査をすることができる。

③ その他の調査

相続人確定のためには，相続放棄者や相続欠格者，相続人の廃除者がいないかを調査する必要があるが，依頼者との事情聴取や関係者の証言により必要と思われる場合に調査することでも足りるのではないかと考える。本件のように被相続人と法定相続人との関係性が薄い場合，前記事項の該当者はいないと考えられるので，調査を省略してもよいと思われる。

(2) 相続関係説明図の作成

相続人の調査が完了したら，「相続関係説明図」（資料①）を作成することになる。これによって，被相続人の相続関係が明らかとなり，法定相続人の人数と法定相続分，また，相続人の住所・氏名，年齢等が判明し，今後の手続の見通しを立てることができる。また，法定相続情報証明書交付の申出にも利用できる。

(3) 法定相続情報証明書の取得

遺産分割手続の中で，不動産登記や預貯金の解約手続などで，法定相続人を確定するに足る証明書の提出が必要となる。従前は，相続関係説明図とともに被相続人の法定相続人を調査した戸籍等関係書類一式をその都度関係機関へ提出しなければならなかったが，平成29年5月より法定相続情報証明制度が施行されたため「法定相続情報証明書」を取得

することにより，証明手続が簡便となった。本件事案のように不動産，預貯金，株式等関係機関が多数の場合は，不動産登記申請と同時に，あるいは，あらかじめ法定相続情報証明書を取得しておくと，預貯金，株式の解約手続に利用できるので便利である。

(4) 個人情報保護の問題

相続関係説明図や法定相続情報証明書作成に関して，相続人の住所の記載は個人情報保護の観点から慎重に取扱うべきである。事案によっては，相続人関係を全相続人に知らせるためにこれらの書面を使用することがあるが，相続人によっては，他の相続人に住所（場合によっては生年月日も）は知られたくないという人もいるので，相続人間では住所の記載のない相続関係説明図等を使用することを心掛けておくべきである。住所を知られたことで苦情となり信用を失うと，その後の業務遂行に大きなマイナスとなるからである。また，相続人とのやり取りの中で電話番号を知り得ることがあるが，相続人の電話番号を他から問われても本人の承諾がない限りは知らせるべきではない。その他，個人情報の保護には十分注意を払う必要がある。

2 遺産の範囲についての調査
(1) 遺産の調査

遺産分割のためには，遺産分割の対象となる被相続人の遺産としてどのようなものがあるかを調査し確定する必要がある。

① 調査範囲

遺産調査の範囲は，一般的には不動産，預貯金，株式，保険金などの積極財産と住宅ローン債務など消極財産の調査が必要である。また，同時に遺産分割のための経費となる可能性のある葬儀費用，立替金など精算すべき金銭の調査もしておくとよい。

② 調査方法

遺産の調査は，遺産管理者である相続人（本件の場合妻W）からの事

情聴取や資料の提出により開始する。

　ア　不動産については，登記済証や固定資産税の納税通知書，又は市区町村が発行する名寄台帳などにより机上の調査を行う。さらに公図や地積測量図，建物図面などをもとに現地調査を行い，土地の形状や建物あるいは構造物などから調査に漏れがないか，周辺土地の境界や所有関係を調べておくことも，遺産を管理するうえで大事である。

　イ　金融資産は，まずは現存する預金通帳やカードあるいはダイレクトメール等をもとに関係機関へ照会する方法で調査を開始する。預貯金や住宅ローン等は，金融機関で相続開始時の残高証明書を取得する。また，預貯金通帳の取引履歴を丹念に調べると，定期的な引出科目や入金科目から，積立年金，保険金，定期的な支払債務等の存在が判明することがあるので，遺産の調査には欠かせない作業である。特に，相続開始前の数年分と直前の金銭の動きは生前贈与（特別受益）の可能性や使途不明金の存在が判明する場合があるので，慎重に調査する必要がある。

③　調査時期

　遺産分割は，分割時点における遺産の時価（価額）に基づき分割するのが原則である。しかし，相続税の申告が必要と思われる場合や特別受益，寄与分等がある場合，遺産の評価は相続開始時が基準となる（民903条，904条の2）。相続開始時と分割時が接近している場合，両者はほぼ一致することになるが，事案によっては，相続開始時と分割時点での二重の評価額の確定も必要となる。ただし，時価の判断も実務上は困難な場合もあるため，相続人全員の合意により公的評価額（固定資産税評価額，相続税評価額，公示価格等）をもとに確定することもある。また，株式など価額に変動のある遺産の評価は，日々変動していて価格を確定することは困難なので，分割時点に最も近い一定の時点での価額をもとに計算することになる。

④　資料の整理と遺産目録作成準備

　本件事案においては，不動産として自宅と共同住宅（アパート），預貯金と株式が主な遺産である。また，共同住宅とその敷地には建築資金の融資を受けたため銀行の抵当権が設定されている。前記調査をもとに収集した資料をファイルするなどして整理し，遺産目録作成の準備をする。余談ではあるが，遺産承継業務を円滑に遂行するには，資料の整理，関係者との打ち合わせ記録の保存は大切な作業である。この時点で，遺産を種類別に，また関係機関ごとに分類整理しておくことで，事件の推移が的確に把握でき，最後の報告書の作成にも大いに役立つのである。資料の整理は，業務成功の秘訣であることを肝に銘じておくべきである。

(2) 遺産目録（資料④）の作成

　遺産目録の作成は，被相続人の遺した相続財産の種類と数量を整理し内容を把握するとともに，相続税の課税対象となるかどうかの判断や，依頼者以外の相続人，本件事案では妻W以外の相続人に対して相続が開始したこと，及び相続財産の内容を概括的に知らせるために必要である。ただし，この時点での遺産目録は暫定的であり，確定的なものは作成できない。他の相続人にとって遺産目録の内容は，今後の遺産分割方法を検討するうえで重要な判断材料となるものであるため，暫定的であるということを断ったうえで当初から開示すべきである。以上を考慮したうえで，本件事案では別紙遺産目録（資料④）を作成した。以下，資料④をもとに解説する。

①　遺産目録は表スタイルとし，積極財産を種類別（不動産，預貯金，株式）に分類し，価額を計上したうえで遺産の総額（A）を算出し，遺産債務と遺産分割にかかる諸経費の予想額（B）を計上した。次に，(A)−(B)が分割可能財産額（C）となり，これに各相続人の法定相続分割合を乗じた額が取得金額となる。当初の遺産目録をどの程度の精度で作成するかは，事案により判断して作成することになる。

② 本件事案は，法定相続分割による遺産分割を基本方針とするため，各相続人は，遺産総額に対し，割合的に取得することになる。したがって，各相続人の最終的な取得金額を計算するには，不動産の評価額を計算する必要がある。ここでは，相続税評価額（路線価格）を計上しているが，調査段階で相続税評価額まで算出するのは難しいので，固定資産税評価額をもって計上してもやむを得ない。不動産の評価額については，最終的には相続人全員の合意により決めることになる。

③ 遺産の中には，法的解釈として遺産分割の対象となるものと，ならないものがあるが，対象とならない遺産も一身専属的なものを除いて相続人全員の合意があれば遺産の対象とすることができるので，調査の段階では網羅的に整理しておくとよい。例えば，葬儀費用等法的には分割の対象とならないとされる費用も，相続手続の経費として合意できる場合が多いので，整理し計上しておく。アパートローンなどの債務は，遺産分割で承継債務者を決めても，債権者の同意がなければ債権者には対抗できないという問題はあるが，相続人間では有効とされるのでこれも計上しておく。

④ 諸経費については，あくまでも見込みとして予想額を計上しておくことになる。アパートローンは，相続開始時の残高証明書を取得すれば判明するが，すべては確定できない。この時点での遺産目録は，相続人に対し概算の分割見込額を知らせるためのものである。

3　遺産の管理
(1)　目的
　遺産管理の目的は，遺産分割が終了するまでの遺産の散逸，毀損，減少，消滅を防止するためであるが，一方これまで維持管理してきた妻Ｗの平穏な日常生活の継続も考慮する必要があるため，妻Ｗとは対立することなく，双方の話し合いにより目的を逸脱しない範囲での柔軟な管理が必要ではないかと考える。

(2) 管理の開始

　本件事案の場合，業務委託契約は遺産を占有・管理している相続人妻Wとの契約であるため，妻Wとの協議により遺産の管理を開始する。具体的には，遺産の範囲を調査する段階で順次管理業務を進めることになる。不動産は，自宅とアパートであるが，自宅は妻Wに通常通りの使用の継続を認めることになるが，アパートについては賃料収入の管理をする。不動産会社に管理を委託している場合は，管理会社と連携して管理をすることになる。預貯金等については，残高証明書の交付請求の際，金融機関に死亡届出書の提出を求められ，口座は使用停止（口座凍結）することになる。金融機関へは任意相続財産管理人となったことを通知するとともに，以後の連絡を管理人に知らせるように要請する。なお，金融機関の口座凍結により，電気光熱費等の生活関連費用の自動引き落としが停止されることがあるため，事前に他の口座に自動振り替えを変更するなどの処置が必要である。本件の場合，妻W名義の口座からの引き落としに変更することになる。

第4 中立型調整役業務

1 事前準備

(1) はじめに

　第1段階の調査業務は，依頼者である相続人妻Wとの業務委託契約により遂行してきたが，第2段階の遺産分割協議の合意成立業務は，相続人全員の参加により進めなければならない。その理由は，本書126頁「第4章第8中立型調整役業務の課題」で述べたとおり，専門家が遺産分割協議の合意成立に関与する場合，共同相続人全員の同意を得ることにより，代理権に関する利益相反（双方代理）の問題を回避できるからである。そのために，受託者たる任意相続財産管理人は，相続人妻W以外の相続人に対し，相続の開始とその内容について知らせるとともに，受託者である専門家が任意相続財産管理人に就任するとともに，遺産分割協議の合意成立について，中立公正な調整役として関与することについての同意を得ることになる。相続人の中には，被相続人に相続が

開始したこと，そして自分がその相続人であることを全く知らない者がいることも珍しくない。そのような相続人に対して，遺産相続の当事者であることを知らせたうえで，遺産分割協議への参加を要請し，さらに，分割方法についての希望を確認し，その結果をもとに相続人間の利害の調整をしなければならない。遺産承継業務の中でも最も慎重かつ丁寧に行わなければならない業務である。

なお，中立型調整役の執務姿勢については，本書137頁（第4章第9の2）を参照されたい。

(2) 調整役業務の手順

法定相続人と遺産の範囲が確定したら，各相続人に対し，相続開始のお知らせと遺産承継手続への協力要請をする。手続の概略は以下のとおりである。

① 相続人に対し次の要領による相続開始の通知文書の作成と送付
　ⅰ 相続開始の案内
　ⅱ 法定相続人及び遺産の範囲の開示
　ⅲ 遺産承継業務受任者として遺産の管理業務を行うこと。中立型調整役として遺産分割協議の合意成立支援業務を行うことの同意
　ⅳ 相続人として遺産分割方法の希望の確認アンケート
② 分割方法についてのアンケート及び同意書の回収
③ アンケートの回答に基づく遺産分割方法の調整と確定
④ 確定した遺産分割協議書の作成
⑤ 遺産分割協議書へ相続人全員の署名捺印

(3) 相続人への連絡方法

① 連絡方法の選択

依頼を受けた相続人妻W以外の相続人（以下，「相手方相続人」という）との連絡の方法としては，書面による通知，電話による説明，自宅を訪問するなどが考えられるが，電話や訪問は，相手方にとっては突然の出来事で，驚きと戸惑いで不信感を持たれることが多い。その

点，書面による通知の方法は，相手方相続人にとっては文書や資料をじっくり読み冷静に考え判断する時間的余裕があること，場合によっては専門家に相談しアドバイスを受けることもできる。したがって，最初は書面による通知が適していると考える。ここでは書面による連絡方法を採用することにする。

② 通知文書の作成要領
　相手方相続人への最初の通知文書をどのような体裁にするか定型の様式があるわけではないので，事案に応じて工夫して作成することになる。相続開始の事実を全く知らない者もいれば，自ら相続人であることを承知していて，連絡を待ち構えている相続人がいるかもしれない。それぞれ相続人の立場，家族構成，経済的事情は様々であるが，通知する側としては次のような基本姿勢が求められると考える。
　　ⅰ　すべての相続人に公平な情報開示を心がける
　　ⅱ　相続及び遺産分割に関する法的説明と手続手順の丁寧な説明
　　ⅲ　相手方相続人の権利義務の内容と選択の自由の確保
　　ⅳ　以上について中立公正な立場での業務姿勢
　いずれにしても，通知による方法は，相手方相続人との最初の接触であるため，文書の内容から受ける印象が今後の信頼関係の構築を左右することもあるので，通知文書の内容と関係資料は，相手方に理解され，信頼関係が得られるように工夫して作成することが肝要である。

2　通知文書の作成と送付
(1) はじめに
　本件事案において，相続人妻Ｗの話では，被相続人（夫）の兄弟姉妹とは，若い頃何度か会ったことはあるが，最近はほとんど交流がない。夫の葬儀の際にも兄の二男Ｂは出席してくれたが，長女Ｃと二女Ｄは，香典を送ってきただけで葬儀には出席してもらえなかった。亡くなった長男Ａの二人の子（A1，A2）は，どこに住んでいるかも知らないような関係であるとのことであった。おそらくA1（甥），A2（姪）は，自分の叔父が亡くなったことにより相続が開始したことを知らず，

自分が相続人であることを認識していない可能性もある。そのような甥，姪の立場からすると，突然，遺産相続開始の通知が来て，手続の協力要請があり，どのような分割方法を希望するかと問われても困惑するばかりであろう。したがって，通知文書は，資料を分かりやすくまとめ，相手の立場に立って丁寧に説明するように努め不信感を抱かれないように十分配慮すべきである。

(2) 依頼者との確認

相手方相続人へ発送する書面や資料については，あらかじめ依頼者妻Wに説明し承認を得てから発送した方がよい。そうしないと，事実と違う内容が書かれていたり，妻Wの意図しない書面が送付された場合，妻Wとの信頼関係が壊れることにもなりかねないからである。また，書面を受領した相続人が妻Wと直接連絡を取ることも想定されるので，妻Wの承認は欠かせない手続である。ただし，妻Wの承認は妻Wの立場を代弁することを意味するものではなく，中立性を維持しながら妻Wとの信頼関係も保持していくためのものであることを忘れてはならない。以下，本件事案での通知文書（資料⑤）をもとに注意点を解説したい。

(3) 「ご案内」通知文書について（資料⑤）

文書のタイトルは，「ご案内」でも，「ご通知」でも，「お知らせ」でも構わないが，内容は，専門用語を駆使した固い法律文書とならないように注意する。表現はできるだけ平易に丁寧で，かつ必要事項は漏らさず，協力をお願いするという真摯な姿勢がうかがえる書面とすることが肝要である。本件事例では，文書の流れは以下のとおりとした。

① 時候の挨拶と自己紹介
② 被相続人の死亡（相続の開始）事実，依頼者との関係，関与のいきさつ，ご案内の趣旨
③ 法定相続人と法定相続分の明示……「相続関係説明図」（資料①）参照

④ 遺産内容の開示……「遺産目録」(資料④) 参照
⑤ 法定相続分による具体的相続分の概算の開示……「遺産目録」(資料④) 参照
⑥ 受託者としての法的立場……任意相続財産管理人就任及び中立型調整役の業務姿勢と執務要件についての説明と同意のお願い
⑦ 妻（W）の分割希望についての説明
⑧ 遺産分割方法について，分割希望（アンケート）の回答と管理人及び調整役就任の同意書，業務委託契約の締結，本人確認書類の同封，回答書面の返送
⑨ 手続の流れと協力のお願い

　なお，遺産分割手続に直接関係のないことであるが，夫婦の生活状況や，病気の経過，死因，葬儀の執り行い状況，遺された家族の今後，墓地の所在，ついでの際の墓参りのお願いなど被相続人にまつわる生活環境などを記載することにより，相続手続において，親近感や協力感情が生じることを期待することもできる。また，受託者としては相手方相続人とは最初の接触となるので，名刺や事務所のパンフレットを同封したり，案内文書に事務所のホームページのURLを記載しておき，ネット検索ができるように配慮しておくことで，安心感を与えることにもつながるかもしれない。

(4) 同封する付属書面について
　「ご案内」文書の記載内容を理解していただくための資料として，又は，記載した数値を証明するための資料として，以下の書面を同封する。

① 「相続関係説明図」(資料①) ……相続人の個人情報に配慮して住所・生年月日の記載のないものとする。

② 「遺産目録」(資料④) 及び関係資料……遺産目録と共に目録記載事項の裏付けとなる資料として登記情報，固定資産税評価証明書，預貯金・株式の残高証明書，通帳写しなどを添付する。

③ 「**遺産分割協議書（案）**」（資料⑦）……この遺産分割協議書（案）は，依頼者である妻Ｗの意向を反映した内容となっている。妻Ｗの希望する分割案を最初から提示することについては異論のあるところかもしれない。分割案を提示することにより，相手方相続人に対して妻Ｗの希望を押し付けているような印象を与えることになるかもしれないからである。しかし，一方で本件のような事例では，相続分４分の３を有する妻Ｗがこの遺産分割方法についてどのような考えを持っているかを知りたいという相続人もいるのではないかと思うし，遺産分割協議書の文案をイメージしてもらうことも意義があると考える。全く白紙状態で，ご案内文書や関係資料だけでアンケートの回答を求めた場合，事情の分からない相続人から非現実的な回答（不動産はすべて売却して金銭で分割するなど）が出され，かえって混乱するかもしれない。ただし，送るにしても，本書面は，あくまでも妻Ｗの希望する案であって，これに拘束されることなく判断してくださいという文言は必ず記載しておくべきである。いずれにしても，遺産分割協議書（案）を同封するかどうかは事案によって判断すべきと考える。

④ 「**遺産相続に関する回答書**」（資料⑥）……「ご案内」文書を読んで頂いたうえで，相続財産管理人と調整役の就任についての同意・不同意及び分割方法の希望をアンケート方式で確認するための書面として本書面を送る。不同意の場合はその理由を記載してもらうことで，同意へ向けての対応が可能かどうかなどの判断ができる。また，遺産分割の方法についての意思確認として，法定相続分割合，遺産の占有管理者（本件の場合，妻Ｗ）提案の分割方法，相続分の譲渡（譲渡する相手方），相続分の放棄（相続しない），その他の意見の項目に分けて意向を確認する。本書は，調整役として今後の業務が継続できるか否かの重要な書面なので，回答期限を設けるとともに署名と実印（印鑑証明書添付）の捺印を求めることとした。また，連絡先電話番号を記載していただくことも大事な点である。回答内容が不明な場合は，再度確認するため，また，不同意の場合，その理由

を確認し，誤解がある場合はそれを解消するため，口頭で説明するのにも電話番号は必要となるからである。文書では理解できない疑念が，言葉による丁寧な説明で解消できるということは，よくあることである。

⑤　「業務委託契約書」（資料②）……前項の回答により，管理人及び調整役就任の同意が得られた場合，業務委託契約書の調印を依頼する。

⑥　「回答用の返信用封筒」……回答用紙の返信を相手方の負担でお願いするのは配慮に欠けると考えるので，必ず返信用封筒に返送先を印字し必要な切手を貼付し同封しておく。また返送の際には本人確認書類（免許証写等）も同封していただく旨を伝えておく。

⑦　遺産承継業務受託者の人物情報を知らせる手段として，名刺や事務所のパンフレット等を同封する。

3　相手方相続人への対応について

(1) はじめに

相続人の住所・氏名・年齢等は，戸籍等で確認できるが，各相続人の生活環境や家庭の事情が分からない場合が多い。何度ご案内文書を送っても回答がない場合や，宛先人が不明で戻ってきた場合の対応をどうすべきかを検討したい。

(2) 相続人が意思無能力者の疑いがある場合

①　ご案内通知文書を出したら相手方家族から本人は高齢で施設に入所している旨を告げられることがある。その場合の意思能力をどのように評価するかは悩ましい問題である。近くであれば家族と共に面談することもできる場合があるが，遠方の場合どうするかが問題となる。また，面談できたとしても能力の判定が困難な場合があることは，不動産登記の場合と同様である。意思能力に問題があると

判断される場合，相手方に成年後見人の選任をお願いすることになるが，この遺産分割協議のためだけに後見人の選任をお願いすることは，相手方にとっては大きな負担となる。相手方に応じてもらえない場合，家庭裁判所へ遺産分割調停（審判）の申立てを行い，当該相続人には調停手続の中で後見人選任を要請することにより解決できないかを検討する。あるいは，特別代理人の選任（家事法19条）や相続人間の遺産分割合意の相当性，当該相続人の権利確保など，調停手続の経過を総合的に判断し，調停に代わる審判（家事法284条）がなされる可能性について検討することなどが考えられる。いずれにしても，代理人を依頼する弁護士との協議が必要であろう。

② 遺産分割調停で解決を図る場合，相続人全員が当事者とならなければならないので，他の相続人に調停のための協力も得なければならない。したがって，既に遺産分割協議書に署名押印を頂いた相続人がいても遺産分割調停の当事者として参加してもらわなくてはならない。ただし，何ら取得を希望しない相続人がいる場合は，相続分の譲渡や相続分の放棄を活用することにより，申立後に家庭裁判所の排除決定により参加を免れることもできる。また，遠隔地に居住している事由などで出頭が困難な場合，電話会議やテレビ会議システムにより調停に参加することができる（家事法258条1項による54条準用）。さらに，家事事件手続法270条による受諾書面の活用により調停を成立させることもできる。遺産分割調停の場合，遺産分割の成立は，家庭裁判所の調停又は審判により確定することになるので，相続人間で進めてきた遺産分割協議の内容どおりになるとは限らない。また，遺産分割調停（審判）による場合，成立した調停調書は執行力のある調停条項となるため，相続人は独自に遺産の取得を実現できる。したがって，その後遺産承継業務の受託者が関与する余地はなくなる可能性もある。いずれにしても，事前に依頼者と協議し，相続人の同意を得たうえで代理人弁護士を選任し解決を図ることになる。

(3) 利益相反となる相続人がいる場合

親権者と未成年者が共同相続人となる場合（民826条）や，後見人と被後見人とが共同相続人となる場合で後見監督人が付されていない場合（民860条）など，遺産分割協議が利益相反行為となる場合は家庭裁判所による特別代理人の選任が必要である。相手方相続人の事情とはいえ，遺産分割を円満に，かつ早期に解決したいという依頼者側の都合もあるので，その費用については依頼者が負担するという方が理解を得られやすいかもしれない。また，全相続人の同意を得て遺産分割に関する経費として精算してもよい。

(4) 行方不明者がいる場合

ご案内文書を発送したら名宛人不明で戻ってきた場合や，住民票の住所が消除されている場合など相続人が行方不明の場合，相続人妻Wは利害関係人となるので，自ら家庭裁判所へ不在者財産管理人選任の申立てができる。不在者の財産管理人が選任されると不在者財産管理人は，家庭裁判所の許可を得て遺産分割協議を成立することになる。

(5) 送達はできているが何ら回答のない相続人がいる場合

ご案内文書を郵送したところ，返送されないため，おそらく到達しているはずであるが，相手方から何も回答がない場合がある。回答のない理由としては，
　i　ご案内文書の趣旨がよく理解できず関心もないので，ほったらかしにしている。
　ii　被相続人やその家族に反感を抱いており協力したくないと思っている。
　iii　詐欺まがいの書面ではないかと警戒している。
　iv　文書と資料をもとに時間をかけて知人や専門家に相談している。
などが考えられる。

対応の仕方としてはケースバイケースであるが，相手方の住所が近くであれば自宅を訪ねて直接話をすることも有効的である。ただし，当初は相手方の電話番号が分からないので，事前に連絡がとれないため，突

然の訪問に門前払いされることもあるが，粘り強く誠実に対応すれば，相手方にとって不利益となることではないので，最終的には事情を理解していただき協力が得られることが多い。

どうしても協力が得られない場合は，家庭裁判所へ遺産分割調停又は親族間の紛争事件として申立てを行い，調停での話し合いにより解決できる場合もある。この場合代理人となる弁護士と協議することになる。

4 アンケート文書の回答結果

本件事案の場合，アンケートの回収結果は次のとおりとなった。

番号	相続人	管理人，調整役就任の同意	遺産分割の希望
1	W	同意する	法定相続分で分割するが，自宅と，できればアパートも自分が取得したい。
2	A1	同意する	法定相続分で分割を希望，アパートはWが取得しても売却してもどちらでもよい。
3	A2	同意する	同　上
4	B	同意する	法定相続分で分割を希望，アパートは売却して金銭で分割したい。アパートを取得して債務を遺産で支払うのはおかしい。
5	C	同意する	私の相続分は，妹Dに譲渡します。
6	D	同意する	法定相続分で分割を希望，アパートは売却して金銭で分割したい。

受託者が管理人及び調整役に就任することについて全員の同意が得られた。また，CはDへ相続分の譲渡をする意思表示があった。分割方法の希望について，全員法定相続分による分割を希望する。アパートの現物取得を希望するWに対し，A1，A2はどちらでもよいとの回答であったが，BとDは換価分割を希望した。

5 分割案の調整

受託者が管理人及び調整役に就任することの同意は全員から得られたので，業務は遂行できることとなった。分割の方法について，Cは妹Dに

相続分の譲渡をすると意思表示した。他は全員法定相続分による分割を希望した。分割内容については，自宅を妻Ｗが取得することには全員同意したが，アパートについては，妻Ｗが取得するか，売却して金銭で分割するかで意見が分かれた。そこで，妻Ｗとの協議の結果，Ｂ，Ｄの意見を尊重し，売却して金銭で分割（換価分割）することで方針を決定し，他の相続人には文書で調整内容を通知するとともに，念のため電話で再度確認を取り確定した。

6　遺産分割協議書（資料⑧）の作成

相続人から分割希望の回答がなされたら分割方法の調整を行う。回答の内容いかんによっては，再度調整後の分割案を提案し意見を求め調整を図る必要もあるが，本件の場合，アパートの処理を巡って一部意見の相違があったが，妻Ｗとの協議の結果，アパートは換価分割することで合意が得られる見通しが立ったので，遺産分割協議書の文案を修正し次の要領で作成した。

(1) 遺産分割協議書の記載内容

i　被相続人の表示
ii　法定相続人の表示と確認
iii　遺産目録の表示……又は「別紙遺産目録」を活用する表示方法もある
iv　遺産分割の方法……不動産の分割方法（自宅の現物分割，アパートの換価分割），預貯金，株式の換価と管理口座への金銭の集約，予想される諸経費，各相続人の相続分割合……相続分の譲渡についても記載しておく
v　管理口座の表示……金融機関と協議のうえ，あらかじめ管理口座を開設しておく
vi　遺産分割業務受託者の表示と業務内容の記載
vii　その他の事項
　ア　後日発見された遺産の取得者，債務の負担者

> イ　特別受益，寄与分の主張をしない旨の条項
> ウ　清算条項
> エ　関係書類の保管者
> オ　協議書に記載のない事項について信義誠実に協議し解決する条項

(2) 遺産分割協議書の特徴

　遺産分割協議書は，相続人全員で合意した遺産分割協議の内容を正確に文書化した書面である。遺産分割協議書作成の目的は，相続人間の合意内容を記録し，後日の紛争防止のための証拠書類として保管するという側面だけではなく，相続手続のために諸官庁や金融機関等に提出する書面であるため，内容が不明瞭であったり，解釈が分かれるような内容であってはならない。

　本件事案のように，遺産の総額に対し各相続人が相続分割合に応じて遺産を取得する分割方法の場合，遺産分割協議書をどのように作成すべきかについて，適切な解説書が見当たらないのが現状である。したがって，この遺産分割協議書のスタイルは，筆者が実務経験をもとに考案したオリジナル様式であるため特異に感じることがあるかもしれないが，合意の内容と分割手続及び手続実行者をより具体的に表現したつもりである。

　特に，遺産分割業務の実行者をここに記載することには抵抗を感じるかもしれないが，合意した遺産分割方法を誰がどのように実行するかの合意が明瞭となるので，分割業務において，さらに委任状等は不要となる。また，専用の管理口座を設けることで，管理がしやすくなり，関係者に安心感を与える効果もあると考える。一つの参考書式として理解していただきたい。

　本件遺産分割協議書には，次のような特徴がある。

① 被相続人の表示

　被相続人の表示として，氏名，生年月日，相続開始日（死亡日），本籍，最後の住所を記載した。また，数次相続となる場合は，相続開始

後，被相続人の相続人が死亡したため数次相続が発生したことを明確にするために，数次被相続人についても同様の記載をする。

② 相続人の確認について

　法定相続人の表示は，必ずしも遺産分割協議書の記載要件ではないが，法定相続人を特定したうえで，相続の放棄や相続分の譲渡があった場合，その旨をここに記載し，最終的な遺産分割協議の当事者となる者を特定し相互に確認しておくことは意義があるものと考える。また，数次相続が発生した場合は，その経緯を記載し，数次相続が開始したことを明確にしておく。

③ 遺産目録について

　遺産目録は，遺産を種類別に分け表示した。不動産が共有持分の場合，その持分を記載しておく。預貯金は，金融機関名，支店名，預貯金の種類，支店番号，口座番号を記載した。金額については，定期預金は額面額を記載したが，普通預金については，解約時に確定するため記載しなかった。株式は，取り扱い証券会社を表示したうえで，銘柄と株数を記載した。また，建物内の動産及びその他備品については金銭的な価値はほとんどないが，取得者を明確にするために記載した。債務は，遺産分割の対象にはならないが相続人間では有効とされるので記載した。

④ 遺産分割の方法について

　すべての遺産を相続分割合に応じて分割する場合，預貯金など個別の遺産ごとに相続分割合を計算してその都度分割処理するのは煩雑で間違いやすい。また，諸経費の支払も困難になる。このような場合，遺産をすべて換価し管理口座に集約したうえで遺産分割に係る諸経費を差し引き，分割可能財産額を確定してから相続分割合に応じて分割処理をする方が合理的である。以下，本件事案について遺産ごとの分割方法について解説する。

ア　不動産について，自宅は妻Wが今後も使用を継続するため現物分割により取得することになるが，自宅をいくらとして評価するか，評価額を確定し全員で合意しておかないと遺産全体に対する取得割合の計算ができない。ここでは，土地建物の相続税評価額合計2,000万円とすることの合意を求めた。また，相続登記にかかる費用は，妻Wの負担とすることを明記した。

イ　不動産のアパートは，換価分割するため，売却の方法を以下のとおり詳細に記載した。
　（ア）　不動産を売却するには，相続人名義に相続登記をしなければ売却できない。通常は，換価金を取得する相続人の相続分割合で共有登記をして売却する方法が一般的であるが，共有名義で登記をすると売主は共有者全員ということになる。そうすると，相続人が遠方にいる場合や高齢であるとか，仕事が多忙で売却手続に積極的に協力することができない共有者がいる場合などは，売却手続に手間がかかりお互いに負担となることがある。本件事案の場合，妻Wを代表相続人として相続登記を行い，妻Wが一人で売却処分することの同意を求めた。なお，代表相続人名義に登記して売却し，売買代金を相続人全員で分割しても贈与税の問題は生じない（渡邉正則『Q&A遺言・遺産分割の形態と課税関係』（大蔵財務協会，2018年）231頁）。

　（イ）　妻Wが代表して売却するといっても，実際には不動産業者に依頼して処分することになる。その際，買主，売買代金，売買の時期など契約内容について，その都度他の相続人に同意を得て進めるのでは処分が円滑に進まないこともある。そこで，換価処分を円滑に進めるために，妻Wに一任して後日異議を述べない旨の一言を入れることがある。しかし反面，これでは妻Wの独断専行に他の相続人は何も言えないではないかという懸念もあるので，他の例として，最低

売却価格と売却時期を決め，契約締結の際は相続人全員の同意を得ることとすることもできる。いずれにしても，受託者としては，相続人間との情報伝達を密にして連絡調整を図り，後日紛争にならないように行動すべきである。

(ウ) 不動産を換価分割した場合，譲渡益に対し譲渡所得税が課税されることになる。代表相続人名義で登記し売却した場合，譲渡所得税は，形式的には妻Wに申告義務が発生することになる。しかし，実体的には，各相続人が相続分割合に応じて支払うべき税金であるため，各相続人の申告額を遺産の中から一括して支払い，最終的な分割金の中からそれぞれの相続人が支払う金額を差し引きする方法で精算すれば，結果的に原則通りの納税になるので問題ないと考える。また，不動産の売却に伴い各相続人には翌年の市県民税が増加したり，年金を受給している場合，翌年は減額される事もある。いずれにしても，事前に，税理士又は税務署に確認しておいた方がよいであろう。

ウ　株式等有価証券についても，取得費を超える金額で売却した場合，譲渡益に対し譲渡所得税が課税されることになる。分割に際しては，現物で取得するか，売却して金銭で分割するかの判断について，課税関係をも含めて証券会社と相談のうえ判断する必要がある。本件事案ではすべて売却することとした。

エ　不動産の換価代金から諸経費を差し引いた残代金や預貯金，株式，その他有価証券など換価できるものはすべて換金し，管理人名義の預金口座に入金したうえで，遺産分割に係る諸経費を差し引き，各相続人の相続分割合に応じて最終的な分割金を計算し分割すること，以上の手続を受託者に依頼することを明記した。業務委託契約については，既に相続人と合意していることであるが，対外的な書面として合意内容を協議書の中に明記して活用す

る方法を採用した。

　また，本来遺産分割の対象とはならない，相続債務や祭祀承継者も相続人間では有効なので，合意事項として記載した。

オ　「遺産から差し引かれる諸経費」については，具体的項目と概算の費用を記載しているが，遺産分割協議書作成の段階でここまで具体的には分からない場合もあるので，考えられる経費の項目だけでもよいであろう。また，本件では，不動産の換価処分に関しては，別途独立して諸経費を精算し，残代金を管理口座に入金して分割する方法を採用しているため，ここには記載していない。いずれにしても最終的な金額については相続人全員の同意を得ることになる。

カ　「分割割合」については，法定相続分割合をもとに計算している。相続人ＣはＤに相続分の譲渡をしているため，Ｄの相続分はＣの相続分との合計となる。このことを再確認するためここにも掲載した。なお，妻Ｗの相続分32分の24には不動産の取得分が含まれることを書き加えた。

⑤　管理口座の開設について

　本件事案のように遺産となる多額の金銭を集約して管理する場合，事件ごとに管理口座を開設する必要がある。管理口座の開設は，金融機関により対応が異なり，任意相続財産管理人としては開設できないとする金融機関もあれば，破産管財人に倣って本件事案のように口座開設を認めてくれる金融機関もある。なお，通常業務で使用する預り金口座は，遺産承継業務では使用すべきではない。遺産承継業務は，特定の被相続人に関する遺産の管理処分業務であるため，管理記録を明瞭にし分割手続終了時には残額０円となることを確認したうえで，業務終了後は口座を解約し閉鎖することになる。

⑥　遺産分割業務の実行者（業務受託者）
　遺産分割協議書は，分割協議の内容を正確に記載するもので，分割手続を誰が実行するかまで記載する必要はないかもしれない。別途委任状等で受託の事実を証明して預貯金の解約等の手続をすることはよく行われている方法であるが，ここではあえて，本遺産相続に関する諸手続を司法書士○○○○に委託する旨を記載した。そうすると，当事者，遺産の範囲，遺産分割の方法，分割手続実行者が一つの書面で明らかとなり，その後の手続が簡便となる。預貯金の解約手続等では遺産分割協議書だけで受託の事実が明らかになるので，相続人全員からの委任状等は不要となり，相続人の負担も軽くなる。ただし，不動産登記に関しては，取得者から個別に登記申請用の委任状を受領して申請する。委託する業務内容をどの範囲まで記載するかは事案に応じて検討することになる。

⑦　「その他の事項」について
　後日の紛争防止のため，あるいは確認事項，承諾事項をその他の事項として記載した。それぞれについて短くコメントする。

　ア　後日発見された遺産の取得者，債務の負担者
　　遺産分割協議書に記載のない遺産が後日発見された場合，遺産分割の手続を簡潔にするために設けた規定であるが，その遺産が相当価値のあるものである場合，特定の相続人がすべて取得することになるので，不公平が生じることになる。そこで，「後日発見された遺産は，本遺産分割協議で合意した分割割合をもって分割する」という決め方もある。
　　また，債務について，ここでは日常家事債務を想定しているが，「後日債務が発見された場合は，本遺産分割協議で合意した分割割合をもってそれぞれが負担する」と決めることもできる。

　イ　特別受益，寄与分の主張をしない旨の条項
　　特別受益や寄与分の主張は，遺産分割協議と一体不可分のもので

あるため，遺産分割協議が成立した後では原則的に主張し得ない事項である。ここでは，念のための確認事項という趣旨で記載している。

　ウ　清算条項
　いわゆる清算条項である。合意した遺産分割協議の内容以外に本遺産相続に関して相続人同士の貸し借りはないという確認条項で，後日の紛争防止のために必ず規定しておくべきである。

　エ　信義誠実条項
　遺産分割協議書に記載した事項以外の問題が発生した場合，信義誠実に問題解決にあたるという姿勢の一般的な確認事項である。

　オ　関係書類の保管者
　遺産分割手続では，戸籍・住民票等の個人情報記載の書面や金融機関からの証明書，通帳，伝票など多くの資料が残ることになる。これらの原本資料を誰が保管するかについてあらかじめ合意を得て決めておいた方がよい。通常は代表相続人が保管することになる。この条項を設けておけば受託者としても安心して書類の引渡しができることになる。

7　遺産分割協議書の署名捺印
　遺産分割協議書には相続人全員が署名捺印する必要があるので，それぞれ相続人へ協議書を送付する。その場合，アンケートの回答結果に基づき意見が相違する部分について調整した結果，協議内容をどのように変更したかを丁寧に説明したうえで，各相続人の署名捺印を要請する。また，相続分の譲渡希望者に対しては「相続分譲渡証明書」（資料⑩）を送付するが，譲受者に対しては，念のため譲受する意思があるかどうかを事前に確認しておいた方がよい。遺産分割協議書や相続分譲渡証明書には，住所・氏名を自署していただき実印の捺印と印鑑証明書の同封をお願いすることになる。この場合も返信用封筒を同封しておくことを忘れてはならない。

第5 遺産の整理・回収・管理

　遺産分割協議書の署名捺印が完了し分割方法が確定したら，協議内容に従って，不動産の登記及び売却，預貯金の解約，株式の名義変更・売却などの手続を進めることになる。本件の場合，自宅は妻Wが取得し，アパートは換価分割する。預貯金，株式はすべて解約又は換価し，いずれも管理口座に集約し，手続にかかる諸経費を差し引いて相続分割合により分割をすることになる。

1　金銭の管理方法

　本件のように遺産を相続分割合により分割する場合，最終的な分割金額は換価金額の確定，諸経費の確定ができるまでは決まらないので，専用の管理口座を設けそこに保管しておくと管理しやすく便利である。管理口座の開設は金融機関により対応が異なるが，できれば被相続人の遺産管理口座として開設してもらった方がよい。司法書士は，日常業務で預り金や保管金の管理のための預り金口座を開設していると思うが，遺産承継業務では遺産分割協議書に口座番号を記載することや，後日の資料作成のため，また，相続人に対する透明性の確保のためにも事件ごとに独立した口座で管理し，業務終了後は口座を解約し閉鎖する方法がよいであろう。口座名義人の表示としては，「被相続人H預り金口司法書士○○○○」などが用いられる。

2　不動産の分割

　不動産の遺産分割の方法としては，現物分割，代償分割，換価分割，共有分割の四つの方法が考えられるが，本件事案の場合，自宅について妻Wが現物分割により取得し，アパートについては換価分割による方法が合意された。

(1) 現物分割

　　自宅については妻W名義へ相続登記をすることになるが，その登記費用を遺産分割全体の諸経費とするか，妻Wの権利取得のための費用

として妻Wの負担とするかで処理方法が違ってくる。相手方相続人のことを配慮すると，取得者である妻Wの負担とする方が理解が得やすい。そのために遺産分割協議書にも登記費用の負担を妻Wと定めておいた方が明確となる。本件事案では，自宅は既に取得者妻Wが占有管理しているため，相続登記をして登記関係書類を妻Wに引き渡すことにより手続は終了する。

(2) 換価分割
① アパートを換価処分する場合，その前提として相続登記をしなければならないが，誰の名義で登記するか決めなければならないことは前述のとおりである。売却代金を相続人全員で分割取得するのであるから，相続人全員の共有名義で登記をして売却する方が正しい方法であるといえるが，相続人が多数の場合など共有者全員で意思統一して売却手続を進めることは相当に困難であることは，司法書士であれば想像がつくであろう。さらに本件のように，相続人同士の交流が疎遠な場合などは代表相続人を決め売却する方が手続が円滑に進むことになる。本件の場合，これまで管理者であった妻Wを代表相続人として登記して売却した。ただし，代表相続人名義で登記し売却した場合で譲渡所得税が発生した場合の納税処理の方法については，税理士と事前に協議しておく必要がある（本書176頁（ウ）参照）。

② 換価処分は，不動産仲介業者に委託して行うことになる。売却に際しては，土地の境界確定測量が必要であったり，建物を取り壊して更地で売却する場合もあるが，本件事案は，アパートを現状のままオーナーチェンジして売却する方法なので，比較的短期間で売却できることになった。もし，すぐに売却できず時間がかかる場合は，他の遺産とは切り離して分割処理することも検討すべきであろう。

第5章　遺産承継業務（各論）

3　預貯金，株式等の解約現金化
(1) 金融機関での預貯金の解約
① 預貯金の解約手続は，金融機関により若干方法は異なるが，基本的には，相続人が確定され，当該預貯金が遺産として特定され，遺産分割により取得者が確定し，取得者からの委託の事実が証明できれば，司法書士が代理人として手続のすべてをすることができる。本件事案では，法定相続人の特定（法定相続証明情報の活用），遺産分割協議書及び相続分譲渡証明書により，相続人から業務委託されたことを証明できるので，受託者である司法書士が代理人として手続できる。一般的には「相続開始届」に相続人代理人，又は，相続財産管理人等として署名押印することで足りる。解約手続には，相続証明書一式の他に代理人の実印，印鑑証明書，本人確認資料などが必要である。解約金は，管理口座に振り込む方法により管理する。

② 郵便局や都市銀行に限らず地方銀行や信用金庫なども「相続センター」を設置し相続業務を集中化していることが多い。解約手続は，遺産となる口座を開設した支店でなくてもどの支店からでも可能だが，例外もある。最近では，テレビ電話方式を採用している金融機関もある。また，信用金庫の出資金については，定款上，出資者の死亡は，法定脱退事由となるため，出資金の払戻し手続をすることになる。ただし払戻請求をしても，当該事業年度の終了後でなければ払戻しがなされないため，すぐには現金化できないこともある。この場合は，遺産分割の段階で，商品名と金額を確定し特定の相続人が出資金額で取得することを遺産分割協議書に明記し，分割手続を進めることもできる。受託者としては，払戻金を取得相続人の口座に入金方法で出資金の払戻し手続を行い，分割手続を進めることができる。

(2) 株式の名義変更・売却
株式の相続手続は，被相続人名義の株式を特定の相続人が名義変更により取得するか，名義変更した後に売却して金銭で分割する方法のいず

れかの手続となる。前者の場合は取得価額を決めておかなければ遺産に占める取得割合が計算できない。価額は，上場株式の場合，原則として分割時の終値で決め，非上場会社の場合は，算定方法がいくつかあるので税理士と相談して決めるとよい。ただし，売却するにしても相続人名義に移管手続をしてからでなければ売却できない。本件の場合，一旦代表相続人Wの名義とし，その後売却している。証券会社によっては，遺産管理人である受託者名義に移管手続をとり売却することも可能な場合もあるので，事前に証券会社と協議しておくとよい。売却金は，管理口座に入金する。なお，譲渡金額が取得価額を上回る場合は，譲渡益に対し譲渡所得税が課税されることになるので注意が必要である。この場合，売却の都度源泉徴収される特定口座を設けたうえで売却した場合は，確定申告を不要とすることもできるが，そうでない場合は，別途確定申告が必要となるので，手続開始の段階で証券会社と協議し簡便な方法を選択しておくべきである。

4 税務申告手続の開始

遺産承継業務においては，各種税務申告の問題が発生する。本件においては，被相続人の準確定申告から相続税の申告，不動産や有価証券を換価処分した場合の譲渡所得税の問題があるので，税理士との提携は必須である。

(1) 相続税

遺産の総額が遺産に係る基礎控除額を超過する場合は相続税が課税され，相続開始を知った日の翌日から10か月以内に申告しなければならない（相続税法27条1項）。ただし，配偶者の税額軽減や小規模宅地等の課税価格の減額の特例が適用される場合は課税されないこともあるが，その場合も申告は必要となるので事前に税理士と協議しておくこと。課税される場合は，支払原資や申告時期も視野に入れておかなければならない。本件の場合，相続人6人，基礎控除3,000万円＋（6人×600万円）＝6,600万円が基礎控除となるが，特例の適用があるかどうかなど検討する必要がある。そして，最終的な遺産の分配額を計算するため

に，各相続人の納税額が確定したら税理士報酬とともに諸経費として計上する。納税の方法や納付時期について，預貯金等の解約金で納税する場合は，納税時期までに解約して現金化をしておかなければならない。納税資金が確保できたら期限内に納付する。本件の場合，妻Wは配偶者の税額軽減の適用があるため相続税は課税されないが，他の相続人は，取得額に応じた相続税が課税されることになる。なお，相続税申告のための遺産の評価と遺産分割のための遺産の評価を，どのように調整するかについて課題がある。

本件事案の処理においては，相続税額の計算根拠は示しておらず，ここでの計算は，妻Wは，配偶者の税額軽減の適用を受けるため納税額はゼロ円となり，他の相続人は，仮定値として計上しているだけである。

(2) 準確定申告

被相続人が給与所得者で年末調整を行う場合，準確定申告は必要ないが，それ以外の場合年初から死亡までの間の所得税の準確定申告を相続の開始があったことを知った日の翌日から4か月以内にしなければならない（所得税法124条1項，125条1項）。所得が低く納税が必要ない場合でも還付金などが発生していることもあるので，税理士と相談しておく必要がある。本件の場合，被相続人には年金の他に不動産の賃料収入があるため申告は必要である。

(3) 譲渡所得税

アパートや株式等有価証券の売却に伴う譲渡益に対する譲渡所得税は翌年の確定申告となる。換価分割の場合，譲渡所得税は各相続人の取得割合により課税され納付することになるが，本件の場合，妻W名義で登記（株式は移管）するため，税務署では換価分割かどうかは分からない。確定申告自体は，相続人ごとに行う必要があるが，納税は，遺産管理口座から支払い，後で精算することもできる。いずれにしても納税の原資は，遺産の中から遺産分割の諸経費として支払う方が相続人の理解が得やすいので，税理士報酬と共に納税時まで確保しておくことになる。

5 「具体的相続分」の確定

(1) 遺産総額の確定

① 被相続人の遺産総額を確定しないと各相続人の具体的相続分を計算することができない。特に不動産を現物取得した場合や代償分割をする場合は，不動産の価額を決めなければ総額が定まらない。不動産の価額は，時価が原則とされるが，時価の正確な把握は困難な場合があるので，相続税評価額（路線価），公示価格などを使用することがある。本件の場合，相続税の申告があるため，自宅は「相続税評価額金2,000万円」と評価して計算している。いずれにしても相続人全員の合意が必要とされる確定方法である。

② 特別受益，寄与分の合意がなされた場合，その額を価額計算することにより「みなし相続財産」が確定されるが，本件の場合はいずれも主張されていない。

(2) 遺産分割にかかる諸経費

① 公租公課としては，相続税，準確定申告による所得税，譲渡所得税，固定資産税，印紙税等がある。相続登記のための登録免許税は，現物取得する場合は取得者が負担するとした方が公平であろう。

② 立替金としては，入院費や光熱費，税金など生前近親者が立替えた金銭等が考えられる。

③ 葬儀費用や祭祀承継等の費用については，それぞれ主宰者が負担するのが法律的な原則であるが，相続人全員の合意により遺産分割の経費として扱うことができる。本件事案の場合，葬儀の主宰者及び祭祀承継者は妻Wであるが，相続税の申告に倣い葬儀費用だけは遺産分割の諸経費として計上し同意を得ている。

④ 司法書士報酬，税理士報酬については，あらかじめ算出し見積書を提出しておく。

⑤ 本件の場合，アパートの売却にかかる諸経費は，別途独立して計算し，分割金として金2,100万円を計上している。

第5章　遺産承継業務（各論）

(3) 分割可能財産額の確定
　最終的に各相続人が取得する遺産の総額を「分割可能財産額」として確定する必要がある。分割可能財産額は，遺産の総額－諸経費の合計＝分割可能財産額となる。本件事案では，7,097万6千円である。

(4) 具体的相続分の確定
　分割可能財産額に各相続人の相続分割合を乗じた額が具体的相続額となる。なお，妻W以外の相続人は相続税額を控除している。

　以上の計算をもとに「遺産分割計算書」（資料⑪）を作成する。

第6　分割手続

　分割可能な遺産の額が確定すると「遺産分割計算書」として整理する。そして，遺産承継業務の最終的な分割金の支払となるため，各相続人に具体的分割金額を確認していただき，全員の承諾を得てから各相続人の指定口座に分割金の振込みをする。ここで重要なことは，管理者として最後の遺産の処分行為であるため相続人全員の承諾を得てから分割金を支払うということである。承諾の得られた相続人から順次支払うと，途中で反対意見が出された場合，既に支払った支払金を修正しなければならないことがあり，大変面倒なことになるからである。手続は以下のとおり進める。

1　報告書及び遺産分割計算書の送付
(1) 遺産分割計算書に不動産の売却関係書類，預貯金の解約計算書，株式の解約書等換価処分の関係資料の写しを添付し「相続財産管理報告書」を作成する。遺産分割のためにこれまで行った業務の経過報告をするとともに，遺産分割計算書の計算根拠を証明することにより公正な手続で計算されたものであることを示す。また，「報告書」（資料⑫）には解約手続の計算方法や諸経費の説明など，相続人に分かりやすい内容で計算書の作成根拠を説明し理解していただく。遺産の金額や内容によっては資料が大量となることもあるが，遺産承継業務の成果品

として業務内容を正確に理解していただくとともに，公正な手続で行われ，適正に情報開示をするという意義もあるので，丁寧な資料作りは欠かせない業務である。なお，本件事案のような場合，依頼者であり，相続人代表者でもある妻Ｗに対しては，事前に送付する報告書の内容を説明し，承諾を得ておくことも後日の紛争予防の観点から必要であろう。

(2) 成果品としての報告書と一緒に，遺産分割計算書の内容について，承諾の可否と承諾が得られた場合の振込先指定のための「承諾書及び振込依頼書」(資料⑬)を同封し，回答を求める。承諾書には当該相続人が取得する金額を記載しておき，自らが取得する金額を確認してもらい齟齬がないようにする。また，全員の承諾があるまでは分割(支払)はしないことも明記する。送付後の質問・意見には丁寧に回答することを心がけること。さらに回答用の返信封筒を同封することも忘れてはならない。一部の相続人から回答がない場合は，再度催促の文書を送付するか，電話連絡により対応する。

2　分割金の支払

(1) 相続人全員の承諾が得られたら，各相続人が指定する口座に分割金を支払うことになる。支払方法は，確実で証拠が残る口座振込みを原則とする。振込伝票が残るので，あえて領収書は求めなくてもよいと考える。ただし，振込口座は本人名義に限ること。相続人の中には，家族からの連絡で相続人以外の口座振込みを要請されることがあるが，紛争に巻き込まれる可能性もあるので丁重に拒否する。また，振込手数料は，取得金額から差し引くことを振込依頼書の中に記載して承諾を得ておく。

(2) 振込みに際しては，事前に金融機関の伝票に必要事項を記載しておくと円滑にできる。また，全部振込みが完了したら口座の残高が０円となることを金融機関の窓口で確認しておくことで再チェックできる。分割金の支払は，遺産承継業務の最終場面で最も重要な手続であ

り,やり直しができないので十分注意が必要である。なお,通常受託者の報酬はこの時点で受領することになる。分割手続が完了したら管理口座を解約し口座を閉鎖する。細かい話ではあるが,口座を解約すると,それまでの利息が数円発生し残高が0円とならない場合があるので,その利息も含めて清算しておく必要がある。

3　手続完了の報告とお礼

振込手続が完了したら,各相続人へ振込伝票の写し及び管理口座の写しを同封して手続完了の通知をするとともに,指定口座に振込みがなされたかどうかの確認を求める。また,これまでの手続への協力と報酬の支払のお礼を含めて最終報告をする。

4　関係書類の引渡し

遺産承継業務では,相続人の確定から分割金の支払まで様々な文書が発生する。文書の中には個人情報に関する書面もあるため,これらの文書を誰が保管するかは重要なことである。また,管理者は個人情報管理者となるので,保管者としての意識も持たなければならない。本件の場合,遺産分割協議の中で手続完了後の関係書類の保管者を妻Wと定め他の相続人の同意を得ている。受託者の最後の業務として妻Wに関係資料の引渡しを行い,管理者の保管責任と情報管理をお願いし遺産承継業務が終了することになる。

第7　報酬について

中立型調整役による遺産承継業務の報酬をどのように計算するかについては特に基準があるわけではないので,各自適正な基準を設けて報酬計算をすればよいと考える。実務の経験から,遺産承継業務は,最初の管理・調査業務から遺産分割協議成立業務,遺産回収・分割業務の終了まで早くても半年,遺産の総額や相続人の人数によっては1年近くかかることもある。その間,様々な文書の作成や事務連絡,関係機関への照会や訪問,資料の整理と取りまとめなど多種多様な事務作業が必要となる。したがっ

て，報酬の計算にあたっては，書類の作成枚数や日当及び出張回数などで計算することは困難である。そこで，現実的には請負契約類似の要領で計算する方法が合理的であろう。報酬計算の参照モデルとしては，既に規則が撤廃されているが，下記の「旧弁護士報酬等基準額」のうち「遺言執行」の基本報酬などが参考になるのではないかと考える。これらの報酬基準を参考に事務所独自の報酬基準を設けておく必要がある。遺産承継業務の類型は多種多様であるため，概括的な基準を設けておき，個別的には事件の難易度を考慮して加算又は，減額することになる。報酬額の提示は，調査業務の終了段階で概算の見積額を提示し事前に相続人の了解を得ておくことが後日の紛争防止のために必要である。

遺言執行	経済的な利益の額が 300 万円以下の場合	30 万円
	300 万円を超え 3,000 万円以下の場合	2% ＋ 24 万円
	3,000 万円を超え 3 億円以下の場合	1% ＋ 54 万円
	3 億円を超える場合	0.5% ＋ 204 万円

第8 本件遺産承継業務の評価と課題

　本書では，子供のいない高齢の夫婦の配偶者が亡くなり，遺言を作成していないため，被相続人の兄弟姉妹（又は，甥姪）と残された配偶者との間で遺産分割協議により相続手続をするという事案を典型的事例として取り上げ検討してきたが，最終的な分割手続の結果を評価すると，いくつかの検討課題があることが発見される。以下，検討課題について考察してみたい。

1　相続税評価と分割時評価の問題
（1）不動産の評価
　本件事案のように相続税が課税される場合は，相続税申告のための相続財産の評価をする必要がある。この評価方法は，通常は国税庁の「財産評価基本通達」により，不動産の場合は，路線価額又は評価倍率により算出されることになる。
　一方，遺産分割における不動産の価額は時価とされている。不動産の

時価を調べる場合，通常は，不動産業者の査定や近隣類似の売買事例などを参考に決めることが多い。したがって，不動産の価額が二重基準となるということである。遺産分割に際し，不動産を現物分割や代償分割で取得した場合の不動産価額に関して，両者に相当な差があった場合，価額をどのように確定するかについて相続税の納税額との関係もあるので，悩むことになる。そこで，不動産の分割時の価額と相続税評価額とを同一と評価して分割することが考えられる（本件事案においても相続税評価額を分割時の価額として処理している）。ただし，不動産の相続税評価額の算定には様々な修正要素が加えられている。例えば，土地の形状についての不整形地の様々な補正が加えられるが，これは良いとしても，小規模宅地の特例の適用を受けている場合など住宅政策として負担軽減措置を受けている場合は，適用前の価額を採用すべきであろう。要するに，相続税評価額が時価として認定でき得るかどうかの再評価が必要とされるということである。最終的には，相続人全員の同意を得なければならない事項であるが，二重基準となる理由を理解したうえで対応しなければならない。

(2) その他の遺産の評価

　株式の場合，相続税評価額は相続開始時の評価額となり，分割時の評価額との間に差異が生じることは不動産と同様である。株式を売却して分割する場合は，売却代金を分割することになるが，売却せずに名義変更による取得をする場合，その株式の評価額をどの時点での評価とするかを決める必要がある。また預貯金の場合，相続税申告基準日の残高と分割時点の残高が異なる場合，その変動事由が特定の相続人のためのものなのか相続人全員に関わるものなのかにより分割の処理方法が違ってくるので，注意が必要である。

(3) 相続税と遺産分割

　遺産承継業務において相続税の支払いは，遺産分割とは切り離し，各相続人が責任をもって期限内に支払いすることを要請する方法も考えられるが，遺産分割による分割金の支払いが後になる場合は，相続人固有

の財産から支払わなければならないので，反対される可能性が高い。そこで，本件事案のように遺産の中から支払う方法であれば理解が得やすいと考える。そのためには，早めに金融資産を現金化しておく必要がある。

本件事案においては，不動産の売却による譲渡所得税は，売却における経費の一つとして処理しているが，相続税は，申告期限があるので，一旦遺産の中から立替える方法で各相続人毎に申告し，最終的な分割金の中から立替金として差引き計算をしている。

相続税の申告が必要な場合の遺産分割は，相続税算出のための遺産評価と遺産分割のための遺産評価の二重基準による処理が必要となることは前述のとおりであるが，遺産分割は，あくまでも分割時に現実に存在する遺産を分割するものであり，相続税の評価は，相続税額を算出するための評価基準であることを認識したうえで，二重基準の意義を理解しておく必要がある。

2 現物分割か換価分割かの問題

本件事案では，アパートの相続について，当初は妻Wが現物取得を希望したが，他の相続人から異論が出て，調整の結果，換価分割による方法を採用することになった。しかし，果たして換価分割の採用が共同相続人にとって有益な結果となったかどうかを検証する必要がある。

一般的に妻Wが相続税価格で取得するより，それより高額で売却できれば他の相続人の分割金が増加するという印象があるかもしれない。しかし，少々高く売却できても仲介手数料や測量費等の諸経費の他に譲渡所得税がかかる場合もあり，最終的な分割金が常に有利であるとは限らないのである。中立型調整役としては，相続人の主張に対しては，どの分割方法が全員にとって有利であるかを冷静に判断したうえで検討し，場合によっては，妻Wが現物取得する方が他の相続人にとっては金銭的に有利となる可能性があることを提案し再検討を促すことも必要であろう。本件事案においては，アパートの相続税評価額は2,600万円で，売買価格が3,000万円なので，他の相続人にとっては換価分割の方が有利に思えるが，諸経費や譲渡所得税がかかるので，実質的な分割金は2,100万円となる。した

がって，結果的に換価分割より妻Wが現物分割で取得する方が他の相続人にとっては有利となり，妻Wの希望もかなえられた事案である。

第9 さいごに

1 基本方針

中立型調整役による遺産承継業務の中で最も重要な業務は，遺産分割協議の合意成立業務である。調整役業務を初めて経験する司法書士は，果たして円満に合意形成ができるであろうか不安になるのではないだろうか。果たして，各相続人からの様々な意見，主張を上手く取りまとめ（調整）できるであろうかと心配するのではないかと考える。しかし，筆者がこれまで経験した事案を振り返ると，相続人間の主張が対立し，紛争化したため調整役を辞任せざるを得なかった事例は一件もないのが現実である。そのキーワードは，"法定相続分による遺産分割協議"であると考える。つまり，法定相続分割合による分割方法を基本方針として分割案の取りまとめをすれば，紛争化は防止できる可能性が高いということである。

2 相手方相続人の心理

前記のとおり，調整役を必要とする遺産分割事案は，普段相続人同士の交流が少なく，互いに感情的な対立がない（又は，薄い）場合が多い。したがって，相手方相続人にとって，法定相続分割合という法の規定に基づく公平な分割提案には反対する理由がないのである。また，このような人間関係では，遺産分割でしばしば紛争のもとになる特別受益や寄与分となる事由がないので，それらの主張がなされることはほとんどない。

遺産分割は，基本的には積極財産の分配であり，相続人にとっては利益となる問題である。法律手続に沿って公平に分割するとすれば紛争化の余地は少ないのが現実である。

中立型調整役は，相続人全員の就任同意を要件とするが，同意するということは，何とか専門家の関与で中立公正に円満解決してもらいたいという相続人の意思表示であるから，法定相続分による合意の成立は望むところである。取得する遺産に関しても金銭での分割を好むということが特徴

的であるため，分割し易いといえる。

3　紛争事件の回避

　遺産分割調停事件では，相続人同士が親密な関係にあるためか，互いに特別受益や寄与分の主張がなされたり，相続人同士の過去の出来事や言動で感情的対立が収まらず何度も期日を重ねる場合がある。しかし，中立型調整役による遺産承継業務では，このような事案は最初から受託はできないし，すべきではない。つまり，受託の段階で対立が予想される事案は調整役業務には適さないので避けるべきである。紛争性はないが，専門家の関与が必要とされる事件に限定し受託するという方針を堅持すべきと考える。

4　専門家の役割

　以上で述べたとおり，中立型調整役業務は，基本的には紛争性のない平和的業務であるといえる。司法書士は登記実務を通じて中立的業務に慣れているし，相続や不動産問題にも明るく金融機関への対応も慣れているので，適応能力は十分あると考える。本件事例のように遺産を管理する相続人が高齢で法律知識もなく，自ら他の相続人と交渉して取りまとめることができない場合や，特に対立関係はないが，法的知識に疎い相続人同士が自主的に協議して公正に分割方法を決めるということが困難である事案などは，専門家が中立公正な立場で遺産分割合意成立業務として関与して欲しいという社会的要請は，ますます増えてくるのではないかと考える。そして，その要望に応えるのが法律専門家としての，司法書士の社会的役割でもあると考えるところである。

第5章 遺産承継業務（各論）

資料①

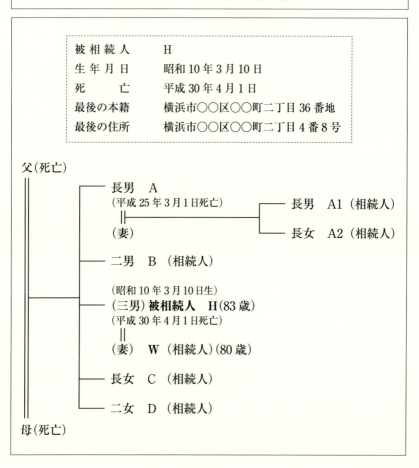

被相続人 H 相続関係説明図

194

資料②

業務委託契約書（遺産承継業務）

（当事者の表示）
被相続人の表示
　　被 相 続 人　　H
　　生 年 月 日　　昭和10年3月10日
　　死　　　亡　　平成30年4月1日
　　最後の本籍　　横浜市〇〇区〇〇町二丁目36番地
　　最後の住所　　横浜市〇〇区〇〇町二丁目4番8号

委託者（甲）
　　上記被相続人の相続人 W

受託者（乙）　　〒〇〇〇－〇〇〇〇
　　　　　　　　横浜市〇〇区〇〇町三丁目4番地
　　　　　　　　　〇〇〇〇ビル4F
　　　　　　　　司法書士〇〇〇〇事務所
　　　　　　　　　司法書士　〇〇　〇〇

（目的）
第1条　甲は，乙を被相続人Hの任意相続財産管理人に選任し，同人の相続財産の承継手続（以下，「遺産承継業務」という）のために必要な管理及び処分に関する法律行為若しくは事務手続，又は同人の死亡に伴う権利義務の行使を委託し，乙はこれを受託する。
（業務権限）
第2条　甲は，乙が司法書士法第29条及び同法施行規則第31条により本契約の目的たる事務を業として行う権限があることを確認した。
（承継対象財産）
第3条　乙が本契約により管理及び処分に必要な行為を行う財産（以下，「承継対象財産」という）は，被相続人の相続財産のすべてとする。ただし，乙が甲より引渡しを受けず，又は指示されなかったことにより知り得

第5章 遺産承継業務（各論）

なかった財産についてはこの限りではない。

（遺産の管理業務）
第4条 乙は，本遺産承継業務遂行のため，以下のとおり相続財産の管理を行うものとする。
　①甲は乙に対し，預貯金の通帳，証書，カード，保険証書，株券保管証等本業務に必要な書類を引き渡し，乙はその受領証を交付する。
　②甲は乙に対し，賃貸不動産について管理を必要とする場合，建物の鍵，賃貸契約書，管理委託契約書，各種図面等の関連資料を引き渡す。
　③甲は乙に対し，動産，現金，その他本遺産承継に必要な書面や物を引き渡す。
　④乙は，相続財産の引渡しを受けたのち，速やかに遺産目録を作成し甲に交付する。
　⑤乙は，遺産の管理に当たっては，善良な管理者の注意義務をもって管理しなければならない。
　⑥乙は，甲の同意なしに管理物件の変更又は処分をすることはできない。

（利害関係人への通知）
第5条 乙は，本件業務委託契約締結後，遺産承継に関する利害関係人に対し，必要に応じて任意相続財産管理人に就任したことを通知する。

（遺産承継業務の内容）
第6条 甲が乙に対し委託する業務内容は以下のとおりとする。
(1) 被相続人の法定相続人の調査及び確定のために行う次の業務
　　①法定相続人確定のための戸籍（除籍）謄本，戸籍の附票，住民票（除票）不在住・不在籍証明書の交付請求，受領に関する件
　　②公証人に対する公正証書遺言存在の確認手続に関する件
　　③家庭裁判所に対する相続放棄申述有無確認手続の書類作成に関する件
　　④法定相続情報証明書の交付申請及び受領
　　⑤その他，相続人の調査及び確定に必要な一切の業務
(2) 遺産の範囲の調査及び確定並びに遺産分割のための次の業務
　　①不動産に関する登記情報及び関係図面の調査，固定資産税評価証明書及び名寄台帳写しの交付請求受領の件
　　②銀行，信用金庫，信用組合等金融機関に対し，遺産相続に伴う現存照会又は残高証明の請求及び受領，各種書類又は証書類の提出及び受領，預金・利息等の解約及び解約金の受領，通帳・証書・カード等の

紛失届，貸金庫取引の解約並びに保管物の受領手続の件
③郵便局（ゆうちょ銀行）に対する，残高証明書の請求，受領及び，貯金等の相続手続に関する，書類の提出，証書等の受領，払戻金の受領，返送書類の受領，連絡に関する一切の手続の件
④簡易生命保険並びに各種保険会社等に対する，遺産相続に伴う名義変更及び保険金・給付金・配当金等の請求並びに受領，連絡，照会等相続手続に関する件
⑤株式・出資証券その他有価証券類寄託物件の相続移管（名義変更手続）又は返還及び売却に伴う売却代金・払戻金・利息・配当金等の請求・受領，各種書類の提出，受領に関する一切の件

(3) 遺産分割手続関連業務
①遺産分割のための管理口座の開設及び口座管理，並びに換価した遺産金の受領及び管理
②遺産分割協議成立のための支援及び遺産分割手続に関する関係書類の作成
③遺産分割協議に伴う不動産登記申請手続並びに商業法人登記申請手続の代理
④自動車，船舶等登記・登録が必要な動産についての調査及び登記・登録申請手続又は業務委託
⑤遺産分割のための株式及び動産，不動産の処分（売買・管理）に関する業務委託及び売買代金の受領管理並びに諸経費の支払い
⑥遺産分割協議に基づく代償金の受領及び管理並びに分割金の支払

(4) 司法書士の業務範囲に属さない次の業務委託
①土地家屋調査士業務（土地・建物の調査・測量，表題登記）
②税理士業務（税務申告，税務相談）
③行政書士業務（官公署に対する諸手続，自動車の登録等）
④社会保険労務士業務（社会保険及び年金に関する諸届出）
⑤宅地建物取引士業務（不動産の売買，管理，及びその仲介等）
⑥弁護士業務（債権の回収，交渉，和解，訴訟手続等）
⑦不動産鑑定士業務（不動産の鑑定評価）

(5) その他関連業務
①電気，ガス，水道に関する支払名義変更等の手続
②電話・携帯電話，有線テレビの名義変更又は解約手続

第5章 遺産承継業務（各論）

　　③被相続人の負担する債務の弁済，契約等の解除，関係書類の受領
　　④祭祀承継手続及び墳墓地の名義変更又は解約手続
　　⑤その他，遺産承継業務のために必要な一切の事務
（中立型調整役業務）
第7条　甲は乙に対し，本件遺産相続に関し遺産分割協議が未了であるため遺産分割協議の合意成立のため次の要領による中立型調整役業務を委託する。
　　（執務要件）
　　①乙は，依頼者（相続人）の個別の代理人ではなく，公正・中立な立場で調整役業務を遂行するが，各相続人には自由な決定権があることを尊重する。
　　②協議に際し意見の対立が激しく，紛争が顕在化し，調整が困難であると判断された場合，乙は相続人の同意を得て調整役を辞任する。辞任後は，すべての相続人からの相談，業務の依頼を一切受任しない。したがって，この業務委託契約は解除される。
　　③乙は，相続人に対し依頼者との関係を明示し，法定相続人とその相続分割合，遺産の内容，遺産分割に関する法的要件や分割手順等を公正に情報開示する。
　　④乙の行う中立型調整役業務は，遺産分割協議の開始から，遺産分割手続の終結までとする。
　　⑤乙に対する業務報酬の支払時期及び支払人については，手続終了後に受益の割合に応じて各相続人が負担することを原則とするが相続人全員の合意により別の方法を定めることができる。
　　⑥上記①～⑤について相続人全員が同意すること。
（業務報告）
第8条　乙は甲に対し，遺産承継業務の進行経過について次のとおり報告する。
　　①調査業務完了後，法定相続人及びその相続分，遺産の範囲及び価額の概算について「相続関係説明図」及び「遺産目録」を作成し報告する。
　　②業務の進行経過報告は，3か月に1回以上の割合で書面あるいは面談等の方法により行う。ただし，代表相続人を選任した場合は，その者に対し報告する。

③乙は甲に対し，遺産承継業務が終了したとき，「遺産承継業務完了報告書」を作成し，通帳写等各種証書の写しを添付して報告する。

(遺産の変更・処分に関する承諾)
第9条　乙は，管理する遺産の変更・処分をする場合，甲の承諾を得ることとする。ただし，遺産の本質的な変更を伴わない軽微な変更については，代表相続人の承諾をもって足りる。

第10条　乙は，本件委託業務を処理するに際し費用を要するときは，代表相続人の承諾を得てその費用を承継対象財産から支出することができる。

(報酬の概算と支払方法)
第11条　本遺産承継業務に係る費用の概算及びその支払方法は以下のとおりとする。
　　①費用の概算　金100万円～130万円　　■別紙見積書のとおり
　　②費用の支払方法　□預り金（金　　　　　円）
　　　　　　　　　　　■完了後一括払い
　　　　　　　　　　　□その他
　　③支払者　□依頼者が一括して払う
　　　　　　　□各相続人が分割割合に応じて各自支払う
　　　　　　　■遺産承継業務の経費として遺産の中から支払う
　　④相続人の調査及び遺産の範囲の調査のみで終了した場合（中立型調整役就任が不同意又は，調整不成立による辞任の場合）
　　　　　　　■依頼者Ｗが一括して支払う　　□その他

(契約の解除)
第12条　甲及び乙は，次の場合本契約を解除することができる。ただし，相手方が責めを負わない事由で解除する場合は，その損害を補償しなければならない。
　　①甲と乙が解除の合意をしたとき
　　②甲又は乙が本委託業務の目的に反する行為をしたとき
　　③乙が業務を怠り業務終了の見込みがないと判断される場合
　　④中立型調整役業務の調整が不成立となった場合
　　⑤その他，本委託業務の遂行が不可能と判断される場合

(契約の終了事由)
第13条　本契約は次の事由により終了する。

①甲又は乙が死亡したとき
②甲又は乙が破産手続開始決定を受けたとき
③乙が後見開始，保佐開始，補助開始の審判を受けたとき

(個人情報の提供に関する同意)
第14条 甲は，乙が本委託業務で知り得た個人情報を，次の利用目的及びこれと合理的な関連性のある範囲内で，業務上必要な限度で利用することを承諾する。
①依頼を受けたことに関する業務の遂行のため
②前項の業務の遂行を適切かつ円滑に履行するのに必要な本人確認
③依頼を受けたことに伴う各種リスクの把握および管理

(秘密保持)
第15条 乙は，本件委託業務に関し知り得た個人の秘密及び情報を正当な理由なく第三者に漏らしてはならない。

(その他の事項)
第16条 本契約に定めのない事項及び疑義のある事項については，甲と乙が協議してこれを決定する。

　以上，本契約の成立を証するため契約書を作成し，甲乙が署名捺印の上，各自その1通を所持するものとする。

　平成　　　年　　　月　　　日

委託者（甲）　　住　所　――――――――――――――――――

　　　　　　　　氏　名　――――――――――――――――――

受託者（乙）　　〒〇〇〇－〇〇〇〇
　　　　　　　　横浜市〇〇区〇〇町三丁目4番地
　　　　　　　　　〇〇〇〇ビル4F
　　　　　　　　司法書士〇〇〇〇事務所
　　　　　　　　　　司法書士　〇〇　〇〇

資料③

委 任 状

　　受託者（乙）　　　〒○○○-○○○○
　　　　　　　　　　　横浜市○○区○○町三丁目4番地
　　　　　　　　　　　○○○○ビル4F
　　　　　　　　　　　司法書士○○○○事務所
　　　　　　　　　　　司法書士　○○　○○

　私は上記の者を遺産承継業務受任者に選任し，亡H（以下「本人」という）の相続財産等を承継するために必要な法律行為その他一切の事務を処理する権限を委任します。
（ただし，業務権限の根拠規定　司法書士法第29条，同施行規則第31条）

被相続人の表示
　　氏　　　名　　　H
　　生 年 月 日　　昭和10年3月10日
　　死亡年月日　　平成30年4月1日
　　最後の本籍　　横浜市○○区○○町二丁目36番地
　　最後の住所　　横浜市○○区○○町二丁目4番8号

委任事務の内容
（1）被相続人の法定相続人の調査及び確定のために行う次の業務
　　①法定相続人確定のための戸籍（除籍）謄本，戸籍の附票，住民票（除票）不在住・不在籍証明書の交付請求，受領に関する件
　　②公証人に対する公正証書遺言存在の確認手続に関する件
　　③家庭裁判所に対する相続放棄申述確認手続の書類作成に関する件
　　④法定相続情報証明書の交付申請及び受領
（2）遺産の範囲の調査及び確定並びに遺産分割のための次の業務
　　①不動産に関する登記情報及び関係図面の調査，固定資産税評価証明書及び名寄台帳写しの交付請求受領の件
　　②銀行，信用金庫，信用組合等金融機関に対し，遺産相続に伴う現存照

会又は残高証明の請求及び受領，各種書類又は証書類の提出及び受領，預金・利息等の解約及び解約金の受領，通帳・証書・カード等の紛失届，貸金庫取引の解約並びに保管物の受領手続の件
③郵便局（ゆうちょ銀行）に対する，残高証明書の請求，受領及び，貯金等の相続手続に関する，書類の提出，証書等の受領，払戻金の受領，返送書類の受領，連絡に関する一切の手続の件
④簡易生命保険並びに各種保険会社等に対する，遺産相続に伴う名義変更及び保険金・給付金・配当金等の請求並びに受領，連絡，照会等相続手続に関する件
⑤株式・出資証券その他有価証券類寄託物件の相続移管（名義変更手続）又は返還及び売却に伴う売却代金・払戻金・利息・配当金等の請求・受領，各種書類の提出，受領に関する一切の件
(3) 遺産分割手続関連業務
①遺産分割のための管理口座の開設及び口座管理，並びに換価した遺産金の受領及び管理
②遺産分割協議成立のための支援及び遺産分割手続に関する関係書類の作成
③遺産分割協議に伴う不動産登記申請手続並びに商業法人登記申請手続の代理
④自動車，船舶等登記・登録が必要な動産についての調査及び登記・登録申請手続又は業務委託
⑤遺産分割のための株式及び動産，不動産の処分（売買・管理）に関する業務委託及び売買代金の受領管理並びに諸経費の支払い
⑥遺産分割協議に基づく代償金の受領及び管理並びに分割金の支払
⑦その他，遺産承継業務遂行のために必要な一切の事務

平成　　　年　　　月　　　日

　委任者（被相続人 H 相続人）
　　　住所

　相続人
　　　氏名

資料

資料④

亡H様遺産目録

平成30年4月1日 死亡　　　　　作成日　　平成○年○月○日
　　　　　　　　　　　　　　　　　作成者　　司法書士　○○　○○

1　不動産

番号	不動産の表示	利用	固定資産税評価額	相続税評価額	備考
1	横浜市○○区○○町二丁目36番6 宅地　150.00m²	自宅敷地	¥13,000,000	¥16,000,000	
2	横浜市○○区○○町二丁目36番地6 家屋番号36番6　居宅　木造瓦葺2階建 1階70.00m²　2階45.00m²	自宅建物	¥4,000,000	¥4,000,000	
3	横浜市○○区○○一丁目10番5 宅地　200.00m²	アパート敷地	¥15,000,000	¥18,000,000	
4	横浜市○○区○○一丁目10番地5 家屋番号10番5　共同住宅　木造スレート葺 2階建　1階100.00m²　2階100.00m²	4所帯アパート	¥8,000,000	¥8,000,000	
	小計		¥40,000,000	¥46,000,000	

2　預貯金

番号	銀行名	支店名	預貯金の種類	支店番号	口座番号	相続開始時の残高	備考
1	M銀行	横浜	普通預金	345	2345678	¥786,500	
			定期預金	345	9101112	¥8,000,000	
2	Y銀行	横浜	普通預金	56	1234567	¥458,200	
3	ゆうちょ銀行		通常貯金		02131-89101145	¥328,500	
			定額貯金		02141-56327812	¥4,000,000	
4	K信用金庫	本店	普通預金	001	3170897	¥426,800	
			定期預金	001	1930575	¥10,000,000	
合計						¥24,000,000	

3　株式（○○証券㈱横浜支店取扱い）

番号	種類	銘柄	数量	開始時の単価	開始時の評価額	分割時の価格	備考
1	株式	A㈱	2500株	1,000	¥2,500,000		
2	株式	B㈱	4000株	900	¥3,600,000		
3	株式	C㈱	120株	10,000	¥1,200,000		
4	株式	D㈱	300株	6,000	¥1,800,000		
5	株式	E㈱	100株	9,000	¥900,000		
合計					¥10,000,000		

4　遺産の総額（概算）

番号	遺産総額	金額	備考
1	不動産	¥46,000,000	
2	預貯金	¥24,000,000	
3	株式	¥10,000,000	
	合計	¥80,000,000	← (A)

5 負債・諸経費（予想額）

番号	科目	相手先	金額	備考
1	債務（アパートローン）	○○銀行	¥4,000,000	
2	葬儀費用	W立替	¥1,200,000	
3	立替金	入院費等W立替	¥100,000	
4	公租公課	固定資産税他	¥200,000	
5	税理士報酬		¥1,200,000	
6	司法書士報酬		¥1,300,000	
7	相続税			未確定
合計			¥8,000,000	← (B)

6

分割可能財産額	¥72,000,000	← (A) − (B) = (C)

7 相続額の予想（ただし，不動産をすべてWが取得した場合）

番号	相続人	相続分割合	相続額	不動産取得額	金銭取得額	合計	
1	W様	32分の24	¥54,000,000	¥46,000,000	¥8,000,000	¥54,000,000	
2	A1様	32分の1	¥2,250,000	¥0	¥2,250,000	¥2,250,000	
3	A2様	32分の1	¥2,250,000	¥0	¥2,250,000	¥2,250,000	
4	B様	32分の2	¥4,500,000	¥0	¥4,500,000	¥4,500,000	
5	C様	32分の2	¥4,500,000	¥0	¥4,500,000	¥4,500,000	
6	D様	32分の2	¥4,500,000	¥0	¥4,500,000	¥4,500,000	
合計		32分の32	¥72,000,000	¥46,000,000	¥26,000,000	¥72,000,000	← (C)

資料⑤

ご 案 内

被相続人 H 様
相続人各位 殿

〒○○○-○○○○
横浜市○○区○○町三丁目4番地
○○○○ビル4F
司法書士○○○○事務所
司法書士　○○　○○
TEL 045（○○○）○○○○
FAX 045（○○○）○○○○
メール○○○○@○○.○○.jp

平成30年7月10日

　拝啓，益々ご健勝のこととお喜び申し上げます。
　　突然のお手紙，誠に恐縮に存じます。
　　私は，神奈川県横浜市にお住まいのW様から，今年の4月1日にお亡くなりになられたW様のご主人H様の遺産相続の手続を依頼されました，司法書士の○○○○と申します。

1（相続の開始）
　　既にご存知かとは思いますが，H様は，昨年9月の健康診断で胃がんと診断され，病院に通いながら治療に専念されていましたが，経過が思わしくなく本年1月に横浜市内の病院へ入院し手術をなされました。その後，病院での可能な限りの治療と奥様の献身的な看病の甲斐もなく4月1日早朝にご逝去なされました。この度は，H様の遺産相続のことでご案内させていただきました。法律手続について少し長くなりますが説明させていただきますので，ごゆっくりお読みいただきたいと存じます。

2（法定相続人）

① H様の遺産相続手続についてですが，H様ご夫婦には子供さんがいらっしゃらなかったので，W様（配偶者）とH様の兄弟姉妹が法律上の相続人ということになります。当事務所にてW様の依頼により相続人関係を調査させていただきましたところ，別紙「相続関係説明図」のとおりであることが判明いたしました。

② H様は，昭和10年3月○○家の三男二女の三男としてお生まれになりました。兄弟姉妹のうち長男A様は既にお亡くなりになりましたので，そのご長男A1様とご長女A2様が代襲相続人ということになります。したがって，H様の法律上の相続人（法定相続人）は，W様とA1，A2様，B様，C様，D様の6名ということになります。

3（遺産相続の方法）

遺産相続の方法についてですが，H様は，遺言は残されなかったので，法定相続人6名様全員で遺産分割協議（話し合い）を行い決定することになります。具体的には，相続人6名様で遺産分割の方法について協議を行い，合意ができたら遺産分割協議書を作成し（当職が作成します）そこに皆様が署名捺印（実印）して印鑑証明書を添付していただくという手順となります。

4（遺産の内容）

次に，H様の遺産についてですが，W様ご協力のもと調査いたしましたところ，別紙「遺産目録」のとおり，不動産（自宅とアパート），銀行等の預貯金と株式があり総額約金8,000万円ほどございます。また，各相続人の相続分は，配偶者（奥様）W様が4分の3（32分の24）で，他の相続人様が残りの4分の1を5名で相続することになります。なお，A1，A2様は，お父様の相続分を代襲しますのでそれぞれ32分の1を相続することになります。したがって，B様，C様，D様は，それぞれ32分の2の相続分ということになります（遺産目録 「7 相続額の予想」をご参照ください）。

5（任意相続財産管理人就任）

ところで，相続財産は，相続開始と同時に共同相続人の相続分に応じた共有財産ということになります。したがって，遺産分割協議が終結するま

で共同相続人が相続財産を保存・管理する必要があります。現在，被相続人Ｈ様の遺産は，妻のＷ様がすべて保存管理していますが，奥様とも協議した結果，今後は相続手続を適正かつ円滑に処理するために当職が管理人に就任させていただきたいと存じますが，ご同意いただけますでしょうか。次の６で説明させていただき中立型調整役就任と併せてご同意いただけるようでしたら，別紙「業務委託契約書」に住所・氏名をご記入のうえ，実印を捺印して印鑑証明書１通をご用意いただきたいと存じます。

６（遺産分割協議の合意）
　さて，具体的な遺産分割の方法についてですが，相続人全員で集まって協議することは困難かと思いますので，当職が皆様方にこの遺産分割の方法についてアンケート方式で意向をお伺いし，Ｗ様とも話し合って，皆様の協議の取りまとめをさせて頂きたいと存じます。なお，私は，奥様からの依頼でこのようなお手紙を差し上げていますが，遺産分割協議の合意及び分割手続につきましては，奥様の代理人ということではなく，皆様方のご同意が得られれば，中立公正な立場に立って協議の調整役として話し合いを進めさせていただきたいと考えています。皆様が率直に意見を出し合い，円滑に話し合いができ，円満に合意できることを目的として業務を遂行させていただきます。ただし，万が一話し合いが紛糾し合意が困難と判断される場合は，私は，本件から辞任させていただきますことをお断りしておきます。このことは奥様にもお伝えし了解を得ています。調整役としての私の遵守する項目は別紙「業務委託契約書」第７条記載のとおりです。ご確認いただきご回答くださるようお願い申し上げます。

７（相続財産の内容）
　Ｈ様の相続財産について簡単にご説明させていただきますとともに，奥様の意向をお伝えしておきます。相続財産は主に不動産，預貯金，株式の３種類ですが，このうち不動産は自宅とアパートです。自宅はこれからも奥様が生活の拠点として使用していかなければならないので，奥様が相続税評価額にて取得したいということです。また，アパートは，築15年の４所帯の共同住宅で１世帯月６万円で賃貸していて現在は３所帯が入居されています。場所は駅から徒歩５〜６分の比較的良い場所に建っていますので，売却も可能かと考えます。奥様は，できれば自分が取得して賃料を生活費

に充てたいと考えています。しかし，皆様の同意が得られなければ，売却してお金で分けてもよいとおっしゃっています。なお，この不動産にはアパートローンが約400万円残っていますのでこれを負担しなければなりません。また，預貯金は解約し，株式は売却してお金で分割する予定です。奥様の意向としては，基本的に法定相続分割合により分割していただきたいというのがご希望です。

8（遺産分割の概要）
　次に，すべての遺産を法定相続分により分割した場合の各相続人の取得額と，奥様の意向（自宅とアパートを相続税評価額にて取得した場合）による場合の取得額の概算をお知らせします。
①遺産総額8,000万円ですが，ここから負債と諸経費約800万円を差し引いた7,200万円が分割可能金額となります。そして，これに対する32分の1は，225万円となりますので，A1，A2様は225万円，B，C，D様は450万円となります。諸経費はあくまでも現時点で想定される金額ですから最終的には増減が生じます。
②アパートは，売却した場合，相続税評価額より高く売却できるかもしれませんが，税金や諸経費がかかりますので，その分を差し引きした残額を分割することになります。
③奥様の意向というのは，あくまでも奥様からのお願いということですので，皆様がこれに拘束されることはありません。

9（手続の流れ）
　以上を整理して，この遺産分割手続の流れについて簡単にご説明させていただきます。
①まず，当職が本件業務を受託することにご同意いただけましたら，相続人全員で遺産分割の方法について協議し，分割方法を決めて頂きます。相続人同士で話し合いをしていただいても構いません。意見が分かれるような場合は，当職が調整させていただきます。
②合意が成立しましたら，当職が最終的な「遺産分割協議書」を作成し，皆様へ送付します。皆様は遺産分割協議書をご確認のうえ，署名捺印（実印）し，印鑑証明書1通を添付して当職までご返送いただきます。その際には，本人確認のための書類（運転免許証，パスポート，健康保険

証，年金手帳の写し等）も同封してください。
③次に当職が，遺産分割協議書に基づき預貯金の解約をし，株式については名義変更をして売却します。自宅の不動産は奥様名義に相続登記をします。アパートは相続登記をして，場合によっては売却をします。
④遺産の中から分割手続に関する諸経費を差し引き，分割可能財産の金額を確定し，皆様に最終的な分割金計算書をお送りします。そして，相続人の皆様全員の同意が得られたら，皆様の相続分に相当する分割金をそれぞれの口座にお振込みします。

概略ではありますが，以上のとおりの流れになります。

10（さいごに）
　このような遺産相続手続のご協力のお願いは，本来でしたら奥様が直に皆様方にお願いすべきことではないかと思います。奥様もそのようにおっしゃっていましたが，手続には法律的な説明が必要であり，間違いがあっては困りますので，まずは当職がこのようなお手紙をもってご案内をさせていただきました。
　今は亡きH様にもご納得いただけるように，相続人全員で円満に話し合い，分割の合意ができるように業務を進めさせていただきたいと思いますので，ご協力のほどよろしくお願い申し上げます。

　ご不明な点がございましたら当職までご連絡いただきたいと存じます。また，ご意見につきましても率直に述べていただけたらと思います。回答書のご返信をお待ち申し上げます。

以上よろしくお願い申し上げます。　　　　　　　　　　　　　　　敬具

　（同封書面）
　1　相続関係説明図
　2　遺産目録及び関係資料
　3　業務委託契約書
　4　遺産分割協議書（案）
　5　遺産相続に関する同意及び回答書
　6　返信用封筒

> **「ご案内」文書送付についての注意点**
> （注1）相続関係説明図の記載で注意すべき点は，相続人の住所（あるいは生年月日も）である。個人情報保護の観点から，相続人間でも住所は知られたくないという方のための配慮が必要である。
> （注2）奥様の意向を始めから他の相続人に伝えることの是非は検討すべき問題点と考える。しかし，他の相続人からすると，奥様がどのような考えを持っているか知りたいのではないかということもあるので，事案により判断すべきであると考える。
> （注3）遺産分割協議書（案）を提示することも，見方によっては，一方的な押し付けや，判断の際の圧力と見做されることもある。しかし，遺産分割協議書のイメージを提供することにより，遺産分割方法の判断がしやすくなるという効果はあると考える。
> （注4）公正な情報開示という観点から関係資料はできるだけ詳細に添付した方が良いと考えるが，あまり過度になると煩雑になる。
> （注5）分割方法のアンケート方式による意向聴取の項目は，事案に応じて工夫が必要である。

資料⑥

司法書士　〇〇　〇〇　宛

亡Ｈ様の遺産相続に関する回答書

　ご案内いただきました亡Ｈ様の遺産分割協議につきまして，次のとおり回答いたします。（〇印を記入してご回答ください。）

(1)　私は，貴職が任意相続財産管理人及び中立型調整役に就任し，遺産分割協議の調整をすることについては，業務委託契約書記載の要件を遵守することを条件として，
　　　ア．同意します。
　　　イ．同意しません。
　　　ウ．その他（＊ご意見がございましたらお書きください。）
　　　　　--
　　　　　--

(2)　遺産分割の方法について
　　　①　法定相続分割合で分割することを希望します。
　　　②　共同住宅（アパート）の相続について
　　　　　ア　奥様が相続することに同意します
　　　　　イ　売却して金銭で分割する方法を希望します
　　　　　ウ　どちらでも結構です
　　　（注．自宅については，奥様が相続税評価額相当にて相続することになります）
　　　③　私の相続分は，相続人＿＿＿＿＿＿＿に譲渡します。
　　　　　（譲り受けた相続人の相続分が増加します。）
　　　④　私の相続分は放棄します。（何も取得しない）
　　　　　（注．相続分の放棄をしますと，他の相続人の相続分が増加します。）

⑤ その他（上記の他に希望がございましたら，お書きください）
_____
_____
_____

平成　　年　　月　　日

（相続人）
　　　　　住　所 _____

　　　　　氏　名 _____㊞

ご連絡先　TEL _____（　　　　　）_____

＊＊＊お手数ですが，ご記入いただき○○までご返送ください。＊＊＊

記

中立型調整役の遵守事項（要件）

（業務委託契約書抜粋）
（中立型調整役業務）
第7条　甲（相続人）は乙（受託者）に対し，本件遺産相続に関し遺産分割協議が未了であるため遺産分割協議の合意成立のため次の要領による中立型調整役業務を委託する。
　　（執務要件）
　　①乙は，依頼者（相続人）個別の代理人ではなく，公正・中立な立場で調整役業務を遂行するが，各相続人には自由な決定権があることを尊重する。
　　②協議に際し意見の対立が激しく，紛争が顕在化し，調整が困難であると判断された場合，乙は相続人の同意を得て調整役を辞任する。辞任後は，すべての相続人からの相談，業務の依頼を一切受任しな

い。したがって，この業務委託契約は解除される。
③乙は，相続人に対し依頼者との関係を明示し，法定相続人とその相続分割合，遺産の内容，遺産分割に関する法的要件や分割手順等を公正に情報開示する。
④乙の行う中立型調整役業務は，遺産分割協議の開始から，遺産分割手続の終結までとする。
⑤乙に対する業務報酬の支払時期及び支払人については，手続終了後に受益の割合に応じて各相続人が負担することを原則とするが相続人全員の合意により別の方法を定めることができる。
⑥上記①〜⑤について相続人全員が同意すること。

資料⑦

遺 産 分 割 協 議 書（案）

被 相 続 人　　H
生 年 月 日　　昭和10年3月10日
死　　　亡　　平成30年4月1日
最後の本籍　　横浜市○○区○○町二丁目36番地
最後の住所　　横浜市○○区○○町二丁目4番8号

　上記被相続人の死亡により開始した遺産相続に関し，共同相続人全員で協議を行った結果，各相続人が次のとおり遺産を分割することを合意し確定した。

【1】相続人の確認
　被相続人の法定相続人は，W，亡Aの代襲相続人長男A1，長女A2，B，C，Dの6名であることを相互に確認する。

【2】遺産目録
　1　不動産
　　(1)　土地
　　　　所　　在　　横浜市○○区○○町二丁目
　　　　地　　番　　36番6
　　　　地　　目　　宅地
　　　　地　　積　　150.00m^2

　　(2)　建物
　　　　所　　在　　横浜市○○区○○町二丁目36番地6
　　　　家屋番号　　36番6
　　　　種　　類　　居宅
　　　　構　　造　　木造瓦葺2階建
　　　　床面積　　　1階　70.00m^2
　　　　　　　　　　2階　45.00m^2

(3)　土　地
　　　所　　　在　　横浜市〇〇区〇〇一丁目
　　　地　　　番　　10番5
　　　地　　　目　　宅　地
　　　地　　　積　　200.00m^2

　　(4)　建　物
　　　所　　　在　　横浜市〇〇区〇〇一丁目10番地5
　　　家 屋 番 号　　10番5
　　　種　　　類　　共同住宅
　　　構　　　造　　木造スレート葺2階建
　　　床 面 積　　1階　100.00m^2
　　　　　　　　　　2階　100.00m^2

2　預貯金
　　(1)　M銀行　（横浜支店）
　　　普 通 預 金　　店番345　　口座番号　2345678
　　　定 期 預 金　　店番345　　口座番号　9101112
　　　　　　　　　　　　　　　　額面金800万円

　　(2)　Y銀行　（横浜支店）
　　　普 通 預 金　　店番56　　口座番号　1234567

　　(3)　ゆうちょ銀行
　　　通 常 貯 金　　記号・番号　02131-89101145
　　　定 額 貯 金　　記号・番号　02141-56327812
　　　　　　　　　　証書番号01　　額面金400万円

　　(4)　K信用金庫　（本店営業部）
　　　普 通 預 金　　店番001　　口座番号　3170897
　　　定 期 預 金　　店番001　　口座番号　1930735
　　　　　　　　　　　　　　　　額面金1,000万円

3　株式その他有価証券
　　　（取扱店　○○証券㈱横浜支店）
　　（1）株式
　　　①　A㈱　　　2500 株
　　　②　B㈱　　　4000 株
　　　③　C㈱　　　120 株
　　　④　D㈱　　　300 株
　　　⑤　E㈱　　　100 株

4　建物内の動産及びその他設備品

5　債　務　　M銀行からのアパートローン残債務金400万円及びその他の債務

【3】遺産分割の方法

1　不動産
　ア　上記遺産目録1の「不動産（1）（2）（3）（4）」は，相続人Wが相続する。
　イ　不動産の遺産評価額は，（1）（2）が金2,000万円，（3）（4）が金2,600万円の合計金4,600万円とすることに合意する（注1）。
　ウ　相続登記にかかる費用（登録免許税，司法書士報酬など）は，相続人Wが負担する（注2）。

> （注1）遺産全体を相続分割合で分割する場合，金銭以外の財産については，その評価額について合意しておかなければ金銭の分割ができない。ここでは，不動産を相続税評価額で計上している。
> （注2）不動産の相続登記費用を誰が支払うかについて，遺産の中から諸経費として支払う方法もあるが，取得者が支払ったほうが，他の相続人の理解は得やすい。

2　預貯金
　上記遺産目録2の「預貯金」は，相続人Wを代表相続人と定め，すべて解約し払戻手続を行い，その金銭は次の相続財産管理口座に入金し保管し

たうえで下記7の要領で分割する（注1）。

＊＊「相続財産管理口座」＊＊（注2）
○○銀行（横浜支店）　普通預金
店番123　　口座番号　0123456
口座名義人「被相続人H預り金口司法書士○○○○」

（注1）預貯金を個別に解約し，その都度分割するのは難しいので，事件毎に専用の管理口座を設け，そこに集約して，最後に諸経費を引き残りを分割するという方法が合理的である。
（注2）管理口座の開設は，金融機関と協議して決めるが，専用の管理口座の開設が難しい場合，代表相続人との話し合いで，代表相続人名義で専用の管理口座を開設する場合もある。その場合，通帳と印鑑は管理人が保管し，解約の際は，代表相続人と同行して手続する。

3　株式その他有価証券

　上記遺産目録3の「株式その他有価証券」は，相続人Wを代表相続人と定め同人名義へ移管手続をしたうえでこれを売却し，諸経費を差し引いたうえで前記管理口座に入金し分割金として保管する。（注1）（注2）

（注1）株式の売却の場合も一旦相続人の口座に移してからの売却となる。証券会社に口座がない場合，早めに口座を開設しておく必要があるので証券会社と相談しておくとよい。また，譲渡により利益が出た場合，名義人に譲渡所得税がかかる場合がある。
（注2）売却しないで現物で相続する場合
　　　　「上記遺産目録3の「株式その他有価証券」は，相続人Wが相続する。ただし，遺産としての評価額は，相続開始時の評価額で計算した合計金1000万円とする。」という記載方法となる。ここでも評価額について合意しておかなければ現金の分割ができないことになる。

4　動産・その他

217

上記遺産目録4の「建物内の動産及びその他備品」は，相続人Wが取得し管理又は処分する。ただし，遺産の評価額は0円とする。

5　相続債務
　ア　M銀行のアパートローンの残債務金400万円は遺産の中から支払う。
　イ　その他，被相続人の日常家事債務は，すべて相続人Wが負担する（注1）。

> （注1）被相続人の債務は，原則的に遺産分割の対象ではないが，債務引受けの合意は相続人間では有効とされている。住宅ローンなど多額の債務がある場合は，債権者の承諾がなければ引き受けの合意をしても債権者に対抗できない。ここでは，未払の固定資産税や水道光熱費など日常家事債務を想定している。

6　祭祀承継
　被相続人の祭祀承継については，相続人Wが主宰する（注1）。

> （注1）被相続人の祭祀の承継は，遺産分割の対象とはならないが（民897），相続人間の確認事項として，遺産分割協議により確定することはよく行われていることなので，ここでも記載した。

7　預貯金，株式その他有価証券の分割方法
　上記「相続財産管理口座」に集約した遺産（金銭）の分割方法については，本管理口座の総額に前記1の不動産の価格を加えた額（遺産の総額）から，遺産相続に関する下記の諸経費を差し引いたうえで，次の相続分割合に応じて分割する。

（遺産から差し引かれる諸経費）
　ⅰ　M銀行のアパートローンの残債金400万円
　ⅱ　相続人Wが立て替えした葬儀費用等金120万円
　ⅲ　相続人Wの立替金入院費金10万円
　ⅳ　相続人Wの立替金公租公課（固定資産税）金20万円
　ⅴ　税理士報酬（約120万円）

vi 司法書士報酬（約130万円）
vii 相続税
viii その他，本遺産分割にかかる諸経費

（分割割合）
・相続人Wが32分の24を取得する。
　（ただし，前記1の（1）〜（4）の不動産価額の金額を含む）
・相続人A1が32分の1の金員を取得する。
・相続人A2が32分の1の金員を取得する。
・相続人Bが32分の2の金員を取得する。
・相続人Cが32分の2の金員を取得する。
・相続人Dが32分の2の金員を取得する。
　ただし，上記の相続分の分割計算に伴う100円未満の端数処理方法については，下記受託者に一任する。

8　以上の遺産相続手続に関する諸手続のすべてを，次の司法書士〇〇〇〇事務所司法書士〇〇〇〇に委託する（注1）。

　　（事務所）
　　　〒〇〇〇－〇〇〇〇
　　　横浜市〇〇区〇〇町三丁目4番地　〇〇〇〇ビル4F
　　　司法書士〇〇〇〇事務所
　　　司法書士　〇〇　〇〇
　　　（神奈川県司法書士会　登録番号〇〇〇号）
　　　TEL　045（〇〇〇）〇〇〇〇

（委託する業務内容）（注2）
　司法書士法第29条及び司法書士法施行規則第31条第1号に基づく次の業務
　　i　被相続人及び相続人の戸籍・住民票等法定相続人確定のための調査及び，相続財産に関する調査及び資料収集並びに法定相続情報証明書の交付申請及び受領
　　ii　遺産分割協議の相談及び助言，分割合意の調整及び，遺産分割協議

書その他関連する書類の作成
iii 不動産について，相続を原因とする所有権移転登記手続
iv 銀行，信託銀行，信用金庫等金融機関に対し，遺産相続に伴う現存照会又は残高証明の請求及び受領，各種書類又は証書類の提出及び受領，預金・利息等の解約及び解約金の受領，貸金庫取引の解約並びに保管物の受領手続の一切
v 郵便局（ゆうちょ銀行）に対する，残高証明書の請求，受領及び，貯金等の相続手続に関する，書類の提出，証書等の受領，払戻金の受領，返送書類の受領，連絡に関する一切の手続の件
vi 株式・出資証券その他有価証券類寄託物件の相続移管（名義変更手続）又は返還及び売却に伴う売却代金・払戻金・利息・配当金等の請求・受領，各種書類の提出，受領に関する一切の件
vii 本遺産分割協議に基づく遺産の回収，受領，管理，処分，諸経費の支払，遺産の分配手続等一切の業務
viii 税理士等専門職への業務委託契約の締結
ix 上記に関連する一切の業務

(注1) 遺産承継業務の委託事項を遺産分割協議書に記載することに抵抗を感じるのであれば，別途委任状を受領し業務を行うことができる。また，業務委託契約書でも受託契約の成立が証明できるので分割業務は実行できると考えるが，遺産分割協議書に記載することにより，分割内容と受託内容が一体となり，代理業務の権限と範囲が明確となる。また，委任状等は不要となる。
(注2) 委託する業務内容については，業務委託契約書を参考に，遺産の種類，内容に応じて適宜追加あるいは削除すればよい。

【4】その他の事項（注1）
1 本遺産分割協議書に記載のない相続財産及び債務が後日発見された場合は，相続人Wが遺産を取得し債務を負担する。
2 本件遺産相続に関し，相続人全員は，特別受益，寄与分についての主張をしない。
3 本件遺産相続に関し，相続人間で本遺産分割協議書に定めること以外の債権債務は存在しないことを確認する。

4 本件遺産相続に関し，この遺産分割協議書に定めのない事項が発生した場合，相続人は，信義に従い誠実に協議を行うものとする。
5 本件遺産相続に関する関係書類は，相続人Wが受領し保存管理する。

（注1）その他の事項について
1は，後日遺産が発見された場合役立つ条項であり，必ず記載すべきと考えるが，遺産隠しと解される場合もあるので注意を要する。債務の負担は他の相続人には好意的に受け入れられるが，後日多額の債務が発見された場合は大きな負担となる。記載内容は事案ごとに検討すべきである。
2は，両方とも遺産分割協議のなかで主張すべき事項であり，3に清算条項があるので，後日この主張は認められないことになるが，念のための条項である。
3は，後日の紛争防止のために必ず設けておくべき清算条項である。
4は，信義則条項である。
5は，手続が終了すると相続証明書や通帳，伝票など関係書類が残ることになるので，これらの書面を誰が保存管理するかは事前に承諾を得ておくべきである。

　以上のとおり，相続人全員による遺産分割協議が成立したので，これを証するため本書を作成し，各自署名捺印する。

　　平成　　　年　　　月　　　日

【相続人○○の署名捺印】

　　　　　　　　住　所

　↑実印

　　　　　　　　氏　名

　　　　　　　　　　　　　　　　　　　　　↑実印

資料⑧

遺 産 分 割 協 議 書

㊟ 資料7を変更した箇所にアンダーラインを付した。

被 相 続 人　　H
生 年 月 日　　昭和10年3月10日
死　　　亡　　平成30年4月1日
最後の本籍　　横浜市〇〇区〇〇町二丁目36番
最後の住所　　横浜市〇〇区〇〇町二丁目4番8号

　上記被相続人の死亡により開始した遺産相続に関し，共同相続人全員で協議を行った結果，各相続人が次のとおり遺産を分割することを合意し確定した。

【1】相続人の確認
　被相続人の法定相続人は，W，Aの代襲相続人A1，A2，B，C，Dの6名であるが，<u>Cは，Dに対し相続分の全部を譲渡したため本遺産分割協議には参加しないことを相互に確認する</u>（注1）。

> （注1）相続人Cが，Dに相続分の譲渡したことを明記した。

【2】遺産目録
　1　不動産
　　（1）土　　地
　　　所　　在　　横浜市〇〇区〇〇町二丁目
　　　地　　番　　36番6
　　　地　　目　　宅　地
　　　地　　積　　150.00m²

　　（2）建　　物
　　　所　　在　　横浜市〇〇区〇〇町二丁目36番地6
　　　家屋番号　　36番6
　　　種　　類　　居宅
　　　構　　造　　木造瓦葺2階建

床　面　積　　1階　70.00m²
　　　　　　　　　　2階　45.00m²

　(3)　土　地
　　　所　　　在　　横浜市○○区○○一丁目
　　　地　　　番　　10番5
　　　地　　　目　　宅　地
　　　地　　　積　　200.00m²

　(4)　建　物
　　　所　　　在　　横浜市○○区○○一丁目10番地5
　　　家屋番号　　　10番5
　　　種　　　類　　共同住宅
　　　構　　　造　　木造スレート葺2階建
　　　床　面　積　　1階　100.00m²
　　　　　　　　　　2階　100.00m²

2　預貯金
　(1)　M銀行　（横浜支店）
　　　普通預金　　店番345　　口座番号　2345678
　　　定期預金　　店番345　　口座番号　9101112
　　　　　　　　　　　　　　　額面金800万円

　(2)　Y銀行　（横浜支店）
　　　普通預金　　店番56　　口座番号　1234567

　(3)　ゆうちょ銀行
　　　通常貯金　　記号・番号　　02131-89101145
　　　定額貯金　　記号・番号　　02141-56327812
　　　　　　　　　証書番号01　　額面金400万円

　(4)　K信用金庫　（本店営業部）
　　　普通預金　　店番001　　口座番号　3170897

第5章　遺産承継業務（各論）

```
定 期 預 金    店番001    口座番号  1930735
              額面金1,000万円
```

3　株式その他有価証券
　　（取扱店　野村証券㈱横浜支店）
　（1）株式
　　　①　A（株）　　　2500株
　　　②　B（株）　　　4000株
　　　③　C（株）　　　120株
　　　④　D（株）　　　300株
　　　⑤　E（株）　　　100株

4　建物内の動産及びその他備品

5　債　務　　M銀行からのアパートローン残債務金400万円及びその他の債務

【3】遺産分割の方法
1　不動産
　（1）ア　上記遺産目録1の「不動産（1）（2）」は，相続人Wが相続する。
　　　イ　本不動産の遺産評価額は，（1）（2）が合計金2,000万円とすることに合意する。
　　　ウ　前記相続登記にかかる費用（登録免許税，司法書士報酬など）は，相続人Wが負担する。
　（2）ア　上記遺産目録1の「不動産（3）（4）」は，換価分割するため，相続人Wを代表相続人と定め，同人名義に相続による所有権移転登記をしたうえでこれを売却し，売却に係る諸経費（債務（アパートローン），公租公課，測量費，仲介手数料，相続・抹消登記費用，税理士報酬等）を支払い，残代金を下記の相続財産管理口座に入金し分割金として保管する（注1）。
　　　イ　相続人Wを除く他の相続人は，前号不動産の売買に関して，買主，売買代金，売買の時期等売買契約のすべてを相続人Wに一任するものとし，契約内容について異議を述べない（注2）。

(注1) 遺産分割協議（案）（資料⑦）では，不動産は，すべて相続人Wが取得するとなっていたが，調整協議の結果(1), (2)はWが相続し，(3), (4)は換価分割によることとなったため，分割方法を変更した。
(注2) 別の売却方法として
「相続人Wは，本年12月末日までに本件不動産を最低金2,800万円以上で売却するものとし，契約締結の際は，相続人全員の同意を得るものとする。また，期限内に売却できない場合は，相続人全員で改めて協議のうえ売却条件を決定する。」という方法もあるが，合意形成に時間がかかり，迅速性に欠けることになる。

2　預貯金
　上記遺産目録2の「預貯金」は，相続人Wを代表相続人と定め，すべて解約し払戻手続を行い，その金銭は次の相続財産管理口座に入金し保管したうえで下記の方法で分割する。

＊＊「相続財産管理口座」＊＊
　〇〇銀行（横浜支店）　普通預金
　店番123　　口座番号　0123456
　口座名義人「被相続人H　預り金口　司法書士〇〇〇〇」

3　株式その他有価証券
　上記遺産目録3の「株式その他有価証券」は，相続人Wを代表相続人と定め同人名義へ変更手続きをしたうえでこれを売却し，諸経費を差し引き前記管理口座に入金し分割金として保管する。

4　動産・その他
　上記遺産目録4の「建物内の動産及びその他備品」は，相続人Wが取得し管理又は処分する。ただし，遺産の評価額は0円とする。

5　相続債務
　ア　M銀行のアパートローンの残債務金400万円は売買代金の中から支

払う。

イ　その他，被相続人の日常家事債務は，すべて相続人Wが負担する。

6　祭祀承継

被相続人の祭祀承継については，相続人Wが主宰する。

7　不動産売買代金，預貯金，株式その他有価証券の分割方法

上記「相続財産管理口座」に集約した遺産（金銭）の分割方法については，本管理口座の総額に前記1の <u>(1) (2) 不動産の価格（金 2,000 万円）</u> を加えた額（遺産の総額）から，遺産相続に関する下記の諸経費を差し引いたうえで，次の相続分分割合に応じて分割する。

（遺産から差し引かれる諸経費）
i　相続人Wが立て替えした葬儀費用等金120万円
ii　相続人W立替金入院費等金10万円
iii　相続人W立替金公租公課（固定資産税）金20万円
iv　税理士報酬（約120万円）
v　司法書士報酬（約130万円）
vi　相続税
vii　その他，本遺産分割にかかる諸経費

（分割割合）
・相続人Wが32分の24を取得する。
　（ただし，前記1の <u>(1) (2)</u> の不動産価額の金額を含む）
・相続人A1が32分の1の金員を取得する。
・相続人A2が32分の1の金員を取得する。
・相続人Bが32分の2の金員を取得する。
・<u>相続人Dが32分の4の金員を取得する。（相続人Cからの譲受分を含む）</u>
・<u>相続人Cは，相続分を相続人Dに譲渡したため協議には参加しない。</u>

ただし，上記の相続分の分割計算に伴う100円未満の端数処理方法については，下記受託者に一任する。

8　以上の遺産相続手続に関する諸手続のすべてを，次の司法書士○○○○事務所の司法書士○○○○に委託する。

(受託事務所)
　〒○○○-○○○○
　横浜市○○区○○町三丁目4番地　○○○○ビル4F
　司法書士○○○○事務所
　司法書士　○○　○○
　(神奈川県司法書士会所属　登録番号○○○号)
　　TEL　045（○○○）○○○○

(委託する業務内容)
　司法書士法第29条及び司法書士法施行規則第31条第1号に基づく次の業務
　ⅰ　被相続人及び相続人の戸籍・住民票等法定相続人確定のための調査及び，相続財産に関する調査及び資料収集並びに法定相続情報証明書の交付申請及び受領
　ⅱ　遺産分割協議の相談及び助言，分割合意の調整及び，遺産分割協議書その他関連する書類の作成
　ⅲ　不動産について，相続を原因とする所有権移転登記手続
　ⅳ　銀行，信託銀行，信用金庫等金融機関に対し，遺産相続に伴う現存照会又は残高証明の請求及び受領，各種書類又は証書類の提出及び受領，預金・利息等の解約及び解約金の受領，貸金庫取引の解約並びに保管物の受領手続の一切
　ⅴ　郵便局（ゆうちょ銀行）に対する，残高証明書の請求，受領及び，貯金等の相続手続に関する，書類の提出，証書等の受領，払戻金の受領，返送書類の受領，連絡に関する一切の手続の件
　ⅵ　株式・出資証券その他有価証券類寄託物件の相続移管（名義変更手続）又は返還及び売却に伴う売却代金・払戻金・利息・配当金等の請求・受領，各種書類の提出，受領に関する一切の件
　ⅶ　本遺産分割協議に基づく遺産の回収，受領，管理，処分，諸経費の支払，遺産の分配手続等一切の業務
　ⅷ　弁護士，税理士等専門職への業務委託契約の締結

ix 上記に関連する一切の業務

【4】その他の事項
1 本遺産分割協議書に記載のない遺産及び債務が後日発見された場合は,相続人Wが遺産を取得し債務を負担する。
2 本件遺産相続に関し,相続人全員は,特別受益,寄与分についての主張をしない。
3 本件遺産相続に関し,相続人間で本遺産分割協議書に定めること以外の債権債務は存在しないことを相互に確認する。
4 本件遺産相続に関し,この遺産分割協議書に定めのない事項が発生した場合,相続人は,信義に従い誠実に協議を行うものとする。
5 本件遺産相続に関する関係書類は,相続人Wが受領し保存管理する。

以上のとおり,相続人全員による遺産分割協議が成立したので,これを証するため本書を作成し,各自署名捺印する。

平成　　年　　月　　日

【相続人○○の署名捺印】

　　　住　所＿＿＿＿＿＿＿＿＿＿＿＿＿＿＿＿＿＿＿＿＿＿＿

　　　氏　名＿＿＿＿＿＿＿＿＿＿＿＿＿＿＿＿

実印　　　　　　　　　　　　　　　　　　　　　　　　実印

資料⑨

送 付 書

被相続人 H 様
相続人各位

（被相続人 H 任意相続財産管理人）
〒○○○－○○○○
横浜市○○区○○町三丁目4番地
　　○○○○ビル4F
司法書士○○○○事務所
　　司法書士　○○　○○
TEL 045（○○○）○○○○
FAX 045（○○○）○○○○

平成30年7月31日

　前略，この度は，亡H様の遺産相続にご協力いただき誠に有り難うございます。遺産分割の方法について，奥様の希望を遺産分割協議書（案）として分割方法を提示し皆様からのご意向をアンケート方式によりお伺いしました。その結果，以下のとおり修正させていただきました。
（修正箇所）
　①　自宅は奥様が相続されることについて皆様のご了解が得られましたが，共同住宅（アパート）については，奥様が取得したうえで，ローンは遺産から支払うというのでは不公平ではないかという意見がございました。また，売却して金銭での分割を希望するご意見もございました。そこで，奥様と協議した結果，アパートについては，売却してアパートローン及び諸経費を差し引いたうえで金銭で分割しましょうという事になりました。ただし，処分の方法については相続人全員で売却するのは手続が煩雑となるので，奥様に一任して頂きたいという事です。売却に際しては，当職も奥様をサポートして早期にできるだけ高値で売却したいと考えていますので，ご了解いただきたいと存じ

ます。
② よって，先般お送りしました，遺産分割協議書（案）【3】遺産分割の方法，1不動産ア・イの箇所を換価処分することに修正しましたのでご確認ください。
③ また，相続人Ｃ様は，Ｄ様へ相続分の譲渡をされましたので関連する箇所（【1】，【3】の7）を修正しました。

　以上を修正させていただきました。ご確認いただきご了解いただけるようでしたら，同封しました「遺産分割協議書」の末尾に住所・氏名を自署し，実印を鮮明に捺印して印鑑証明書1通を同封のうえご返却頂きたいと存じます。

　なお，今後の手続につきましては，7月10日付にてお送りしました『送付書』のとおりですが，最終的に皆様への分割金が確定しましたら，再度皆様方全員に確定金額の計算書に関係資料を添えてお送りします。皆様全員のご承諾を頂いてから，それぞれの指定口座にお振込みすることになります。

　まずは，お送りしました遺産分割協議書をご確認のうえ署名・捺印と，印鑑証明書1通を同封していただき，ご返送下さるようお願い申し上げます。

不明な点は，ご連絡ください。
よろしくお願い申し上げます。

　　　　　　　　　　　　　　　　　　　　　　　　　　　　草々

資料⑩

相続分譲渡証明書

被相続人　　H
生年月日　　昭和 10 年 3 月 10 日
死　　亡　　平成 30 年 4 月 1 日
本　　籍　　横浜市〇〇区〇〇町二丁目 36 番地
最後の住所　横浜市〇〇区〇〇町二丁目 4 番 8 号

　上記被相続人の死亡によって開始した遺産相続について，私が有する相続分のすべてを，無償にて下記相続人に譲渡します。

　　　　　　　　　　　　記

（譲受人）　　横浜市〇〇区〇〇町三丁目 4 番 5 号
　　　　　　　　　D
　　　　　　（昭和　　年　　月　　日生）

平成　　年　　月　　日

（譲渡人）
　　相続人　住　　所　　東京都〇〇区〇〇五丁目 6 番 7 号

　　　　　　氏　　名　　　　　　　C

※　本証明書には，譲受人の署名捺印が有った方がよいが
　　このように差入れ方式でも有効である。

第5章 遺産承継業務（各論）

資料⑪

亡Ｈ様遺産分割計算書

平成30年4月1日 死亡　　　　　　　　　　　　　平成30年12月1日

1　不動産

番号	不動産の表示	利用	固定資産税評価額	相続税評価額	取得者
1	横浜市〇〇区〇〇町二丁目36番6 宅地　150.00m²	自宅敷地	¥13,000,000	¥16,000,000	W
2	横浜市〇〇区〇〇町二丁目36番地6 家屋番号36番6 居宅 木造瓦葺2階建 1階70.00m²　2階45.00m²	自宅建物	¥4,000,000	¥4,000,000	W
3	横浜市〇〇区〇〇一丁目10番5 宅地　200.00m²	アパート敷地	¥15,000,000	¥18,000,000	注．換価分割をした（詳細は別欄4参照）
4	横浜市〇〇区〇〇一丁目10番5 家屋番号10番5 共同住宅 木造スレート葺 2階建　1階100.00m²　2階100.00m²	4所帯アパート	¥8,000,000	¥8,000,000	
小計			¥40,000,000	**¥46,000,000**	

2　預貯金

番号	銀行名	支店名	預貯金の種類	支店番号	口座番号	相続開始時の残高	解約金額	備考
1	M銀行	横浜	普通預金	345	2345678	¥786,500	¥836,500	5/25市から葬儀補助金5万円入金
			定期預金	345	9101112	¥8,000,000	¥8,000,000	
2	Y銀行	横浜	普通預金	56	1234567	¥458,200	¥435,000	5月NTT,NHK引き落とし金23200円
3	ゆうちょ銀行		通常貯金		02131-89101145	¥328,500	¥328,500	
			定額貯金		02141-56327812	¥4,000,000	¥4,000,000	
4	K信用金庫	本店	普通預金	001	3170897	¥426,800	¥400,000	5月光熱費引き落とし金26800円
			定期預金	001	1930735	¥10,000,000	¥10,000,000	
合計						¥24,000,000	**¥24,000,000**	

3　株式（SS証券㈱横浜支店取扱い）

番号	種類	銘柄	数量	開始時の単価	開始時の評価額	売却金額
1	株式	A㈱	2500株	1,000	¥2,500,000	¥2,400,000
2	株式	B㈱	4000株	900	¥3,600,000	¥3,500,000
3	株式	C㈱	120株	10,000	¥1,200,000	¥1,280,000
4	株式	D㈱	300株	6,000	¥1,800,000	¥1,820,000
5	株式	E㈱	100株	9,000	¥900,000	¥800,000
合計					¥10,000,000	**¥9,800,000**

←注．株式の売却に伴う譲渡益はない。

4 不動産の売却

番号	科目	収入	支出
1	売買代金	¥30,000,000	
2	アパートローン		¥4,000,000
3	仲介手数料		¥960,000
4	測量費		¥455,000
5	登記費用		¥120,000
6	譲渡所得税		¥3,500,000
7	その他精算金	¥35,000	
合計		¥30,035,000	¥9,035,000
	残代金額		¥21,000,000

注1. 譲渡所得税は仮定値であり税理士報酬も含まれる。

5 遺産の総額

番号	遺産総額	金額	備考
1	不動産(自宅)	¥20,000,000	相続税評価額
2	アパート売却残金	¥21,000,000	
3	預貯金解約	¥24,000,000	
4	株式売却額	¥9,800,000	
合計		¥74,800,000	← (A)

6 諸経費

番号	科目	相手先	金額
1	葬儀費用	W立替	¥1,200,000
2	立替金	入院費等W立替	¥224,000
3	公租公課	固定資産税他	¥300,000
4	税理士報酬	□□税理士	¥1,000,000
5	司法書士報酬	○○司法書士	¥1,100,000
6	相続税		¥0
合計			¥3,824,000 ← (B)

注2. 税理士報酬には, 準確定申告と相続税申告報酬が含まれる。
注3. 公租公課には, 固定資産税と準確定申告による所得税などが含まれる。
注4. 相続税は, 8の具体的相続額から差引くのでここでは0円とした。

7

| 分割可能財産 | ¥70,976,000 | ← (A) − (B) = (C) |

8 具体的相続額

番号	相続人	相続分割合	相続額	不動産取得額	金銭取得額	相続税(−)	合計
1	W様	32分の24	¥53,232,000	¥20,000,000	¥33,232,000	¥0	¥53,232,000
2	A1様	32分の1	¥2,218,000	¥0	¥2,218,000	¥180,000	¥2,038,000
3	A2様	32分の1	¥2,218,000	¥0	¥2,218,000	¥180,000	¥2,038,000
4	B様	32分の2	¥4,436,000	¥0	¥4,436,000	¥360,000	¥4,076,000
5	C様	Dへ相続分の譲渡	¥0	¥0	¥0	¥0	¥0
6	D様	32分の4	¥8,872,000	¥0	¥8,872,000	¥720,000	¥8,152,000
合計		32分の32	¥70,976,000	¥20,000,000	¥50,976,000	¥1,440,000	¥69,536,000

↑注. 乙は, 配偶者控除特例の適用を受けるため0円となる。他の税額は仮定値である。

第5章 遺産承継業務(各論)

資料⑫

報 告 書

被相続人 H 様
相続人各位

(被相続人 H 任意相続財産管理人)
〒○○○-○○○○
横浜市○○区○○町三丁目4番地
○○○○ビル 4F
司法書士○○○○事務所
司法書士　○○　○○
TEL 045(○○○)○○○○
FAX 045(○○○)○○○○

平成30年12月5日

　前略，この度は，亡H様の遺産相続手続にご協力いただき有り難うございます。H様の遺産分割のための預金及び株式の解約，不動産(アパート)の売却手続が終了しましたので，遺産分割協議書に基づく分割金の支払をしたいと思います。つきましては，別紙のとおり資料を添付のうえ「遺産分割金計算書」をお送りしますので，下記の説明事項をお読みいただき，ご承諾いただけるようでしたら，同封の「承諾書及び振込依頼書」に<u>住所，氏名，振込口座，電話番号を書いて実印を捺印</u>のうえ当職へご返送いただきたくお願い申し上げます。なお，支払は，<u>全員の承諾が揃わないと振込みできません</u>のでご承知おきください。

(説明事項)
1　不動産のうち自宅については，奥様が取得するため評価額を相続税評価額の土地1,600万円，建物400万円合計金2,000万円として計上しました。
2　不動産のうちアパートは，売却しました。売買代金は3,000万円，固定資産税の精算金3万5千円でその中から諸経費として903万5千円を差

し引き 2,100 万円を分割金として管理口座に入金しました。諸経費のうち 350 万円は，税理士報酬を含む譲渡所得税で，来年 2 月に税理士が申告し納税しますので，それまでは奥様の預り金となります。

3　預貯金はすべて解約した結果，解約金は合計 2,400 万円となりました。また，株式も売却し売却金は 980 万円となりました。両方とも管理口座に入金しました。なお，株式については譲渡益はありませんでしたので譲渡所得税はかかりません。

4　以上の結果，遺産の総額は金 7,480 万円（A）となります。これから，諸経費の合計金 382 万 4 千円（B）を差し引いた金 7,097 万 6 千円（C）が分割可能財産となります。この金額を各相続人の相続分割合で分割すると計算表 8「具体的相続額」となります。また，取得金額から相続税の立替金を差引きさせていただいています。

　以上のとおりとなります。不明な点は当職までご連絡ください。
よろしくお願い申し上げます。
　　　　　　　　　　　　　　　　　　　　　　　　　　　草々

第5章　遺産承継業務（各論）

資料⑬

（被相続人Ｈ任意相続財産管理人）
　司法書士　○○○○　殿

承諾書及び振込依頼書

　被相続人Ｈ様の遺産分割については別紙遺産分割計算書のとおりで承諾しますので，分割金 **2,038,000円**（注１）は，振込手数料を差引きのうえ下記の口座にお振込みください。

＝＝銀行，信用金庫等の場合＝＝

　　（　　　　　　）銀行，信用金庫　（　　　　　）支店
　　名義人（　　　　　　　　　）（ふりがな　　　　　　　）
　　普通預金　当座預金　口座番号（No.　　　　　　）

＝＝郵便局の場合＝＝

　　記号・番号（　　　　－　　　　）口座名義人（　　　　　　　）
　　　　　　　　　　　　　　　　　ふりがな　（　　　　　　　）

平成　　　年　　　月　　　日

　依頼人　住　所　＿＿＿＿＿＿＿＿＿＿＿＿＿＿＿＿＿＿＿
　（相続人）

　　　　　氏　名　＿＿＿＿＿＿＿＿＿＿＿＿＿＿　　　　　　（○）

　　　　　TEL　　　　　－　　　　　－
（注．振込みの際に電話番号の記載が必要となりますのでご記入願います。）　↑実印

注１　各相続人の最終取得金額を記載して再確認してもらう。

236

事項索引

あ

アンケートの回収 …………………… 141
アンケートの送付 …………………… 140
アンケート文書 ……………………… 171
遺言による遺産分割方法の指定 …… 30
遺言による相続分の指定 …………… 29
遺言による場合 ……………………… 115
遺言の方式 …………………………… 27
遺言の方法 …………………………… 29
遺産から差し引かれる諸経費 ……… 177
遺産管理費用 ………………………… 73
遺産債務 ……………………………… 50
遺産収益 ……………………………… 49
遺産承継業務 ………………………… 108
　——の受託 ………………………… 116
　——の手順 ………………………… 120
　——の類型 ………………………… 115
遺産相続に関する回答書 …………… 167
遺産の管理 …………………………… 161
遺産の帰属性 ………………………… 46
遺産の適格性 ………………………… 47
遺産の範囲 ……………………… 46, 158
遺産の範囲の確定 …………………… 65
遺産の評価 …………………………… 82
遺産分割（承継）業務 ……………… 125
遺産分割協議 ………………………… 31
遺産分割協議書 ……………………… 172
遺産分割協議成立業務 ………… 120, 125
遺産分割協議と相続分の譲渡 ……… 104
遺産分割協議と登記 ………………… 103
遺産分割協議による場合 …………… 115
遺産分割協議の合意 ………………… 44
遺産分割協議の合意成立 …………… 143

遺産分割協議の成立・未成立 ……… 117
遺産分割協議の調整 ………………… 142
遺産分割業務 …………………… 120, 152
遺産分割計算書 ……………………… 186
遺産分割対象財産 …………………… 117
遺産分割調停 ………………………… 33
遺産分割調停（審判）による場合
　……………………………………… 116
遺産分割手続 …………………… 44, 143
遺産分割と遺産の管理 ……………… 91
遺産分割と登記 ……………………… 94
遺産分割の対象とならないもの …… 72
遺産分割の対象となるもの ………… 66
遺産分割の方法 ………………… 84, 174
遺産目録 ………………………… 160, 174
意思無能力者 ………………………… 168
一応の相続分 ………………………… 82
一般の法律事件 ……………………… 132
受取物等引渡義務 …………………… 93

か

確認業務 ……………………………… 153
株式 …………………………………… 69
　——の分割方法 …………………… 90
　——の名義変更 …………………… 182
株主会員制 …………………………… 71
換価分割 ………………… 87, 176, 181, 191
関係書類の保管者 …………………… 179
管理・調査業務 ……… 120, 124, 151, 156
管理口座の開設 ……………………… 177
管理の開始 …………………………… 162
基準時 ………………………………… 82
規則31条業務 ………………………… 110
規則第31条の制定 …………………… 111

共同相続 …………………………… 4
業務委託契約書 ………………… 155
業務委託契約の締結 …………… 151
共有分割 …………………………… 89
寄与分 ………………… 21, 78, 144, 178
　——対象者 …………………… 78
　——の算定 …………………… 80
金銭の管理 …………………… 180
具体的相続分 ………………… 82, 185
　——の確定 ………………… 186
欠格事由 …………………………… 9
現金 ……………………………… 69
限定承認 ………………………… 13
現物分割 ……………… 86, 180, 191
公正証書遺言 …………………… 28
公租公課 ……………………… 185
国債 ……………………………… 70
個人情報保護 ………………… 158
戸籍制度の変遷 ………………… 53
戸籍の調査 …………………… 52
ゴルフ会員権 ………………… 71

さ

債権 ……………………………… 72
祭祀承継 …………… 3, 49, 73, 147, 185
債務 ……………………………… 72
支援者 ………………………… 119
事件性必要説 ………………… 132
事件性不要説 ………………… 134
事情聴取 ……………………… 153
事前準備 ……………………… 162
失踪宣告 ………………………… 6
使途不明金 …………… 48, 74, 146
自筆証書遺言 ………………… 27
司法書士法改正 ……………… 110
司法書士法第29条 …………… 111
死亡退職金 …………………… 69

死亡日の確認 …………………… 52
社債 ……………………………… 71
社団会員制 ……………………… 71
熟慮期間 ………………………… 13
準確定申告 …………………… 184
譲渡所得税 …………………… 184
信義誠実条項 ………………… 179
推定相続人の廃除 …………… 10, 56
数次相続 ……………………… 106
清算条項 ……………………… 179
生命保険金 ……………………… 70
成立要件 ………………………… 79
善管注意義務 …………………… 93
前提問題 ………………………… 44
専門家の役割 ………………… 193
葬儀費用 ………………… 49, 73, 185
相続関係説明図 ……………… 157
相続欠格 ………………………… 56
相続財産（遺産）の範囲 …… 44
相続財産管理人 ……………… 113
相続財産の管理 ………………… 38
相続財産の範囲 ………………… 11
相続資格の重複 ………………… 57
相続税 ………………………… 183
　——と遺産分割 …………… 190
相続人の確定 ………………… 43, 55
相続人の確認 ………………… 174
相続人の調査 ………………… 156
相続人の範囲 ………… 45, 52, 117
相続（の）開始 ………… 5, 43, 52
相続の効力 ……………………… 3
相続（の）放棄 ………… 13, 58, 94
相続分の譲渡 ……… 23, 58, 95, 105
相続分の放棄 …… 25, 59, 63, 100, 105
相続分の放棄と登記 ………… 65
双方代理 ………………… 126, 127

事項索引

た

- 胎児 ... 7, 55
- 代償分割 ... 86
- 代理人 ... 118
- 立替金 ... 185
- 他の法律 ... 135
- 単純承認 ... 12
- 中立型調整役業務 ... 109, 162
  - ――の課題 ... 126
  - ――の法的検討 ... 123
- 中立型調整役の課題と対策 ... 144
- 中立型調整役の業務内容 ... 139
- 中立型調整役の役割 ... 137
- 調整役が必要とされる事例 ... 121
- 調整役業務の手順 ... 163
- 調整役の執務姿勢 ... 138
- 調整役の必要性 ... 118, 121
- 調整役を必要としない事例 ... 123
- 調停に代わる審判 ... 37
- 調停をしない措置 ... 37
- 動産 ... 72
- 同時死亡の推定 ... 6
- 投資信託 ... 69
- 特定遺贈 ... 31
- 特別受益 ... 18, 75, 144, 178
- 特別の寄与 ... 23, 81
- 特別方式 ... 29
- 取戻し ... 25

な

- 任意遺産管理人 ... 41, 91, 92
  - ――の権利義務 ... 93
  - ――の職務 ... 92
  - ――の地位 ... 92
- 任意相続財産管理人 ... 91
  - ――の選任 ... 113

- 認定死亡 ... 5

は

- 配偶者居住権 ... 66, 67
- 配偶者短期居住権 ... 66
- 被相続人の表示 ... 173
- 秘密証書遺言 ... 28
- 費用償還請求権 ... 93
- 費用前払請求権 ... 93
- 付随問題 ... 48, 147
- 普通方式 ... 27
- 不動産 ... 66
  - ――の分割 ... 180
  - ――の分割方法 ... 86
- 分割案の調整 ... 171
- 分割可能財産額 ... 186
- 分割金の支払 ... 187
- 紛争事件 ... 193
- 紛争の予防 ... 147
- 弁護士法72条 ... 131, 136
- 包括遺贈 ... 31
- 報告義務 ... 93
- 報酬 ... 188
- 報酬請求権 ... 93
- 法定果実 ... 73
- 法定相続 ... 16
- 法定相続財産管理人 ... 113
- 法定相続情報証明書 ... 157
- 法定相続人の調査 ... 156
- 法定相続分 ... 82

ま

- みなし相続財産 ... 82
- 持戻し免除の意思表示 ... 76

や

- 有価証券 ... 176

239

事項索引

行方不明者 …………………………… 170
預託金会員制 ………………………… 71
預貯金 ………………………………… 68
　——の解約 ………………………… 182
　——の分割方法 …………………… 90

―――――――――― ら ――――――――――

利益相反 ……………………… 126, 170

判例索引

大判昭和 7 年 10 月 6 日民集 11 巻 2023 頁 ………………………………………… 7
最判昭和 34 年 6 月 19 日民集 13 巻 6 号 757 頁 ………………………………… 50, 72
最決昭和 41 年 3 月 2 日民集 20 巻 3 号 360 頁 …………………………………… 45
福岡高決昭和 45 年 7 月 31 日家月 22 巻 11, 12 号 91 頁 ……………………… 77
最判昭和 50 年 11 月 7 日民集 29 巻 10 号 1525 頁 ……………………………… 84
最判昭和 53 年 6 月 16 日集民 124 号 123 頁 ……………………………………… 72
最判昭和 59 年 4 月 27 日判時 1116 号 29 頁 ……………………………………… 13
最判平成元年 2 月 9 日民集 43 巻 2 号 1 頁 ………………………………………… 32
東京高決平成元年 12 月 28 日家月 42 巻 8 号 45 頁 ……………………………… 78
最判平成 2 年 9 月 27 日民集 44 巻 6 号 995 頁 …………………………………… 32
最判平成 3 年 4 月 19 日民集 45 巻 4 号 477 頁 …………………………………… 30
最判平成 4 年 4 月 10 日家月 44 巻 8 号 16 頁 ……………………………………… 69
東京地判平成 5 年 9 月 14 日判タ 870 号 208 頁 ………………………………… 66
最判平成 7 年 3 月 7 日民集 49 巻 3 号 893 頁 ……………………………………… 20
最判平成 9 年 3 月 25 日民集 51 巻 3 号 1609 頁 ………………………………… 72
最判平成 16 年 10 月 29 日民集 58 巻 7 号 1979 頁 ……………………………… 76
最判平成 17 年 9 月 8 日民集 59 巻 7 号 1931 頁 ………………………………… 49, 73
最判平成 21 年 3 月 24 日民集 63 巻 3 号 427 頁 ………………………………… 30
東京高決平成 22 年 9 月 13 日家月 63 巻 6 号 82 頁 …………………………… 78
最決平成 25 年 9 月 4 日民集 67 巻 6 号 1320 頁 ………………………………… 8
最判平成 26 年 2 月 25 日民集 68 巻 2 号 173 頁 ………………………………… 69, 70
最決平成 28 年 12 月 19 日民集 70 巻 8 号 2121 頁 ……………………………… 68

先例索引

昭和 6 年 10 月 3 日民事第 997 号民事局長回答 ………………………………… 101
昭和 16 年 11 月 20 日民事甲第 920 号民事局長回答 ……………………………… 102
昭和 23 年 8 月 9 日民事甲第 2371 号民事局長回答 ………………………………… 57
昭和 26 年 9 月 18 日民事甲第 1881 号民事局長電信回答 ………………………… 57
昭和 29 年 6 月 15 日民事甲第 1188 号民事局長回答 ……………………………… 56
昭和 30 年 12 月 16 日民事甲第 2670 号民事局長通達 …………………………… 97
昭和 32 年 1 月 10 日民事甲第 61 号民事局長回答 ………………………………… 57
昭和 33 年 1 月 10 日民事甲第 4 号民事局長通達 …………………………………… 10
昭和 59 年 10 月 15 日民三第 5195 号民事局第三課長回答 ……………………… 95
平成 4 年 3 月 18 日民三第 1404 号民事局第三課長回答 ……………………… 97, 104
平成 30 年 3 月 16 日民二第 137 号民事局民事第二課長通知 ………………… 96, 99

著者略歴

佃　一男（つくだ　かずお）
【資格】
司法書士，土地家屋調査士

【経歴】
昭和25年　出生（大分県）
昭和56年　神奈川県司法書士会，神奈川県土地家屋調査士会登録
　同　年　「司法書士・土地家屋調査士佃一男事務所」開設
平成28年　「司法書士法人よこすか中央合同事務所」開設

【役職】
平成元年～平成15年　神奈川県司法書士会
　　研修部長，総務部長，副会長，会長，歴任
【現職】
神奈川県司法書士会名誉会長
家庭裁判所家事調停委員
一般社団法人商業登記倶楽部理事
一般社団法人日本財産管理協会副理事長

【論文】
「オンライン体験記」
　「月報司法書士」（日本司法書士会連合会，2007年3月号）
「不動産詐欺取引」
　「月刊登記情報」No.595号（金融財政事情研究会，2011年6月号）
「遺産承継業務における司法書士の役割」
　「市民と法」No.103号（民事法研究会，2017年2月号）

【共著】
一般社団法人日本財産管理協会編『第2版　相続財産の管理と処分の実務』
（日本加除出版，2018年9月）

司法書士のための遺産承継業務
中立型調整役業務の理論と実務

2019年6月28日　初版発行
2022年7月20日　初版第2刷発行

著　者　佃　　一男
発行者　和　田　　裕

発行所　日本加除出版株式会社
本　社　〒171-8516
　　　　東京都豊島区南長崎3丁目16番6号

組版　㈱アイワード　　印刷・製本（POD）　京葉流通倉庫㈱

定価はカバー等に表示してあります。
落丁本・乱丁本は当社にてお取替えいたします。
お問合せの他、ご意見・感想等がございましたら、下記まで
お知らせください。

〒171-8516
東京都豊島区南長崎3丁目16番6号
日本加除出版株式会社　営業企画課
電話　03-3953-5642
FAX　03-3953-2061
e-mail　toiawase@kajo.co.jp
URL　　www.kajo.co.jp

© 2019
Printed in Japan
ISBN978-4-8178-4572-6

JCOPY　〈出版者著作権管理機構　委託出版物〉
本書を無断で複写複製（電子化を含む）することは、著作権法上の例外を除
き、禁じられています。複写される場合は、そのつど事前に出版者著作権管理
機構（JCOPY）の許諾を得てください。
また本書を代行業者等の第三者に依頼してスキャンやデジタル化することは、
たとえ個人や家庭内での利用であっても一切認められておりません。

〈JCOPY〉HP：https://www.jcopy.or.jp　e-mail：info@jcopy.or.jp
電話：03-5244-5088、FAX：03-5244-5089

これからの司法書士業務の可能性を広げる！
H28.12.19最高裁大法廷決定、債権法・相続法改正に対応！

日本司法書士会連合会 会長推薦

第2版

相続財産の管理と処分の実務

一般社団法人 日本財産管理協会 編

佐藤純通・田島誠・鯨井康夫・佃一男・小越豊・加藤正治・海野禎子

2018年9月刊 A5判 476頁 定価4,620円（本体4,200円） 978-4-8178-4499-6
商品番号：40514 略号：相管

本書のポイント

- 司法書士が担う、規則31条1号の附帯業務としての財産管理業務について、法的根拠を分析・解説。
- 委任契約による任意の相続財産管理人、遺言指定による遺言執行者、各種相続財産管理人、不在者財産管理人等の具体的な実務を詳説。
- 全9件のケーススタディでは、書式を示しながら、実際の実務の流れを解説。

改訂のポイント

① H28.12.19最高裁大法廷決定（預貯金債権と遺産分割）に対応。
② 民法＜債権法＞改正に対応（H32.4.1施行）。
③ 民法＜相続法＞改正に対応（H30.7.6成立）。

【収録内容】

第1章　司法書士が担う財産管理業務の法的根拠
第2章　管理
第3章　処分①　任意相続財産管理人
第4章　処分②　遺言執行者
第5章　処分③　法定の財産管理人等（遺言執行者を除く。）
第6章　ケーススタディ

日本加除出版

〒171-8516　東京都豊島区南長崎3丁目16番6号
TEL（03）3953-5642　FAX（03）3953-2061　（営業部）
www.kajo.co.jp